这是一段意味深长的历史。拯救了几十万中国人的和平勇士，却是一位德国纳粹党员。他所坚持的人道主义精神，像一弯持久不落的新月，将沐浴、净化无数灵魂。

——作者语

拉贝传
JOHN RABE

黄慧英 —— 著

南京大学出版社

图书在版编目(CIP)数据

拉贝传 / 黄慧英著.—南京：南京大学出版社，
2017.8
ISBN 978-7-305-19110-7

Ⅰ.①拉… Ⅱ.①黄… Ⅲ.①拉贝(Rabe，John
1882-1949)—传记 Ⅳ.①K835.167

中国版本图书馆 CIP 数据核字(2017)第 182254 号

出版发行　南京大学出版社
社　　址　南京市汉口路 22 号　　　　邮　编　210093
出 版 人　金鑫荣

书　　名　拉贝传
著　　者　黄慧英
责任编辑　王　静　官欣欣　　　　编辑热线　025-83686029

照　　排　南京紫藤制版印务中心
印　　刷　江苏凤凰通达印刷有限公司
开　　本　880×1230　1/32　印张 11.75　字数 280 千
版　　次　2017 年 8 月第 1 版　2017 年 8 月第 1 次印刷
IBSN 978-7-305-19110-7
定　　价　30.00 元

网址：http://www.njupco.com
新浪微博：http://e.weibo.com/njupco
官方微信号：njupress
销售咨询热线：(025)83594756

目　录

第一章　渡鸟的遐想

一　父爱遥远的童年[①]

很久很久以前,北欧国家丹麦的领土一度扩张到了易北河畔的大港——汉堡。

几百年前,有一支姓拉贝的家族,由丹麦迁往德国北部的荷尔斯泰因地区,在这里安家落户,繁衍生息。

在古代北欧国家,"拉贝"这个姓有着吉祥、高尚之意,常常被授予建有功勋、等级高贵的家族。英文中,"拉贝"的意思是一种黑色巨鸟;德文中,"拉贝"的意思是"乌鸦"。在很多神话传说中,乌鸦被认为是一种神鸟,怀有高尚的情操,对爱情忠贞不二,实行严格的一夫一妻制。

从丹麦迁徙而来的拉贝家族,安顿在德国北部,其中的一位成为农场主。这位农场主就是本书的主人公——约翰·拉贝的祖父。约翰的祖父娶妻生子,老大叫马库斯,就是约翰·拉贝的父亲,老二叫约翰尼。

---

① 本章内容依据对拉贝外孙女莱茵哈特夫人访谈整理。

后来,妻子去世,他再婚,生下小儿子。他决定让小儿子成为农场的继承人,让14岁的马库斯和12岁的约翰尼到海轮上当水手谋生。

马库斯在海浪中摔打成长,经历了三次海难。前两次他奇迹般生还,最后一次,他认为自己必死无疑,因为他已筋疲力尽,在浪尖上随波沉浮。绝望中,马库斯的朋友冒死赶来,把他拖到一艘小船中,救了他一命。马库斯最终成为一名船长,有了固定的航线,长年往返于汉堡——美洲、汉堡——东亚的航线。他自然而然在出航起点——汉堡安了家,他的妻子安娜就是汉堡附近的小镇乌特深人。

1882年11月23日,面对海港的福尔塞村4号拉贝家,传出了一阵阵中气十足的啼哭声,听得出,这是一个健壮的男孩。他成了拉贝家族出生在汉堡的第一代。

孩子的父亲马库斯星夜兼程,从遥远的东方赶了回来。高举这个哭声嘹亮的男孩,他为孩子取名"约翰·拉贝",家人都昵称孩子为"小

拉贝的出生地德国汉堡

约翰尼"。这是马库斯为了纪念那位同为水手的二弟,为儿子取了约翰尼的名字,弟弟去澳大利亚当水手时,改为了英国名"约翰"。

拉贝家的房顶上,有一只青铜制成的乌鸦。面对海港的福尔塞村中这排房子,曾经是一个货物仓库,属于一位姓"罗森"的富裕商人。这位商人将所有的钱投资在一个运输船队中,突然有一天船队失踪了,罗森面临破产。不过,幸运的是,后来那个已经失踪的运输船队又在某个地方出现了。

小约翰尼听说,家族为了纪念找到运输船队,请人在房子屋脊上放置了这只青铜乌鸦。乌鸦提起的右脚托着一个球,而约翰尼经常顽皮地提醒乌鸦说:"保持清醒,不要睡着了! 当心那只球掉下去!"[①]

约翰尼说,找到"船队"的会不会就是我的一位祖辈呢? 要不然"绝对没有必要在我出生的房子墙上挂一块大理石纪念碑。我也总是很容易从屋顶上那只'乌鸦'的标志重又找到这个地方! 今天我还惊讶地回想到这所房子的墙壁足有一米厚。"[②]

约翰尼在母亲安娜的严厉管教下成长。拉贝回忆说:"我的母亲过去和现在都十分能干。我要在此作详细描述,我肯定会挨一记响亮的耳光! 但我必须还原其本来面目——她写一手'十分漂亮'的字,她很喜欢打人!(亲爱的妈妈,请你原谅,因为这是真实的!)"[③]

安娜因为丈夫经常不在家,大部分时间不得不独自带小孩。她十分要强,认为不能因为父亲不在家,孩子就缺少教养。约翰尼5岁入私立小学,在那儿,他总是最优秀的。6岁时,父母把他送到了公立小学。由于生活在港口,童年的约翰尼常常泡在港湾中嬉水。安娜坚持说约

---

① [德]托马斯·拉贝:《约翰·拉贝画传》,江苏人民出版社 2009 年版,第 6 页。
② [德]托马斯·拉贝:《约翰·拉贝画传》,江苏人民出版社 2009 年版,第 6 页。
③ [德]托马斯·拉贝:《约翰·拉贝画传》,江苏人民出版社 2009 年版,第 9 页。

翰尼学了 3 年游泳，赢了 4 次游泳比赛。

约翰尼从小就十分懂事。有一次，外祖父库伦对他说："约翰尼，你到花园里去采一个胡萝卜吃，它们长得够大了，吃一个对你的健康有好处。"当时，物资匮乏，生活艰苦，胡萝卜也属于稀罕之物。拉贝去了，但他发现胡萝卜都并不是很粗壮，太瘦小。拉贝还是个少不更事的孩子，但他已懂得生活的艰辛，懂得要体谅大人的难处，他把它们又埋入泥土里，只采了一个较大的。事后他对外祖父说："胡萝卜味道好极了，我已品尝过了。"

19 世纪末的"霍乱年"（1892 年），给少年拉贝和他的家庭造成了另一个沉重打击。那时城里几周内有两千多人死于这场流行病。拉贝和姐姐承受了巨大的压力，要细心照料家中生病的人，拉贝的两个妹妹还是未能幸免。拉贝和姐姐最后也都患上了这个病，却奇迹般逃过了这一劫。

邻居的两个小姑娘也死于这场瘟疫，她们的姐姐道拉，后来成为了拉贝的妻子。这血的教训，使拉贝懂得了卫生设施的重要性。多年后在南京安全区中，他非常担心瘟疫的流行，千方百计采取措施建起卫生设施。

约翰尼有许多童年好友，一位是汉堡哈根贝克动物园创始人哈根贝克的儿子，他经常去动物园看望这位朋友，一同玩耍；一位是他家旁边桑克特·米歇尔教堂司事的儿子，他们经常一起爬上教堂高高的塔顶，观看汉堡港来来往往的船只。

因为父亲的原因，约翰尼知道各种船只的名称，对它们的来历和历史如数家珍。这在男孩子中是件很荣耀的事，为此他赢得了无数钦佩的目光。几十年后，拉贝已成为德国西门子公司驻中国首都南京的代理人，他家客厅的摆设中还有好几艘名舰的模型。1997 年，当年拉贝

约翰·拉贝童年常去玩耍的汉堡米歇尔大教堂

的助理员韩湘琳的儿子韩克宽说:"大约在南京大屠杀前,我还是一个孩子,我在拉贝家的客厅中被这些军舰迷住了,拉贝曾兴致勃勃地向我详细介绍过它们的名称及辉煌的战绩。可惜多年后,我已记不起这些军舰的名称了。"

在约翰尼心目中,船长父亲是一个令人骄傲的、时断时续的梦境。梦境是那么缥缈,他多么希望父爱能触手可及啊!约翰尼常常扳着指头计算父亲航海的归期。每当归期临近,他就天天爬上教堂的塔顶,遥望港口穿梭来往的巨轮,凝神辨别声声汽笛中,可有父亲的海轮那独特的呼唤。

远航归来的父亲,会为心爱的儿子带回美洲原始森林中各种动物的皮毛、兽角,鸟类的美丽羽毛,或是遥远东方的工艺品,还有许多神奇故事……

外面精彩的世界让约翰尼充满了遐想,遐想伴随着他的童年日益生长,仿佛要溢出屋顶化为渡鸟飞翔到世界各地。少年拉贝每每望着屋顶上的乌鸦出神,它一只爪子抓着一个地球,昂首展翅遥望远方。这时他对这只青铜制成的鸟,有了新的理解,他对自己说:"这是一只渡鸟,它告诉我,拉贝将像善飞的鸟一样,游遍世界各地。"

约翰尼16岁时,船长父亲得了胃癌,提前退休了。父亲苍白瘦削,虚弱地躺在床上。这时,约翰尼有大量的时间同父亲交流了,但父亲已无法说话。这对于一个渴望父爱的少年来说,是多么残忍啊!不久,父亲就撒手西去了。当时孩子们都在场,拉贝一声不吭,忍受着极大的痛苦,看着父亲死在母亲的怀里,少年拉贝第一次领略到命运的冷酷无情。

父亲去世后,母亲安娜一改她严厉的形象。她感到孩子们是那么可怜,她温柔地安慰儿子和两个女儿,给他们更多的信任。

父亲的去世给了约翰尼很大的打击,他在一夜之间长大了。父亲留下一笔小小的遗产,足以维持他读到中学毕业,但家境现状迫使他放弃了幻想,通过中级考试后他就离开了学校,来到社会上谋生。他知道,自己必须扛起家庭生活的重担。他当了两年半的学徒,后来又在汉堡的一家出口商行当了一年半的伙计。

母亲为拉贝去当学徒专门做了一套衣服,孩子们的所有衣服都是她自己缝制的。拉贝称:"坦率地说,我很不喜欢那套衣服,因为母亲给我做的衣服大多是公主式的袖子(双肩向上翻起折皱的式样),使我感到很不自在。"①

圣诞节前夕,著名的圣诞人物"汉堡阁下"来汉堡表演节目,轰动一时,刚刚辍学的拉贝很想去见识一下这位"女大力士"。他来到表演场地,但他没有钱买票进入帐篷,他徘徊在帐篷外,倾听着里面的喧闹和欢呼声,想到自己的处境,心中十分悲伤。一个高大的黑人手持长矛站在入口处,他几乎全身赤裸,仅在腰间缠了一块花布,在周围冰天雪地的环境中格外令人敬畏。拉贝问他:"你冷吗?"他反问说:"你的脸蛋冷吗?"拉贝摇头回答:"不。"他微笑着说:"你看,我还有块花布呢。"拉贝没有看成表演,但他从这名黑人身上,汲取到了一种力量,那就是,面对困境、面对生存的压力,永远保持乐观向上的积极态度。多年后,他常常把这一见闻讲给儿女们以及孙辈们听。

拉贝长期生活在北方,从小缺少父爱,母亲管束又严。在德国的北方,人们都习惯收敛自己的感情,严肃而拘谨,但家庭和北方环境对他性格的形成却无太大的影响。他有着南方人的幽默机智,热情奔放;又有着北方人的率真纯朴,嫉恶如仇。应当说,他身上这些品质的形成,受他的外祖父影响很大。

拉贝的外祖父库伦,是汉堡附近小镇乌特深的名人。镇上人人都喜欢他,他心灵手巧,热忱友好,对生活充满了热情。他是个铜铁匠,同时还是义务医生,小镇上的每家每户都留下过他忙碌的身影。每到节假日,小镇上挂满了喜气洋洋的灯笼,那都是他的手艺。

拉贝很喜欢这位老人,常常同母亲一起去看望他。有一次,库伦来到汉堡,他拉着拉贝的手登上一艘大船,在甲板上,拉贝骄傲地向老人

---

① 〔德〕托马斯·拉贝:《约翰·拉贝画传》,江苏人民出版社 2009 年版,第 10 页。

介绍着船的名称和来历。但是老人并没有夸奖他，而是以导游的身份，很自豪地介绍起船上不起眼的索具和锚，最后他盯着索具说："如果你能从航海的角度来设想这个索具的话……"拉贝惭愧极了，他懂得老人的意思：不要好大喜功，不要贪图虚荣，不要看不起平凡而渺小的东西，要实实在在做人。他回答外祖父说："我明白了，它们虽然很普通，但它们同样很重要。"船上的一副目睹了这一幕，在一边称赞了他们，他夸库伦说得好，夸拉贝聪明懂事。

二　铸造魂魄的青年时期

拉贝的家庭信奉基督教。拉贝在离家不远的桑克特·米歇尔教堂接受了洗礼，成为一名基督徒。

拉贝的外孙女莱茵哈特在回答笔者有关拉贝的宗教观问题时说："拉贝不是个经常去做礼拜的人。但我认为基督是他生命中内在的驱动力，在南京他经历了'上帝会保佑你'这一过程。"

"我和拉贝经常讨论基督教，15岁时，我经常带着疑问请教拉贝。他说：'人们必须有宗教信仰，要不然与野兽无异。'所以我也坚信了基督教。我们用心学习马丁·路德的基本教义精神、'十诫'和《旧约》的基本原则：就像爱自己一样全心地爱上帝和你周围的人。拉贝说：'爱你的敌人。如果光爱你的朋友，那么有何价值？'"

这可能吗？但拉贝就是这样要求自己的。从他的言行中，我们能看出，拉贝和纯粹的基督教徒是有区别的：他很少上教堂做礼拜；他有时甚至能拿上帝来开开玩笑。他在给《远东新闻报》编辑的信中写道："现在我每日的晨祷和晚祷的祈祷词是这样的：亲爱的上帝，请你保佑我的家人和我的幽默,剩下来的小事情就由我自己去保佑了。"①更确切地说,他对宗教教义的理解是内容更重于形式。从他的宗教观中,我们能感受到时代精神在他身上的投影和折射。西方哲学史上,斯宾诺莎有著名的"泛神论":"大自然即上帝,上帝即大自然。"康德道德哲学中爱的律令:"尽你可能对别人行善。"这些都成了他恪守的信条。对于拉贝,"上帝"这个概念就是追求真善美的无限过程,就是一切使人变得高贵善良的那些属性。

应该看到,他的宗教观、他的思想,深深打上了时代的烙印。

在世界历史车轮滚滚的进程中,18 和 19 世纪交替之际无疑是一个伟大的时代。在德国,这一时代的特征是作为思想、概念和精神涌现出来的。德国的知识分子积极地从意识形态去探索反映资产阶级社会中的人、人的存在、人的尊严、人的地位、人的价值、人格的发展以及人的归宿和人类命运这些人道主义的哲学基本课题,也在哲学、音乐、建筑和文学中去创造资产阶级的理想王国。经过一个多世纪几代人的完善,这种精神对德国人民的影响是难以估量的。

康德颇像中国的孔子,他的哲学思想影响了一代又一代的德国人。他为人们确立了上顶天、下立地的两个万古极限:"我们头上的灿烂星空,我们心中的道德法则!"②上限是闪烁在人类头顶星空的自然律;下限则是支配人们的良心、道德世界、人类社会和人际关系的道德律。

"把世界还给人,把人归还给自己。"这一人道主义的精髓,像一弯持久不落的新月,临照着苦难人生的荒漠大峡谷,沐浴、净化着无数的灵魂。

---

① [德]约翰·拉贝:《拉贝日记》,江苏人民出版社 1997 年版,第 46 页。
② [德]伊曼努尔·康德:《实践理性批判》,载《康德文集》,改革出版社 1997 年版,第 313 页。

我们不能说这种影响对拉贝是直接的、明显的，但是潜在的氛围、观念，对人的影响会更深刻、更牢固。在潜移默化中转化成的潜意识，是渗透到一个人血肉里去的东西，那是立意、胸襟和魂魄的铸造。

青年时期形成的人生观、世界观，必将在他人生的漫漫长途中投下清晰的剪影。我们可以在拉贝的人生之路上寻找到无数这样的投影，自由和人性、人的价值和人的尊严，这些人道主义的理想自始至终贯穿了他的一生。

随着思想的成熟，青年拉贝更向往在广阔的天地中翱翔。机会终于来了。因为他出众的表现，出口商行的老板推荐他前往非洲东南部的葡

约翰·拉贝年轻时的照片

萄牙殖民地莫桑比克，在洛伦索-马贵斯的一家英国公司工作。这是一家享有盛名的大公司。

他在莫桑比克的这家英国公司得到了锤炼，国外的经历使他的视野更开阔，也更认识到知识的重要性，他的求知欲更强了。他学会了一口纯正的英语，同时他还自学了法语，他大量阅读，热衷于写作，开始记录自己的经历见闻。他从1920年开始记日记，此后一直没有间断，记下他的观察，记下他的所思所想。他爱好诗歌，除了大量阅读外，他自己也动手创作一些幽默诗句，直到过了中国人称为"知天命"的年龄，他还保持着摘抄警句格言的习惯。他还爱好画画，画了很多幽默画。他的日记里还有一些他自己设计的插图。他的日记、书信和谈话，以及他读过的书籍，都向我们披露了这位商人的求知欲。

在非洲，他像父亲一样，做生意之余，钻进迷宫一样的原始森林去探险，领略大自然的奥秘，将狩猎得来的珍稀动物制成标本，并搜寻各种鸟类的美丽羽毛。然而，1906年，他患了疟疾，不得不离开非洲回国。

回国不久，拉贝与道拉订了婚。

关于拉贝和道拉如何相识相恋，拉贝的外孙女莱茵哈特夫人说："不要相信家中长辈讲的那些严肃部分。"事实上，他们俩可算是青梅竹马。拉贝家隔壁住着一名药剂师依米尔·塞格伯，他在玛尔堡和海得堡学习过，在仆人和孩子们中很有名，因为他制得一手好药，尤其是能制出一种上好的咳嗽糖浆，孩子们能轻松地像喝糖水一样吃下去。拉贝也同样喜欢这种咳嗽糖浆。

有一次，拉贝在大街上看到塞格伯家4岁的女孩哭得十分伤心，就上前问道："道拉，你怎么啦?"小女孩指着阴沟抽泣不止。原来，她不小心把她的大理石人像掉到阴沟里去了。拉贝连忙安慰她，弯下腰费了很大劲，终于帮她把大理石人像从阴沟里取了出来。小女孩破涕为笑，她天真地仰起满是泪痕的小脸说："谢谢你。"拉贝被她的可爱逗乐了，故意逗她说："你怎么谢我啊?"小女孩仰起脸，想了一下，认真地说："我长大了嫁给你。"这下，轮到拉贝脸红了，被弄得很不好意思。

事实上，拉贝与道拉的哥哥奥托自小便是好朋友。由于年纪相仿，信念相同，他们一起上舞蹈课，后来他们还成立了一个"橡树叶旅游者俱乐部"。有一次，道拉还穿了一套当时在年轻女子中十分少见的时髦衣裤，同他们一起骑着车去卢比克玩。

拉贝从非洲回来后，他俩的关系水到渠成，他为道拉戴上了订婚戒指。

这时候，拉贝有了相当的阅历，身心都成熟定型了。他有着高大魁伟的身躯、宽阔的脑门，双目炯炯有神。他继承了父亲的急性子，率真纯朴，嫉恶如仇。他讲话富有节奏，语调高亢，极富感染力。他的感情异常丰富，幽默诙谐，浪漫善良，乐于助人，心肠软得同他的外表不相称。在德国浓厚文化氛围的熏陶下，他喜爱文学艺术，虽受过的正规教育有限，没有什么专长造诣，却懂得欣赏，读上几首伤感诗，就会感动得泪流满面。

1909 年拉贝夫妇结婚时合影

他同道拉有许多共鸣之处，欣赏、朗读诗歌是两人的共同爱好，互赠诗句也是他们交流感情的方式之一。婚后，甚至在他们的孩子长大成人后，夫妇俩还时有诗句唱和，同时也把这美好的习惯传递给了孩子。道拉会弹钢琴，而拉贝喜爱音乐，两人很有琴瑟和谐的味道。

1908 年，拉贝被雇主安排到中国北京工作。这时，在他心灵深处的一块芳草地，冒出了记忆的翠苗，童年时，父亲在那里撒下了许多美丽的种子。从父亲带回的美丽传说和精美艺术品中，他知道，中国是一个古老的国度，历史悠久，有优美、富含凝聚力的文化；有高雅的韵律诗、奇妙的绘画；有雄伟的建筑、精致的服装，还有其他富有吸引力的文化宝藏。他还知道，北京有闻名于世的万里长城，有金碧辉煌的帝王宫殿。能有一份工作，又能领略古老文化的神韵，着实让拉贝兴奋了一阵。

拉贝远渡重洋，来到了心仪已久的伟大东方古国。未婚妻道拉早已从拉贝那儿听到了许多有关中国的传奇介绍，向往之心由来已久。道拉是个很勇敢的女性，于次年 9 月独自旅行到中国。1909 年 10 月 25 日，他们在北京举行了婚礼。她的观念是：一场婚姻中，只有一个人能有个性，另一个只能隐藏起自己的个性。实际上，道拉也是个有个性的人，只是她为了丈夫而甘居幕后。①

这次远行，拉贝和妻子，真像渡鸟一样，飞得那么高，又是那么远，时间又是那么久……

---

① 见拉贝外孙女莱茵哈特夫人访谈。

第二章　京津见闻

一　加盟西门子

北京这座古老而美丽的城市，在 1927 年之前，是中国政府的正式所在地，也是一个典型的"公使馆群"的游乐场。外国人在那里过着极度愉快的生活，白人得到了高度的尊重，在中国的生活费用极其低廉，所有特权阶级附带的权利和物质享受，白人都可以以很低的代价获得，他们分享着这座古都的宽阔和宁静。

商人拉贝是他们中的一员。1908 年，拉贝来到中国北京经商，这座古老的城市很快就吸引了他。他的妻子道拉也很快就爱上了这座古城，唯一让他担忧的是生计的压力。

1911 年的冬天，一场少见的大雪，纷纷扬扬飘了几天，北京城银装素裹。就在此时，拉贝又失业了。他踏着积雪，连日奔波在大街小巷，心境一如沿途的枯叶残雪，哪里是他的栖息之地？哪一盏温暖而明亮的灯光属于他？他不知道。在中国的两年半时间，拉贝已经经历了好几次失业的打击。要在北京不多的德国公司中找到一席之地，是件不容易的事。尽管他不是一个生手,他在汉堡当过商业学徒,在非洲流浪工作了四年,有一定的经验,在中国也有两年多的工作阅历。可是,一切都还如漂泊的浮萍,在中国这块美丽而肥沃的土地上扎不下根来。其间,他也打过退堂鼓:是否返回德国?但每次他都咬牙坚持了下来,因为他和妻子道拉是那么地喜爱中国,喜爱北京,喜爱东方古老神秘的氛围。·

他走进苏州胡同,来到一座青砖黑瓦的四合院前,这就是闻名于世的"康采恩公司"——德国西门子驻北京办事处,白字黑底的招牌庄严肃穆。他在这块大牌子前驻留片刻,妻子道拉纯真的面容在他眼前晃动,他能想象到,她在家中翘首以待的神情。"啊!妻子放心吧!我一定会找到一盏真正属于我们自己的温暖灯光。"他整整衣冠,清清嗓子,振作精神,走了进去。

几经周折,他终于见到了公司的负责人——一位面目和善的老人,总工程师普弗策·罗伊特。他听完拉贝的自我介绍,抬眼打量着面前的小伙子:魁伟的身躯,宽阔的脑门,坚定的眼神,给人一种可信赖感,况且,他不是一个生手。他说:"这样吧,年轻人,我们需要一名会计兼文书,如果你不计较工资的微薄,不嫌弃活儿重的话,明天就可以来上班。"

拉贝喜出望外,他连连称谢,热泪从他的眼眶里抑止不住地涌了出来。他被领到了一间堆满账册和文书的办公室,这就是他的会计室兼文书工作间,温暖的气息扑面而来,抚慰着他整个身心,能在这里得到一间工作室,就如同有了一个温暖的家,有了一种归属感和安全感。他暗暗下定决心,要好好珍惜这来之不易的机遇。

关于这段经历,他如实作了记录:"我并不是一个生手,但我知道什么叫'失业',我不羞于承认,当我在德国西门子北京分公司得到一个会计和文书的职位,可拿到微薄的工资,得到一间温暖的工作室时,我和妻子激动得热泪盈眶。"[①]

工作对他们来说太重要了,这意味着他们能留在中国了。

到了西门子,拉贝才知道,这家大公司以等级森严、管理严格、竞争激烈著称。从一个例子就可以说明公司的等级,拉贝在西门子工作了整整 25 年,直到 1937 年南京沦陷前,他还从没有跟他的老板打过照面。关于这一点,他有过一段十分幽默的描述:

> 尊敬的枢密大臣,我连一张您的照片也没有。尽管我曾拥有一张您照得十分不错的照片,是从西门子报道里剪下来的。十分遗憾的是,它却丢失了。我的中国厨子除了收集香烟广告画外,还搜集名人照片,互相交换做生意。因为这个,这张照片曾被偷走,因我强烈的抗议,后来照片又露了出来。从这点来看,您,不能再被挂了起来了(谁在这事上朝坏处想,谁就是傻瓜!)。

有人作了一首很美的诗,诗的开头说:

> 谁从来
> 没有在西门子呆过,
> 他就不会看到命运潜伏的危险,
> 他只得面临着这样的隐患!

---

① 据约翰·拉贝回忆录手稿《我在中国西门子的四分之一世纪》翻译。

诗的结尾也足以让人害怕：

> 然后，你
> 随着时间的流逝
> 就更加体会到："我的天啊！"
> 你陷得有多深！

拉贝并没有被吓着，他勤奋而努力地工作，很快就得到了同事们的认可，尤其是得到了他顶头上司——总工程师普弗策·罗伊特先生的赞赏和器重。

第一件事是，拉贝作为会计，把公司大量的银行支票、账本、付款凭证、不完整的日记账本，以及普弗策为了头绪清楚写在白色裱糊墙上的数据整理得井井有条，编制了一个符合标准的簿记。完成这项工作后，普弗策的高兴劲儿绝不亚于拉贝，因为他承认，原来每月在账目结算上要花去好几百美元，头绪却还是那么繁杂混乱。从这时起，普弗策就视拉贝为公司商务中的一流专家，拉贝也十分珍视这份声誉。

第二件事是，拉贝作为文书，把普弗策大为烦恼的文件柜整理成了真正意义上的文件柜。原来的所谓"文件柜"是一只皮质角沙发，每一封收到的信函都会被暂时放在沙发角上，一封摞一封，一叠叠整整齐齐，足有半米高。当上海总部或德国总部来电，涉及某份文件必须再读一遍后作答复时，就开始了艰苦的寻找工作，他们戏称为"鼹鼠行动"。普弗策从右边开始找，拉贝从左边找，当他们在沙发中央碰头两次后，普弗策就停了下来，不再有耐心像"鼹鼠"一样行动。拉贝出于礼貌就得继续找，如果要找的文件还没出现，就只好报告上海总部或德国总部说,未收到某某文件,因为北京的邮政业务"太糟了",它可能在邮递途中丢失了。拉贝为此而痛下决心,花了许多时间整理出了一个真正的文件柜,有目录,有编号,彻底解决了普弗策的烦恼。

这两件工作,使拉贝的威望迅速上升,普弗策也有意栽培他,带他一起去订合同,这样普弗策就不必在结账时,为说明一个个数据而再跑一趟柏林。

拉贝与同事相处得都很好。他总是能看到别人的长处,乐于帮助人。他认为西门子的工程师们是十分能干的。有一次,轮到总工程师普弗策休假了,但总部指示他,在汽轮机正式运转以前,不要休假。普弗策苦着脸承认,他一辈子都没见过汽轮机,更不要说让它运转。而当时,真是活见鬼,他也真是倒霉,订购汽轮机时把启动器给忘了。发现了这个错误后,大家都吃了一惊,于是立即召集所有工程师和技术助手开会。安装工人弗兰茨·恩格斯说:"这不难,我们自己做一个小启动器。"恩格斯从隔壁木匠那里买来一口小型的中式棺材,为谨慎起见,又涂上了一层柏油,刷了两层漆,直到棺材完全防水,才被切割成一对漂亮的半月形铜刀具状。尽管一位英国总工程师强烈反对使用棺材,他发誓,若使用棺材的话,整个机房会毁于一旦。但恩格斯很善于应付周旋,英国工程师输了,恩格斯挽救了当时的困境。

南京大学德语教授张威廉在 20 年代毕业于北京大学德语专业后,进入北京西门子工作,他在 1999 年时接受笔者采访,他说:"拉贝和公司的中国人相处得尤其融洽,他很喜欢和中国人交朋友,其中有一位叫鲍家良的青年,在拉贝手下干会计,拉贝待他情同父子。"张教授告诉我,与拉贝情同父子的鲍家良已经去世,但他为我提供了鲍家良儿子的地址。

鲍家良的儿子叫鲍学曾,是上海中央财经大学的退休教授。他父

亲与拉贝是同事时,他还很小。但他
清楚地记得,与拉贝一起工作的共有
4 个华人,跟拉贝相处得都很好。

1931 年,拉贝到当时的首都南京
主持西门子业务。两年后,张威廉也
离开北京西门子到南京陆军大学任
教。南京沦陷前,张威廉曾两次到拉
贝住处看望拉贝。

拉贝认为中国人朴实,很聪明,
他们甚至能解决西门子工程师们都
感到棘手的难题。他举了个例子,来
说明他的这种观点:有一天,他们收
到了总部发来的一台仪表,组装好

鲍家良

后,摆在走廊里准备测试,工程师们一个接一个地上前,试图让它运转
起来,都没有结果,即使是恩格斯先生也没有办法,他当时可是无所不
能的全才。大家都情绪低落,气鼓鼓地去吃晚餐。那天,拉贝在办公室
呆到很晚,正准备回家时,他看到一位公司的一名中国装配工用手指在
拨弄仪表,他脸上兴奋喜悦的表情引起了拉贝的注意。拉贝走过去,中
国装配工兴奋地指给他看,为方便运输,仪表指针上缠了一截透明的橡
皮筋,这就是问题的症结所在。德国工程师们没有做到的事,中国的一
个装配工做到了。

1913 年,北京的西门子公司迁到了北京的灯市口。原来的公司设
在苏州胡同,那是一个小巷子,遇到下雨天就很难通行。拉贝的私人住
房也搬到了公司为他安排的一处住房里,就在代表处所在地点的后街,
上班十分方便。

拉贝凭着自己的才能和勤奋,在西门子站稳了脚跟,很快就出任西门子北京分公司经理。1911年,拉贝等人费了很大劲,筹足了资金,在中国建立了第一个电讯台。南京的对应电讯台被军阀张勋破坏,他们又根据总部指示在上海另建了一个新电台。从那以后,一直到拉贝1938年回国,西门子一直享有中国海军使用西门子电讯台装备的垄断权。北京建立有轨电车的工程也由西门子公司负责供给有关设备。

二 北京剪影

拉贝是那么满足地在古老的石头庭院过着宁静而富足的生活。生意之余,领略中国文化的精髓,是他的一大爱好。逛逛博物馆、庙宇、宫殿、市场,他常常会在这里把印象之河中形成的"精美""高雅"与实物划上等号:青铜器、玉雕、象牙、瓷器、漆器、绘画、书法卷轴、丝绸、挂毯,所有极其古老的一切,让人惊叹,让人赞不绝口。

他带着妻子,去周围的田野和乡村,爬附近葱绿的山坡,享受着北京生活中所有的幽趣和美丽。每年一部分时间,大风把来自戈壁滩的沙尘暴吹在他们身上,但是在其余的时间内,北京以其宽广而清澈的天空、绚丽的色彩,展示出无法形容的永恒和诱人之处。

拉贝最感兴趣的事情,是到古玩市场去。有着辉煌遗迹的古城,虽经历了漫长的岁月,现代商业的畸形丑陋还未触及它,工厂还未损毁其外貌,它是工匠和手艺人的乐园。古董和手工制品充满了市场,拉贝在那里收集了许多铜铸的佛像、瓷器和手工艺品。

这些有着鲜明中国特色的艺术品一直跟随着他,从北京到天津,又从天津到南京,1937年又装运回德国。在他生命的最后岁月里,它们给了他无限的安慰和美好的回忆。他把它们作为精神象征留给了子孙。1997年，他的外孙女莱茵哈特夫人来南京，向我们展示了这些工艺品的照片，其中不乏有着淡雅花纹的瓷质大花瓶和瓷盘；一个红木的首饰箱，是他自己设计、请人制做的，上面雕刻了拉贝的名字，这是他献给妻子道拉的礼物。莱茵哈特夫人还向笔者展示了挂在她脖子上的一个铜铸小佛像，那是半个多世纪前外公的深情祝福。

拉贝对中国的古建筑也表现出极大的兴趣。早在18世纪初，德国华肯巴特河上，就有一座比尔尼茨宫，那是德国模仿中国大屋顶元素的第一座建筑。到1773年，德国学者温赤（Lud-wig A. Unger）出版了一本书，竭力推崇中国的园林建筑，那小桥流水、曲径斜坡，无一不呈曲线，组成生动多姿而又异常和谐的美。在德国乡村，拉贝曾见到过一些贵族建造的中国乡村别墅。现在，拉贝常常漫步中国古典园林之中，身临其境地细细品味欣赏这种幽凄曲折的建筑之美，心境一如德国文学家歌德那浪漫美丽的诗句：

> 我想说的就是赏心悦目的游苑，
>
> 依依不舍，无法离开。
>
> 那里有深谷和高丘……
>
> 宝塔、岩洞、草坪、山石和一线天……
>
> 处处皆芳草，地地有木樨……
>
> 搭起的渔舍和凉亭，
>
> 中国——哥特式的洞府、水榭和庭院。

每当有德国客人来，拉贝总要尽地主之谊，竭力推荐他们去参观北京的古典园林和古建筑，领略中国古老文化的精髓。有一次，德国西门子总部派来一位商业审计员胡戈·迪约尼斯先生，这是一位幽默的老先生。拉贝鼓励他去参观一下紫禁城。他们很幸运，一直进入到极少向游客开放的内层宫殿。整个宫殿里，只有他们两名游客，他们静静感受着建筑师想要唤起的印象：当人们穿过这些大厅，靠近皇帝的宝座，会感到自己是那么的渺小。他们登上宽阔的阶梯，到了位于中心的建筑——金銮殿。站在金銮殿前的平台上，视野开阔，可以看到紫禁城里最后一个祥和、孤寂的宫殿全貌。

他们俩都默默无语，向四周眺望，各人都在想着自己的心事。拉贝并非第一次来，可是每次他都会被深深地震撼。突然，迪约尼斯先生从头上拿下他的黑色硬质皮帽，打破了沉默，他说："拉贝先生，您知道最打动我的是什么吗？"

"是什么？"

"这一切都如此完美地对称，不像纽伦堡，这儿是高高的尖顶，那儿又是低低的尖顶。这一切是如此地匀称！"

拉贝微笑着回答："您说出了一句经典之言。"他认为这位年老可爱的会计说得很有道理，说出了中国建筑的精妙所在。

拉贝喜爱中国，喜爱这种幽雅的生活。但是美丽的北京也有着太多不尽如人意的地方，豪华的宫殿、精美的艺术品之外，更多的是贫穷和落后，以及简易的生活环境。但这并不影响拉贝对这座城市的钟爱。

拉贝碰到过许多近乎荒诞的传奇故事。有一次，在他公司所在的胡同里，竟溺死了一头驴。而看似荒诞的故事背后，其实是有其历史根源的。当时北京的道路基本上是土路。"无风三尺土，微雨满街泥。"北京排水系统百年淤塞，至清末已陷于瘫痪状态。清政府终于认识到北京年久失修，低洼不平的道路不能适应发展需要。他们提出"内政始于道路"，先后拨巨款，派亲信重臣肃亲王善耆督修街道。

拉贝记下了城市街道建设工程中一段稀奇的见闻:西门子北京办事处当时设在苏州胡同内,下雨天路很不好走,市政府为解决下雨天胡同里淤泥堆积问题,清洁道路,想出了一个主意,在胡同的一边挖了一条长长的深约一米的沟。挖出的硬土放在路的另一边,把淤泥填到沟里,那头可怜的驴就溺死在这条沟里。有人对此表示怀疑,拉贝信誓旦旦地说:"我可是亲眼看着驴活活溺死的。谁不相信,谁就要付出代价,夜晚没有灯光的胡同里,这样的事同样可能发生在路人身上!"①

他在北京还经历了一场令人谈"鼠"色变的鼠疫。那时,所有听说过鼠疫的人都相信,在一定距离内,病人的气息也可传播疾病,即使注射了疫苗,这样的病在 4 小时之后就可使人丧命。鼠疫是从哈尔滨传来的,渐渐在北京蔓延开来。在市区地图上,西门子所在的胡同被作为瘟疫嫌疑区用红笔标了出来,他们平静的工作和生活一下被打断了。普弗策和他的家人搬到了德国公使馆居住。拉贝的家也转移到了公使馆,拉贝和另两名职员留守在办公大楼里。每人都注射了疫苗,发烧到摄氏 40 度,难受得要命。他们准备好了充足的食品,呆在办公室里,严格禁止中国人进入西门子办公大楼。一天,办公大楼前突然人声嘈杂,一个警察请求进来打个电话。在拉贝他们看来,警察是不好拒绝的;他进来后立即给警察总局打电话:"我是警察某某某,我在西门子办公大楼,请求立即派一辆救护车来,毗邻的房子里发现了一名瘟疫病人。"拉贝和其余人,包括警察,都戴上了口罩和鼻罩,如临大敌,站在大门口等着。几分钟后,一辆救护车呼啸而来,车上下来几名全副武装、只露出两只眼睛的救护人员。警察带着他们冲进隔壁房子。一会儿,病人被架着塞进了救护车,如同一只令人厌恶的动物,等待他的命运就是送进

---

① 据约翰·拉贝回忆录手稿《我在中国西门子的四分之一世纪》翻译。

隔离房间等死。

拉贝作为旁观者，注视着这一幕，不由摇头叹息说："这做得太过分了！"病人是一名忠于职守的警察，曾为无数市民提供了帮助，可是在他最需要安慰和帮助的时候，却没有人对他温情地伸出双手，哪怕是给他一些不起作用的安慰。

在与中国人的交往上，拉贝和妻子道拉对此也比较满意。他们并不费力就融入了中国社会，当然这并非真正意义上的融入，中国淳朴的民风，使他们与中国人相处得十分友好。这期间，他们的一双儿女先后出生。中国成了他们的第二故乡。

三 中国医生

拉贝对中国的传统文化十分感兴趣，尤其是中国医术。他第一次听朋友介绍中国古老的针灸术，就十分惊讶。他的一位上了年纪的朋友、总工程师博尔科韦策先生，是静安府铁路桥的建筑师，向拉贝介绍了这么一件事。

他住在北京城北一座很大、原本属于某个蒙古王子的中国庭院里。主人通常只走大门，但是有一天，因为有些急事，他从佣人走的边门穿过，他惊讶地看到边门前停了一排汽车。他左右看了一下巷子，门只有这一个，客人们是谁？他们要拜访谁？他带着疑问返回屋子，叫来管家。管家回答得毫不含糊："拜访厨师。"

"拜访厨师？开着汽车的客人？"

"是，厨师是一位非常有名的医生！"

总工程师继续寻根问底，事实果真如此，厨师确实会针灸，是祖传的针灸术,同时,他又会烹饪。这样,他的收入颇丰。

拉贝问他:"后来呢?你允许他兼职吗?"

"为什么不可以同时干两种职业呢?"博尔科韦策十分明智。他没有打扰厨师,而让他继续工作。

拉贝后来知道,几年来,厨师的儿子一直受雇于西门子天津分公司,是一个让人非常信赖的人。但他不相信针灸,常说"那是老的、过时的玩意儿"。也是从那时起,拉贝开始对中医产生了兴趣。他后来认识了一位中国医生,并且很信任他的医术。这名医生走街串巷,宣传他的技艺,看病每次只收约合 50 美分的诊费。他经过拉贝家门口,送上一封信。拉贝从管家手中接过这封信,信封上写着:"一位中国医生到了!"

　　　　我刚到天津,还听不懂天津话(他来自南方,不会天津方言)。我的知识和才能是一门新科学,它还不为他人所知。如果您生病了,不要说您有何不舒服,伸出您的手,这样我可以看见你的中指。然后,我会告诉您得了什么病。我收费很少,只收取药费。若我医好了您,只有一个请求,请把我的医术告诉其他人。

　　　　　　　　　　　　　　　　　　　　　　　某某某医生①

拉贝很感兴趣,让人把医生请进来。医生让拉贝的夫人把右手平放在桌上,取出一根银针,将拉贝夫人的中指置在针尖上,再把针尖弹回,反复多次。后来,医生开出了诊断:"阳气不能进,寒气出不去,用脑

---

① 据约翰·拉贝回忆录手稿《我在中国西门子的四分之一世纪》翻译。

过度,心脏不好,消化不良。"

拉贝对医生的诊断结论十分满意,但他不动声色,试图为难他一下,坚持要求知道这种病的名称。医生从包里拿出一本厚厚的英汉词典,指给他一个单词"神经痛"。拉贝笑了,满意地付给医生50美分。

拉贝后来和朋友普尼欧尔博士谈论中国医术,两人越谈越有兴致。这位博士意犹未尽,干脆作了一首《中国医生》的诗,把自己请中国医生为妻子治病的经历写了下来:

> 在中国,一个夜晚,
>
> 一位外国人的夫人病了。
>
> 丈夫内心摇摆不定,犹豫不决,
>
> 他应找哪个医生?
>
> 这里的医术很昏暗,
>
> 因为按照西方模式,
>
> 真正的医生在这里必须不露声色。
>
> 给我找一个医生——随便哪一个!
>
> 夫人的病情很不好,
>
> 她向丈夫哭诉她的疼痛——
>
> 我现在到底怎么办?
>
> 现在对医生有一个要求——
>
> 他应让人了解他医术的水平——
>
> 医治了多少病人,
>
> 就点燃多少只灯笼。
>
> 外国人跑过大街小巷,
>
> 发现了很多灯笼。

外国人心里的石头总算掉了下来，

急忙找到这个医生：

您一定医术高明——

没有您我怎么办？

医生很熟练，

他为女人解除了痛苦。

当危险已去，

外国人衷心地感谢他。

我要向您承认，

为什么我求助于您：

在您的房前我看到，

只有六只灯笼被点燃！

中国兄弟谦虚一笑：

还可能怎么样呢？

我今晚才开始给人看病！①

---

① 据约翰·拉贝回忆录手稿《我在中国西门子的四分之一世纪》翻译。

第三章　中国社会分析

一　中国人印象

英国大哲学家罗素认为,中国人幽默、婉约、含蓄,他认为一个中国人应该是永远镇静的。在艺术上,中国人讲究美妙,中国的音乐优美而宁静,宁静得几乎只隐约可闻。在生活上,中国人讲究合理,他们不喜欢残酷的、强有力的人,也不喜欢不婉约的热情表现。在习惯于西方的喧哗之后,最初看不出中国人所寻求的效果,但是渐渐地,他们的生活方式的美丽和尊严变得明显,因此,在中国住得最久的外国人是最爱中国的人。

罗素的观察太贴切了。许多在中国生活多年的西方人,对中国的感情是随着居住的时间而同步增长的。对拉贝来说,也是如此。在中国生活得越久,对中国了解得越多,也就越是理解中国人。在中国生活的时间越久,对中国的爱也就越深。

在多年的中国生活中,拉贝通过对中国人的仔细观察,对中国人的思维方式、行为举止,中国人的家庭生活和商业习惯都有了了解。他认为中国人善良、温和、礼貌、合群,对中国人身上许多外国人难以理解的东西,他都能用中国的思维方式进行思考,也理解欣赏中国人的这些特点。他认为中国人最大的一个优点是祖先崇拜,他们重视家庭,家庭成员齐心协力,患难与共。部族和家庭是中国人统治的基础。但他又认为,随着中国政府权力的逐渐削弱,这种优势也在削弱。[①] 父母的意志必须得到尊重,儿女的婚姻取决于父母的意愿,这点直到近代才有所改变。当父母年迈不能劳动时,儿女们必须关心照料他们,谁养了许多孩子,谁就可以对未来放心,因为孩子是父母的生活保障。在北京,他亲眼看到一位老妇,因为认为儿子没有好好孝顺她,就手拉着她那儿子的辫子去找法官,头发花白的儿子乖乖地跟着母亲走。谁不尊敬父母和祖先,谁就会蒙受耻辱。

中国人对家庭的重视,让拉贝十分感慨,他认为这是中国凝聚力的表现,而这种为家庭牺牲的精神,有时达到极致,时常让拉贝觉得震撼,感到不可思议。

> 由于对父母的尊敬,对家庭的关怀,以至于可以替一个被判处死刑的杀人犯去死。条件是只要杀人犯的家人向替代者的家人提供经济方面的帮助,给予他的父母或妻子儿女较好的生活条件,他就会心甘情愿承担起杀人犯的罪责。有关于此的证明我不能出示,但我相信这样一个故事:义和团骚乱之后,中国政府命令某一个省长,在某个确定时间内抓到一个杀害某个欧洲人的凶手,并把他绳之以法。真正的杀人犯没有

---

① 据约翰·拉贝回忆录手稿《我在中国西门子的四分之一世纪》翻译。

找到，却处决了一个付给了钱的替代者。①

有些人为此评价中国人愚昧，为了钱可以不顾一切。拉贝的朋友K先生也曾愤愤地这样评价过中国人。义和团起义时，K先生是德国占领军的上尉，他是一个很精明的人。战争结束后，他辞职在北京开了一家商店，生意做得很好。他又在青岛开店，获得了一大笔财富，于是打算返回家乡养老，慢慢花掉他挣的金钱。回家之前，他来到北京打算买些珍品、稀罕之物带回家。说到做到，K先生在他的好管家、多年来忠实的中国佣人陪伴下来到了北京。K先生去了所有有名的老店，买了东西，然后他把买来的东西和一张德国亚洲银行几百美元的支票交给管家，叫他兑付支票后在银行等自己，因为K先生还想赶着去拜访一位朋友。中午12时整，K先生到了银行，被人告知，他的管家已兑付支票，拿着钱和他的珍宝溜之大吉了。开始，这位上尉先生惊愕得说不出话来。他忠诚善良的管家，为K先生他愿意赴汤蹈火，就这样逃走了。怎么办？送他去使馆警署！德国警察长T先生立刻赶到现场。K先生托付他说："我的管家，立刻给我抓住那家伙，请与中国警方取得联系，我许诺奖金，请叫人搜查全城！"

"上尉先生，可以告诉我那个中国人的名字吗？"

"名字？当然！弗里茨！我从不问他的中文名字叫什么，我从不关心管家的家庭事务！"

警察在北京100万的居民中没有找到"弗里茨"。这令上尉很恼火。从那以后，他对中国的印象就糟糕透了。

但是，拉贝认为对中国人不能一概而论，这样的人在哪个国家都

---

① 据约翰·拉贝回忆录手稿《我在中国西门子的四分之一世纪》翻译。

有。他从另一个角度看到了中国人性格中刚毅勇敢的一面。

> 义和团运动首领的死显示了中国人可以勇敢地面对死亡。女皇（即慈禧太后，作者注）送去黄丝带、鸦片球或金粉——执行了处死命令。
>
> 最近，日本人炮轰上海，从闸北人英勇抵抗的斗争中也可以看到这一点。[①]

他认为外国人若想弄明白中国人的特性，不可避免地要有较长一段时间呆在中国，便会对中国人产生不同的评价——温和、合群和朴实。他的看法常常与那些在这里短期逗留的同胞看法截然相反。

他的独特见解，源于他对中国人的深深同情，尤其是对下层劳动者。他们勤劳，为生存而苦苦挣扎。他甚至对中国人身上许多让外国人深恶痛绝的举动，如"回扣现象"，也表示了理解。一方面是因为他的善良，他富于同情心，最根本的是他看到了中国社会不公正的症结。他熟谙社会底层，深知其间人们的苦难，尤其是心灵的悲惨状态。他以锐利的眼光，对20—30年代的中国社会做了一个比较透彻的分析。

二　回扣现象

经常有外国人与拉贝讨论这样一个问题：中国人的虚伪性。许多

---

① 据约翰·拉贝回忆录手稿《我在中国西门子的四分之一世纪》翻译。黄丝带、鸦片、金粉均为致死方式——译者注。

外国人认为最最难以容忍的中国人虚伪之处就是"回扣"。拉贝总是笑着回答：不必大惊小怪。中国与"回扣"现在是两个不可分割的概念，倘若哪个外国人对此惊惶失措，他就没有到过中国。一个英国人在香港的某个花园里自杀，人们在他的口袋里找到了一张纸条，上面写着："让远东跟它的虚伪见鬼去吧！"可是拉贝觉得，观察世界，是否可以换一个视角，换一个立场，寻找一下这种现象存在的原因，如果这样，这名英国人就不会陷入这种可悲的境况。

拉贝第一次知道"回扣"也十分震惊。中国女皇慈禧太后身边的一个宦官找到拉贝，向他表明，若想做成某一笔生意，就得把账目记录比原价提高一倍。还有，那宦官的一个同行向拉贝表示，皇帝可能对鸡蛋大小的陶瓷绝缘体不感兴趣，而需要25厘米长的高压绝缘体。这东西用在了北京故宫的长廊，此后，拉贝每次参观故宫，美轮美奂的景色中，那高压绝缘体都让他难受。

拉贝震惊之余，开始去观察，这是否是普遍现象？然后他发现，所有的人都这么做！他问中国的一位买办，也是一位佛教徒，做那事时是如何跟自己的良心协调统一起来的。他得到了一个对生意人来讲唯一正确的答案："尊敬的拉贝先生，我们要生存，我们要做生意！"目瞪口呆之后，拉贝还了解到，还有少数欧洲商人也加入了这支行列。拉贝的买办说："这不奇怪，外国人刚到中国，原本黑白分明，后来便渐渐地入乡随俗了。"

拉贝说："我绝对不想成为这样的人！于是我渐渐熟悉了'回扣'这个概念，以至于只要家里的佣人把他购买的东西涨价不超过10％时，我还认为他是诚实的。当时，这是一件令人沮丧的事，但事实的确如此，人们得学会让步，要不就因为气极而生黄疸肝炎。我就曾患过此病。"回到德国，听说"回扣"的柏林人无不大吃一惊，用怪怪的眼光看着他,拉贝也只好忍受这种目光。拉贝认为,一个许多年都生活在遥远东方的德国人观察世界时,必须从另外一个视角来看问题,外面的生活不知不觉地改变了他,他不可能不受到全面彻底的影响。人们不得不容忍远东的这种虚伪性。对此,拉贝有自己的见解:

> 你需要一些幽默,你要学会容忍,学会控制自我,以使自己认识到:你是你,远东的虚伪、"回扣"与你毫不相关。尽管你不能总是赞同你看到的、发生在你身边的不顺眼的事。但是作为一个外国人,根本不可能改变这种状况。但是你可以作出一个好榜样来啊!重要的是,你可以保持你的冷静,做到问心无愧,对别人睁一只眼闭一只眼。如果客观要求,也可闭上双眼!当人们看到百万美钞流进那些完全有理由被送上绞刑架的人口袋里,而自己诚实挣钱,却生计困顿(这可使一个年轻人消沉沮丧)时,这虽然是令人震惊的,但,你是一个德国人,这点不能糊涂——我们可是来自一个被中国人称为"道德之国"(德国)的国度呀。①

提到中国佣人,外国人会说:"他们卑鄙地榨取回扣!"当然,佣人都榨取回扣,这是他们收入的一部分。这常常使人恼火。可是拉贝却能从另一个角度去分析观察,为中国人的这种行为做出解释。

中国佣人不把拿回扣看作是不诚实的行为,这与一些主人们的看法截然不同。对他们来说,拿回扣是一种本领,它需要智慧,苦力在这方面表现得太笨。而最主要的事实是:榨取回扣的佣人买来的东西总

---

① 据约翰·拉贝回忆录手稿《我在中国西门子的四分之一世纪》翻译。

是比主人便宜。不管主人是欧洲人还是中国人,这一点所有"知情者"都知道。因而中国人能容忍佣人拿"回扣"。而欧洲主人,则很少有人如我那样做到这一点。当然,我认为拿回扣不可太多,要在 10% 以内,就算诚实的。值得欣慰的是,"回扣"是根据主人的收入而变动的,当主人失去职位、经济拮据时,家中的佣人就不再拿回扣了。战争年代,一些德国家庭每月靠 20—50 美元救济金生活时,这样的事并不少见。[1]

那么,为什么佣人要拿"回扣"呢?人们各抒己见,是入不敷出?拉贝认为:

差不多所有的佣人或多或少要养活一个大家庭,而他们挣的钱又少得可怜,当一个苦力一个月能挣 10 美元,他就结婚。因此,当他采取某种方式来稍稍提高他的收入时,是可以理解的。社会贫困?也许!还有一部分遗传——传统和风气,因为拿回扣本来就不是偷窃,而是一种聪明的适应能力。此外,中国的佣人都知道,上流社会的主人们也是以类似的方式塞满了自己的腰包,只不过更快,变得更富有![2]

一位中国顾客对拉贝表示了他对能挣钱职位的羡慕:"我想得到你的职位后只做半年就够了!"他脑子里竟会有这样的念头!拉贝惊讶地瞪大了眼睛。

在德国,有人对拉贝说:"中国人冷酷无情,在这样的人中间生活,您怎么能忍受?"

拉贝反驳了这种说法。他了解中国,尤其是社会底层。他了解他们的所爱、所恨、所欲、所求。他的观察可谓深入,他的见解可谓独特:"冷酷无情,人们可以这样认为。而我觉得,他们的神经比我们的坚强。

---

[1] 据约翰·拉贝回忆录手稿《我在中国西门子的四分之一世纪》翻译。
[2] 同上。

用老的方式处决犯人,慢慢地把人勒死或五马分尸,的确很不符合人性。但据我所知,这常常只针对那些作恶多端、罪该万死的罪犯——现在往往不用这些方式。横行暴虐的兵痞、无所顾忌的暴民是残暴的,灭绝人性的,不管他们在哪里出现。在其他国家里也是如此。我常常看到,一个中国人无动于衷地看着他人受苦受难,与我们相比,他也在忍受苦难,却不像我们那样诉苦。坚强的意志使他们具有这样的能力。异族婚姻的孩子总是中国人,不管他们的父亲还是母亲是外族人。有坚强意志的种族繁衍不息!"[1]

他对中国人的评价是:外国人若想明白中国人的特性,不可避免地要有较长一段时间呆在中国,他对中国人便会产生不同的评价——温和、合群和朴实。[2]

三 土匪和警察

德国的一位朋友在给拉贝的信中好奇地问道:"国内报纸所讲的中国土匪和强盗团伙是真的吗?"拉贝回答说:"真的,当然是真的! 甚至有段时间更糟糕!"

民国时期,中国南北各省都有匪患,匪情触目惊心。其活动不仅遍及深山老林、江河湖泊、偏僻乡村,即使在繁华如上海这样的大城市,也时有所闻。[3] 拉贝在中国生活多年,自然听说了不少。

"那么,"他的朋友又问,"警察和政府又为此做了什么?"

---

[1] 据约翰·拉贝回忆录手稿《我在中国西门子的四分之一世纪》翻译。

[2] 同上。

[3] 苏迅:《民国匪祸录》,江苏人民出版社 1996 年版,第 1 页。

拉贝把他所知的内幕进行了一番描述：

> 山东某地火车站被袭击[①]，几个村庄被抢劫一空。为了抓住这些强盗，宪兵队大量出动。枪声不断，通常是朝天放的。他们一直推进到强盗们用小旗子标出的战线，然后掘地三尺，挖出土匪们在那里埋藏的钱物。这些胆大包天的士兵会分掉这笔钱，作为给土匪们的回报，他们再把土匪们做梦也想要的弹药埋到坑里。宪兵队撤回，一一向天空鸣庆祝礼炮。政府也得到了好消息，说强盗们被彻底驱赶，逃窜得无影无踪。[②]

他的朋友常常目瞪口呆，像听天方夜谭似的表示怀疑。且不说拉贝所讲的"临城劫车案"中有多少人们渲染附会的成分，这件土匪绑架洋人的大案，确实暴露了官府、军队与土匪之间错综复杂的关系。拉贝会说："这是事实，但这还不是最坏的，或者您还不知道，一座世界性城市被一帮强盗、地痞恶霸控制着。"他所说的"世界性城市"，是指上海。拉贝因为业务关系，在西门子上海分公司也呆过一段时间，对这座"冒险家的乐园"了解得比较清楚。就连西方的冒险家——受到中国人礼遇的白人，往往也得对上海的黑社会有所顾忌。

> 三方恶霸控制了法租界，他们的权力如此之大，以至于法国官方早已与他们达成了协议，串通一气。这些流氓恶霸机

---

① 拉贝所指为山东临城劫车案。1923 年 6 月，一列被称为"蓝钢皮"的豪华列车途经山东临城，30 多名外国游客和 200 多名中国乘客被土匪劫持，轰动一时。

② 据约翰·拉贝回忆录手稿《我在中国西门子的四分之一世纪》翻译。

构分支庞大,组织严密,有来自平民和军队中不同阶层的参与者,他们肆无忌惮地做着违法、暴利的鸦片生意,霸占了剧院和饭店。一次,著名演员梅兰芳冒险去一家不属于流氓恶霸的剧院客串演出,那晚所有的观众被抢劫一空,无一幸免。当法国领事不愿满足恶霸们的要求,他们就悄悄地派了一个代表团到巴黎,要求把这个不服帖的领事调职。另一位违背了他们指示的法国领事在为恶霸们举行的宴会后,中毒身亡。恶霸们非常富有,在对他们有好处的事上,可以大掏腰包,毫不吝啬。看看可怜的元帅吧,他拒绝向他们捐款,就意味着胆敢跟他们不和平相处,在上海他的生命就会不安全。在英租界也同样如此,两个恶霸操纵那里的一切。只有在日租界,在日本人刚刚占领的那块地方没有恶霸流氓。日本人同为亚洲人,更善于在中国人之间周旋应付,并且他们的军事力量要强大得多。①

拉贝作为一个"知情的欧洲人",常常看到这些离奇事物和冒险人物,他会有怎样的看法呢? 他对朋友说,他认为,中国人几千年来逐渐养成的东方神秘,慢慢地影响、渗透了欧洲人。他认为可以在内心保持必要的距离,而在表面上,做到不动声色,在每一个犯罪者或者绅士面前,彬彬有礼地微笑着,像中国人那样养成习惯的神秘微笑,就可以处事泰然。他对这种东方的微笑作了个注释:

佣人微笑着向你请假,因为他的母亲过世了。他微笑着,

---

① 据约翰·拉贝回忆录手稿《我在中国西门子的四分之一世纪》翻译。

礼节就是如此，因为他的悲伤不会打动你。也有非常不小心的佣人，他想要放几天假，有时会让他母亲去世好几次。①

四　中下层人民

所有这些强盗般的特性就是整个中国人的主要性格特征？有朋友这样问。"不！谢天谢地，他们不是这样的！"拉贝回答说。为此，他对中国的知识分子、军人、工人、农民都逐一作了分析。

北京办事处有一位工作多年的中国工程师，他是在德国拿到的大学文凭，会说流利的德语。工作时话不多，人很聪明，工作勤奋。他因体弱多病，从不参加公司的节日庆祝活动。第一次世界大战爆发时，他要求离开公司。他要走的原因是没有活干，不能白白拿工资。

拉贝惊讶地问："您有何打算？您要做什么？"

"我去大学当教师。"

"教什么？那里可有电学教师的职位？"

"不，这个专业的职位没有，我将教历史。"

"教历史？"拉贝感慨不已，他用钦佩的目光送走了他。

我不禁对他钦佩不已。这个男人是从哪里获得的历史知识呢？我们十分惋惜地看着他离开公司。大约 8 个月后，他成了大学里的系主任。后来他去了广州，在那里他结识了孙中山夫妇。现在顾孟余先生是南京的铁道部长。如果在国民

---

① 据约翰·拉贝回忆录手稿《我在中国西门子的四分之一世纪》翻译。

政府里有这样的人，人们就不会失去希望。①

与拉贝同事并让拉贝欣佩不已的这位顾孟余，在担任国民政府铁道部长和交通部长期间，确实是一位两袖清风、唯才是举、任人唯贤的好官。顾孟余为民国历史上的"黄金十年"发展做了许多重要的基础性工作，在当时中国的宪政、新学、政体改良、实业救国等方面都做出过不菲的贡献，应该说是一个相当了不起的历史人物。

对于军队里的指挥官，拉贝认为，并不是所有的军官都是警匪一家的。

> 现在，也有这样的好指挥官，他们跟士兵一样，睡简陋的床铺，过艰苦的生活，受到士兵的尊敬。尽管他们粗鲁，却深受人民的爱戴。诚实的人民是贫穷的，至少大多数是这样的，因此也就不像其他人那么强大。时间会改变这一切！②

这一点，拉贝作为中国人的朋友，他的观察是仔细的，分析是敏锐的，而且从反面可以得到印证。即使是中国的敌人——一心要吞并中国的日本军国主义者，也不得不承认这一点。1936年日军驻北平特务机关长松实良久在一份鼓吹全面侵华的系统调查报告中也提到了这一点："一般官民虽一小部分尚能顾全大体、图谋向上，但均属于被压迫的下层，无米难炊，以致英雄无用武之地。此后帝国应任用权贵分子，而

---

① 据约翰·拉贝回忆录手稿《我在中国西门子的四分之一世纪》翻译。
② 同上。

镇压有气节的忠干分子。"①

那么下层人民大众呢？拉贝对他们更是充满了同情。他十分了解他们的疾苦：

> 说说农民吧。再没有比他们更勤劳的人了，为了得到一碗饭吃，为了维持微薄的生计、重整生计，他们不知疲倦，为了几个铜钱像牛马一样劳作。严重的自然灾害，像水灾和地震以及随后而至的饥荒使得每年有百万人丧命，剩下的则备受连年战争之苦，被逃兵强盗抢劫一空。当风暴过去，可怜的农民沉默无语，满腹悲痛又开始了劳作。他们没有别的想法，但状况跟父亲、祖先一样。人们可以观察中国人民的历史，它是一个永无休止的循环过程。
>
> 做小买卖的小商人，情形跟农民一样。当我在德国度假时，在熙熙攘攘的城市里，总是非常想念小贩们各种不同声响的识别标志——理发师的刀剪"喀嚓"声，磨刀师傅的喇叭声，卖馒头人拉长了音调的吆喝声，卖扣子绳线人的拨浪鼓声，算命先生的掸尘拍子声和说书人的惊堂木声……所有的人都在辛勤劳动，以勉强维持生计。更不能忘的是黄包车夫，为了挣一枚小小的银币，无论大雪纷飞还是酷日炎炎，他们每天24小时有一半的时间拉着车穿行在大街小巷。
>
> 工厂的工人呢？哪一个没有读过反映上海纺织工人的贫困生活和她们繁重工作的报道呢？每年因此而患病死亡的成

---

① 《日本松实少将最近对关东军的秘密情报》，原件藏重庆市档案馆，载《档案与史学》，1994年第4期。

人和儿童的数目是相当大的。①

读着这些充满感情的语句，我们仿佛能触摸到拉贝那颗炽热的心脏，它强有力地跳动着，发出悲天悯人的心灵回声，它思索着宇宙人生的意义，思索着个人与社会、人类命运这些庄严的课题。正是这种高贵的思想感情，在关键时刻，让他能跨越国界，超越个人的一切利益，把他通过人生种种苦难和磨炼换取来的肯定生命的热忱给予千百万人，也把他代表的"人道主义精神"给予千百万人。他自己也在这种博大的给予过程中，丰富了生命内涵，升华了生命意识。

约翰·拉贝

① 据约翰·拉贝回忆录手稿《我在中国西门子的四分之一世纪》翻译。

第四章　卷入一战漩涡

一　中国政局

　　拉贝喜爱中国，但对中国范围内的政治发生兴趣则是在较晚的时候。他刚到中国时还是清朝末年，他得以亲历了慈禧太后统治的最后时光。接下来是孙中山领导的推翻帝制的革命，后来军阀们率领着军队，走马灯似的在北京城中移进移出。但这种政权的更迭仅仅是他阅历的一部分，他并未给予太多的关注。德国势力范围内山东胶州湾和青岛的市政建设，也是他阅历的一部分，这些城市是他业务的范围所在。但是，中国领土的完整与德国的关系，这样一个重大的问题，他未予思考和关注，提到这一地区，他沿用了德国政府的强权说法来称呼这一地区——"德国的保护区"。[①]

　　他在日常的商务活动中，不得不经常与军界人士、政府官员打交

[①]　见《拉贝日记》第 8 页："为的是再看一看（青岛）那些曾经属于德国的地方。"第 713 页，埃尔温·维克特《约翰·拉贝其人》："德国保护区胶州湾和青岛市的建设也是他阅历的一部分。"

道。这时,他才会关注政治,才会关注外交政策会对他的商务活动产生什么影响,才会与外国人难以理解的那些中国部长和政府官员们来往。他从来也没有真正地、非常认真地看待中国的政治,因为对绝大多数外国人来说,军阀及其随从们的沉浮并不影响他们的地位,军阀们只是偶然地、轻微地对外国人的生活和利益造成影响,外国人始终处于被保护的地位。

对于 1912 年初中国孙中山领导的南方政府与北方袁世凯的战争,拉贝是这样描述的:

> 1912 年初,我被调回上海。此前,我在北京已经按美式惯例整理编制好了现金出纳账和银行存折。上海总部看到这些副本后很满意,叫我前去汇报一下统计目录的详细情况。是否前去?我犹豫了很久。在南方,革命闹得真凶。上海的许多地方已成废墟。我们有理由认为北京也会发生同样的事,尤其是北方政府的软弱无能渐渐暴露出来。北京外国公使馆的卫兵队已为任何可能发生的情况作好了准备。他们每周进行一次"警报"演习,真是滑稽可笑!至少我们德国人是这么看的。为使城里分散的当地居民在危险到来时迅速聚集到公使馆区,我们想了一个很好的主意:德国公使馆的卫兵组成一个自行车队,蜂拥而出,通知居民。每位骑自行车的人背上都背着一个硬纸板,上面写着大大的"无声警报"。局势一天天紧张起来,看到袁世凯进京时 40 个护卫手持大刀在前,40 个在后,我便下了决心去上海。我怎能想到,袁世凯的这支军队在接管政府后会接连几日烧杀抢掠呢!中国人过春节时,我到达天津,当晚又踏上旅途。就在那天夜晚,天津爆发

了革命。北方的欧洲人认为完全安全——因为战争不是针对外国人，仅仅是为了解决中国内部的事。当天津中国城烧成一片火海的消息传到天津英租界的阿斯特之家宾馆时，人们刚刚平静地吃完晚餐，没有去电影院，而是穿着晚礼服去中国城里"瞧一下这场残酷的战争"。一位叫施赖耶尔的德国医生就因为这场轻松的幕间插曲丧命，原因是他太靠近表演的"舞台"。①

拉贝也与许多外国人一样，只是以一种局外人的身份，关注着中国政局的动荡。

1912年初，他在天津到上海的列车上，距离一个小站还有一里时，火车突然停了下来，火车站被运输军队的火车阻塞。拉贝和几位欧洲乘客一起下车，为了能在夜里把行李托运进城，他们雇用了一支中国苦力组成的商队。为防止商队带着他们走到暗处，几个欧洲人围着商队行走，总算一切顺利，安全抵达这个小站唯一的旅馆。在旅馆大厅里，拉贝和一些德国人围坐在圆桌旁，一边喝啤酒，一边谈论着发生在南方的事变，不知不觉，每人身后都立起十来个空酒瓶。就在这天夜晚，北京和天津都发生了骚乱。

第二天一早，火车站被清理一空，拉贝他们终于可以继续踏上旅途。抵达上海后，他边吃早餐，边翻阅当地的早报，报纸上的标题赫然醒目："天津和北京同时爆发了革命"。就在他为妻子道拉的安全忐忑不安之际，北京发来的一封电报翩然而至，妻子报告一切平安。

---

① 拉贝所指即袁世凯为不去南京任职而制造的"壬子兵变"。1912年3月初，北京、天津城里突然枪声大作，到处火光冲天，乱兵冲上街头，有组织地对各家商铺进行抢劫。

事后拉贝才知道，北京暴乱时，是他的朋友——西门子公司的恩格斯先生把道拉和他们一岁的孩子安全转移到了公使馆区。当时全城火光冲天，枪声大作，恩格斯手持武器，逼迫黄包车夫拉着道拉和孩子穿过全城，这是相当危险的。拉贝感激地说："在这样危急的关头，恩格斯再次勇敢地证明了自己是忠实的朋友。"

拉贝在上海的任务完成后返回北京。由于铁路交通一直没有正常运行，他搭乘了一艘挪威轮船回到天津，行至离岸还有几千米的沙洲地区，船因退潮陷进淤泥。拉贝又乘中国舢板，带上行李，在海上逆风颠簸行驶了 4 小时，终于靠了岸，这时他已浑身湿透。上岸后，他顺利地乘上了去北京的火车。

动荡的中国政局给外国人带来的只是生活、工作上的不便，并未真正触及他们的根本利益。然而，天有不测风云，第一次世界大战的枪声冲击着外国人在华的利益均衡局面，也打破了外国人在中国的宁静生活，使得拉贝和许多外国人不能再以局外人的身份，置身于中国政局之外了。

1913 年，北京西门子公司搬到了灯市口，公司在办公楼附近为拉贝盖了一所住宅。这时拉贝已受聘担任公司的销售经理，事业蒸蒸日上。

1914 年 7 月，拉贝忙了好几个夜晚没合眼，为公司做出了一份所有资料对照表，因为公司总工程师兼行政经理普弗策先生要在 7 月 31 日带上这份报表去柏林，交给总公司后度假。就在这时传来了奥地利费迪南德大公夫妇被刺杀的电文，然后，消息接二连三，第一次世界大战爆发了。动员！训练！一转眼，在中国所有能服兵役的德国人都被拉到了火车站，被派往青岛德国占领区。青岛的战事一触即发。

青岛再次成了德、日争夺的一块肥肉。在此，让我们回眸一下中国历史上最屈辱的一页,重新审视一下当年德、日之间争夺中国辽东半岛的历史渊源吧!

1895年中日甲午战争之后,中国被迫向日本割地赔款。此时,德国已进入具有浓厚帝国主义特色的威廉二世时代,威廉二世看到日本因取得甲午之战胜利而急剧扩大其在华利益,对西方列强利益形成威胁,决定出面干涉,联合俄、法逼迫日本放弃强占中国辽东半岛的企图,而改为增加中国对日赔款,赎回辽东。此举得逞之后,德国又借机要挟清政府付出"回报",讹取了在汉口、天津开设租界的权益。1897年又借口"教案"纠纷,按预谋以武力入侵中国山东,侵占胶州湾,实现其在中国沿海获得战略立足点的谋划。1898年3月8日,德国强迫清政府签约,"租借"胶州湾99年,并进一步获得了在山东省多方面的特权。[①]

1914年8月,第一次世界大战爆发,中德关系发生了重大变化。8月6日,袁世凯政府宣布在战争中"严守中立"。德国政府为了集中力量对英、法作战,更为了不让日本获得参战借口,主动向中国提出开始交还胶州湾的"直接谈判"。袁世凯当然高兴,但觊觎山东已久的日本却准备利用这场战争从德国手中夺取山东。他们联合英国人坚决反对中、德直接谈判,仰人鼻息的袁世凯只得作罢。[②] 不仅如此,袁政府还在日、英的压力下宣布,在山东部分地区不负完全中立之责,德、日争夺青岛的战争也就势在必发。

这时,对政治不感兴趣的拉贝再也不能以旁观者的身份来看待这场战争,因为战争同他的祖国有了直接的关系。对于德国占领中国青岛并以此作为其势力范围,拉贝并未多加思考和关注,他只是单纯地站

---

① 马振犊、戚如高:《友乎? 敌乎? 德国与中国抗战》,广西师范大学出版社1997年版,第3、4页。
② 同上。

在"爱祖国"的立场上，沿用德国政府宣扬的强权理论来称呼这一地区——"德国的保护区"。在拉贝头脑中，他并没有意识到这种"保护"背后深层次的原因，以及是否涉及对中国的变相侵略与经济掠夺。这显然与他当时所处的位置及思想局限有关。

二 卷入战争漩涡

西门子公司的职员也被派往青岛战场，普弗策和拉贝因为是公司领导留在了最后，至少让公司还能勉强维持下去。另外，青岛已汇集了大量预备军和战时后备军，不再需要人了，妇女和儿童都被撤出了青岛。随即青岛与外界的水路、陆路均被日本人切断。大暴雨使得青岛周围地区泥泞不堪，重型大炮几乎不能行进，这暂时阻止了日本人和英国人发起进攻，但这些障碍迟早会被突破，青岛的战事不可避免。拉贝虽未直接参战，但他是以积极的姿态投入到"捍卫祖国利益"的斗争中去的。

许多德国难民逃亡到了北京，痛苦地等待青岛亲人的消息，但极少有书面消息传过来。不过，拉贝他们很快就解决了与青岛的通信联络问题。

一天，北京电信公司的职员约翰内斯·汉森来了，他是通信海军二级下士。他告诉拉贝，他带着两名士兵、一部小型收发装置，被从青岛派往敌方监视敌情，然后回青岛汇报日本进军的状况。很快，他发现已被日本人跟踪，只好把发送器藏在朋友那里。后来，他同两名随从一起，带着接收器，突破敌方防线，到了北京西门子公司。

拉贝大喜，他们把接收器安装在西门子办公楼的后院里。从此就与被围困的青岛建立了无线联系。有接收器,可以接收,但怎样发送?拉贝想到了他的中国朋友。每到关键时刻,总有中国人对他伸出援助之手。

> 由我们建的无线电台的几位中国领导跟我们关系不错,我们叫他们来,制订出了一个详细的计划。每天在约定的时间,在教育电报的末尾,用无线电向青岛发送信号。在这几分钟内,所有的工作都被完成,我们把所有公使馆的消息,包括皇帝的电报发送出,然后在办公室用接收器收到回复。尽管有时因激动露出破绽,比如频繁进出德国使馆等,还是没有被人抓住。[①]

普弗策先生把他们收到的每条噩耗登载到当时的天津德国报纸上,悼词总是这样开头:"在反对日本人和英国人的英勇斗争中……"后来炮弹击中了掩护天线的烟囱,天线倒了下来,与青岛的联系就中断了。

1914年11月7日,日本军队强占了青岛、胶州湾及胶济铁路全线,将德国资产抢劫一空。北京政府对日军在中国领土上的侵略行动无可奈何,德国在山东的权益被日本全部夺取。

在这场战争中,北京西门子公司损失惨重。一些职员受伤,施莫尔克肺上挨了一枪,齐泽尔胳膊里有流弹的碎片,其余的都成了俘虏,被运往日本。迈尔混进了救护队才得以幸免。

德国大使馆的卫兵队只剩下了零星几个人,上尉拉贝·冯·帕彭

---

① 据约翰·拉贝回忆录手稿《我在中国西门子的四分之一世纪》翻译。

海姆是头领。他把普弗策和拉贝叫到大使馆说："你们两人中必须有一个人前往日本做间谍，调查日本是否会派兵越过西伯利亚到欧洲。如果是这样，必须查清派多少军队。"

拉贝毫不犹豫地接受了任务。他觉得他比普弗策年轻，更因为祖国需要自己。但后来并未去成，因为上尉考虑来考虑去，觉得还是派一个中国人前去稳妥，中国人可以避人耳目、畅通无阻地往返日本。而拉贝必须扮成英国人，困难比较大。

上尉又从中国内陆来入伍的德国人中挑选了10名身强力壮的士兵，组成了一个小分队，打算炸毁西伯利亚铁路桥，中断东、西的交通。小分队扮成一个骆驼商队，装备了充裕的资金、武器和炸药。可惜有人在北京喝茶聊天时泄露了秘密。在俄国人的教唆下，分队的所有成员都被蒙古人杀死。

各种消息传来，在北京的德国人都很震惊，留下来的德国人组成了一支志愿军队，西门子公司的普弗策担任指挥，拉贝也是成员之一，任务是保护德国使馆和财产不受侵犯。但在协约国的干预下，这支军队又很快解散了。后来，拉贝又参加了"圆桌组织"。这一组织有很强的政治倾向，多次受协约国的干预。一次，这个组织在一个名叫"沙火音"的中国商人家开会，突然，一群中国警察占领了这幢房子，全副武装闯入房间，搜查后什么也没有发现，就用一张大大的白纸盖印封了大门，然后列队离开。这次查封中国商人的店铺，拉贝认为是英国人从中教唆煽动的结果，因为中国警察的头领是拉贝的朋友，他只是奉命行事。

　　警察的头领是我们的朋友。他德语说得很好。搜查以后，他来找我们（我们搬进了偏房，即所谓牛圈里），一起喝酒庆祝这次搜查平安无事,还唱了许多德语爱国歌曲。①

拉贝到任何地方都能与中国人友好相处。他理解、尊重中国人,希望德国和中国能友好相处。然而,他最不愿意看到的局面终于出现了,中国在大战后期宣布加入协约国,对德作战,中国和德国成了敌对国,他认为这是协约国运用金钱的结果。

遗憾的是,无论是欣策上将还是科德斯先生的努力,都没能阻止中国对德宣战。协约国比我们有财力。如果我们可以多花点钱,也许事就办成了。有一天,中国外事局门前聚集了一列游行队伍,他们呼喊着要求对德宣战。我们德国人中几个会说汉语的混进游行队伍,想看看游行会如何进展下去。呼喊声持续了一会儿后突然停止,他们提出了一个要求:增加工钱。宣传鼓动者与游行队伍进行了激烈的谈判后,他们付给这些贫穷的苦力(游行群众全部由苦力组成)每人几个铜钱,让他们继续游行呐喊。目的总算达到了。"人民"口头表达了他们的愿望——要求对德作战。于是,中国就对德宣战。②

1917 年 8 月 14 日,北京政府在协约国列强怂恿下,正式向德、奥两国宣战,随即宣布驱逐德侨并停止向德交付赔款。但中德双方并没有直接交战。

孙中山先生对于北京政府对德断交及宣战之举持反对的态度,他

---

① 据约翰·拉贝回忆录手稿《我在中国西门子的四分之一世纪》翻译。
② 据约翰·拉贝回忆录手稿《我在中国西门子的四分之一世纪》翻译。

认为当时中国对德并非必须宣战不可,并一针见血地指出,段祺瑞政府"中国之与德绝之,非以公道绝之,非以防卫绝之,而以贿绝之者也"。[①]

拉贝的所见所闻印证了孙中山先生的见解。

三 在中国对德宣战的日子里

中国对德宣战后,拉贝这些德国人的日子就不太平了。他们被规定,不得在中国境内自由旅行;每天必须携带护照到中国警察局接受审查。最后,德国家庭都被扣留起来,有些家庭甚至很情愿被拘禁,因为他们的钱已耗光,不能维持生活。这段困难时期,目睹了德国人的贫穷生活,拉贝他们想办法筹集了救济金,补助生活困难的德国家庭。拉贝负责管理不同项目的救济金。

北京西山有一处协约国的俘虏营,里面的条件非常好,除自由外什么也不缺。每个家庭或每两位小伙子可以分到一小间中式房子住,俘虏营里还有各种运动场所,谁想进一趟北京城里,还能获得假期。供应的食物也非常好,是从天津的德国饭店运来的。

这一次,中国的政治在拉贝眼中不再是无足轻重了,中国政治生活的无秩序和混乱对德国人造成了直接的影响和威胁。但拉贝有效地利用了这种无秩序和混乱,这段时间,他仍然留在了北京。人们私下议论纷纷,一些人想不明白,拉贝为什么没有被拘禁起来。

这件事与他的好友、他的恩师,总工程师普弗策先生有关。这期

---

① 孙中山:《中国存亡问题》,载《孙中山全集》第 4 册,中华书局 1985 年版,第 46 页。

间,他患肾病去世了,但他在冥冥之中再次帮助了拉贝。

事情是这样的。一天,一个高大的中国警官来到拉贝办公室,向他宣布了一条令人沮丧的通知:必须接受拘留。拉贝连忙起立,以友好的中国方式给他倒茶、敬烟,警官感激地接受了。拉贝心想,这可是个好兆头,可以跟他商量商量。接着拉贝引开了话题,跟他拉起家常,谈他的职业、谈他的家庭,然后顺便提出看看拘留人员名单。

警官友好地拿出名单交给拉贝翻阅。拉贝一看名单心中大喜,只见名单上写着"西门子中国分公司经理",并没有写拉贝的名字。于是拉贝提出了一个棘手的问题:"您所指的是哪一位经理呢? 技术经理还是销售经理? 我们公司有两位经理。"

警官愣住了,他无法回答这个问题,他得到的指示仅仅是"拘留一个经理"。

"那么,您是否愿意拘留技术经理,而非现在您面前的销售经理呢?"拉贝接着问。

他惊讶地睁大眼睛说:"当然! 为什么不,他在哪里?"

拉贝用手向天空指了指:"前不久去世了!"

善良的警官立即明白了是怎么回事,他一句话也没说,从名单中划去了故世者的头衔。英国人煽动他们拘留德国人,既然他要拘留的人已去世,也就不需要被英国人牵着鼻子走了。

就这样,拉贝以他的诚恳、机智获得了中国人的好感和帮助,继续留在中国。他是第一个未遇到麻烦的德国人,继续留在北京默默地为被拘禁的德国人操劳奔波。

北京西门子公司的生意渐渐在瘫痪,但与南方的西门子公司以及其他德国公司相比,还是很幸运的。在整个战争期间,公司不仅靠销售生存了下来,还为那些陷入战俘营的职工提供了资助。

中国对德宣战后这段时间,德国人在中国遇到了很多麻烦,但是拉贝和他的一些朋友在关键时刻,总是得到善良的中国人的帮助。

因为中国对德宣战,北京的德国亚洲银行要停业了,经理埃格林先生把银行所有的账簿都砌到了一个朋友家地下室的墙里,只留下了一个空空的钱箱。他因此而受到中国政府的四处追踪,他本人藏在北京城外一个中国朋友家里,从未被抓到。

德国使馆提醒拉贝说,中国官员某天将会没收西门子公司的账簿和文件。在关键时刻,也是中国朋友帮助了拉贝。

> 我便把所有的账簿和文件分装在 42 个中式皮箱里,叫人悄悄运出了房子。好几年我带着这些箱子在城里东躲西藏,常常被探子跟踪,每次总是在中国朋友的帮助下得以逃脱。文件一份也没有丢失。①

拉贝一次次得到中国人帮助,他同样也尽可能地帮助中国人。1917 年张勋复辟帝制时,北京城发生枪战,他收留了一大批中国难民在家中,为他们提供食宿。

7 月 10 日清晨,拉贝起床后惊讶地发现,共和国的五色旗被龙旗取代了,大街小巷成了旧帝国旗帜的海洋。原来是张勋夜间突然袭击攻占了北京城,把小皇帝宣统再一次送上了皇位。

拉贝评价说:"这是一场冒险之举,即使是皇室的朋友和拥护者也认为此举完全毫无希望,因为张勋的实力太小,财力匮乏。"②

---

① 据约翰·拉贝回忆录手稿《我在中国西门子的四分之一世纪》翻译。
② 据约翰·拉贝回忆录手稿《我在中国西门子的四分之一世纪》翻译。

政局的变化没有对外国人造成多大影响,外国人照样可以自由旅行。拉贝是在 7 月 11 日,也就是帝制复辟的第二天清晨离开北京的,他必须前往西门子天津办事处检查工作。中午时分,他到达天津火车站。下火车时,有人送来一份电报,电报是拉贝在北京的伙伴保先生发来的,内容十分不寻常:"即刻返回——明早 4 时北京将被轰炸。"面对耸人听闻的内容,拉贝将信将疑,但对保先生的指示不敢大意。他赶紧跳上停在旁边轨道开往北京的列车。

回到北京,拉贝郑重其事在"圆桌"旁朗读电报,在场的保先生也肯定了这条消息的可靠性。尽管如此,大家都大笑不止,没有人相信消息不是开玩笑。

拉贝因为妻子和儿女都在北戴河避暑,无牵无挂,不管消息可靠与否,都以坦然的心态面对局势的变化,一夜安然入睡。早上 4 点,他被一声巨响吵醒。保先生说对了,张勋的主要军事区被炸。

拉贝的办公室和住宅就在紫禁城附近,正好处在弹道上。当他打开大门准备去办公室时,却发现大门外士兵密布,大门前甚至架起了机关枪,军队封锁了道路。拉贝退回来,观察半晌后发现,唯一的方法是爬过屋顶去办公室。就在他跃跃欲试时,几颗枪弹把他身边的房瓦击得粉碎,他很快就放弃了这个主意。在这紧急关头,附近的许多中国人都逃到拉贝家中寻求帮助。

  我家门前原来有个警署,我跟他们建立了友好关系。我在危难时,这些警察们也向我提供帮助。现在警署已被撤走,我的警察朋友们坐在我家厨房里喝茶,一副吓坏了的样子——脸上没有颜色。在这段时间里,很多难民从我屋后的中国小居民房里逃到我家院子里,恳求我收留他们。我不能辜负他们对一个欧洲人的信任,于是叫人煮了一大锅米饭,让难民们住在我家里。①

中国人也热情地为拉贝出主意。难民中的一个泥瓦匠为拉贝在外墙上开了一个洞,这样他就可以没有阻碍地去办公室了。他听从中国朋友的建议,让人堵住房子的大门,用床褥把朝街的窗户堵住。这样可防止打来的枪弹,起保护作用。

难民们在设置的障碍物上挖了个小孔,透过小孔,可以轻松而舒服地观看大街上的战斗。12 日上午,北京政府军队和张勋的皇家辫子军激战,辫子军很快顶不住了,撤退到了紫禁城城后。拉贝观察到,个别士兵,甚至衣冠楚楚的文明人也在当街抢劫行人,推着一车车劫获的物品穿过大街。拉贝不禁担心起来,一旦有军队突然闯进他家中来抢劫,怎么办? 他做好了思想准备,最好的办法就是不要反抗。好在一切平安无事。

中午时分,紫禁城的东门东华门烧成了一片火海。下午 4 时,各方都发出"放下武器、停止进攻"的信号。周围的街道都空了。拉贝决定走出家门去看看外面的情况,他带上照相机,向东华门走去。大街上,政府军的士兵们伸展了四肢躺在地上休息,枪架在一起组成尖塔状。突然,紫禁城里传来一声爆炸巨响。士兵们从地上一跃而起,跳进大街旁的掩体坑道内,等待敌人的又一次进攻。

拉贝站在大街上,不知如何是好。如果退回去,似乎会让士兵们笑话。犹豫片刻后,他想,无论如何不能给欧洲人丢脸,他壮着胆继续朝紫禁城走。好在没发生什么事,他顺利地到了东华门。昔日的繁华已

---

① 据约翰·拉贝回忆录手稿《我在中国西门子的四分之一世纪》翻译。

不复存在,只留下了片片冒烟的废墟,战争的残酷场面看起来真叫人害怕。高高的沙袋后横七竖八地躺着交战双方士兵的尸体,几分钟前鲜活的生命已随着硝烟飘然而去。可怜辫子军士兵的灵魂已逝,肉体却还要接受审判。在皇城墙角,一个执法官带着几个刽子手在寻找皇家辫子军士兵的尸体,把他们的头割下来,因为他们犯了谋反之罪,仅仅丧命还不足以受罚,必须让他们承受中国人最严重的刑罚——尸首分离,下十八层地狱,在阴间承受苦难。

在东华门站岗的士兵把拉贝盘问一通后,得知他想进城拍照片,就提出要求,先让拉贝给他照一张,然后才放他进去。拉贝在空无一人的紫禁城里四处走动,昔日威严的皇宫成了战场,地上到处扔着弹药箱,上面写着"德国制造"的字样。他很快找到了刚才爆炸的原因:是张勋装满了炸药的别墅被炸飞上了天。

后来拉贝得知,在危急关头,颐和园附近德国使馆卫队出动,营救了张勋。他们装备上武器,开车迅速驶进紫禁城,接出张勋,把他送到荷兰使馆。这次行动的指挥后来得到了一笔可观的奖金。

德国支持张勋复辟帝制,背后是德国与英国、日本之间争夺在华利益。"而帝制之发生……使其事若成,德在华势力将跨英而上之。英不善也,日本更不善也,于是合谋以对德。"[1]

对张勋复辟帝制的丑剧,拉贝表示遗憾。战争结束,北京又是共和制了。临时王朝仅仅持续了十天。"张勋将军的政变失败了,对我们德国人来说,真是非常遗憾,因为张将军对德国人很友好。"[2]

对此,拉贝又一次习惯性地盲从了德国政府的立场——因为张勋

---

[1]　叶恭绰:《讨伐张勋复辟之回忆》,近代史资料(总第50号),1982年第四期,中国社会科学出版社1983年版。

[2]　据约翰·拉贝回忆录手稿《我在中国西门子的四分之一世纪》翻译。

对德国友好。至于这友好背后的政治动因,他没有多加思考;复辟对中国意味着什么,他是外国人,这与他没有多大关系,他也无暇思考。他是个商人,对经商有敏锐的头脑,对政治却不是如此,或者说是缺少兴趣。德国人天生服从的性格,在他身上再次鲜明地表现了出来。

四　遣返回国

中国对德宣战并没有影响到拉贝与中国人的友谊,也没影响他对中国的感情。他始终认为是协约国在煽动中国为难德国人。

> 战争即将结束时,在协约国的煽动下,我们德国人受到的监视越来越严密。最后甚至在每一个未拘禁的德国人房前都坐着或站着一位中国密探。

幸运的是,一些便衣警察并不认真对待他们的工作,拉贝家门前很长一段时间里都有一名岗哨。对便衣岗哨来说,站在门口四处走动真是无聊。拉贝便与他定了一个"君子友好协定",根据这个协定,他可以呆在门房里跟看门人下棋;而拉贝向他保证,每次出门,就大声向他通报,告诉他自己要去的地方。

战争终于结束了,可是战争的苦果仍要由人民来吞咽。1918年11月11日,德奥同盟国战败投降。作为战败国的德国人,拉贝尝到了战败的滋味,他记下了自己的感受:

> 协约国得意忘形,肆意寻找发泄的机会。德国使馆前的

两尊大理石石狮,那是慈禧太后赐给大使馆的权力象征之物,先是被刷上蓝色涂料,后来干脆被推倒。德国使馆的外墙被刷上了标语,协约国成员在城里分发海报,有的甚至把海报贴在汽车上……在德国使馆区,美国兵和法国兵闯进一位德国钟表匠开的商店里,把东西抢劫一空。法国兵闯进德国亚洲银行,疯狂地破坏了那里所有的设备后,企图放火烧掉银行。幸好,火没有烧起来。一帮歹徒闯进科德斯先生家里,他和家人只得翻窗逃命。法国士兵都像喝醉酒了一般,其中有一个士兵就受到了命运的惩罚,他企图把撑着旗杆的铁山雕从楼外墙上扯下来,结果自己掉下来,摔断了脖子。在哈德门大街,为纪念1900年被谋杀的德国大使克林德男爵而修建的大理石牌坊被他们拆除。天津的德国租界里的铜制罗兰德纪念像也被砸碎。①

英国人不允许德国人进入他们的公园。战争期间,拉贝看到一个警告牌,原来上面写着:"狗与中国人不得入内!"这个牌子这时改成了"狗与德国人不得入内!"这对拉贝刺激很大。拉贝说,这个印象怎么也抹不掉,在德国人身上尤其如此。②

拉贝多次提到,无论是在中国对德宣战时,还是在德国战败后,善良的中国人从没有为难过在华的德国人。相反,关键时刻,中国人总是尽可能地通融、方便德国人。

---

① 据约翰·拉贝回忆录手稿《我在中国西门子的四分之一世纪》翻译。
② 据约翰·拉贝回忆录手稿《我在中国西门子的四分之一世纪》翻译。

无论是协约国的兵痞，还是那些所谓的文明人，其行为都像野蛮人一般。据我所知，没有一个中国人参与这些破坏活动，只是在拆除克林德牌坊时，为了得到这件艺术品，中国人以内行的方式帮助他们拆除。[①]

拉贝本人也被要求立即搬出他建在美国圣经社地皮上的房子。这个指示应该是华盛顿发电报传来的。在中国警察的帮助下，拉贝得以把搬家日期推迟到了新年。1918年除夕之夜，他搬进了办公楼。这座楼是他们自己的地产。

战争结束了，对德国人民来说，真正悲惨的结局才刚刚开始。德国战败投降后，威廉二世皇帝逃往荷兰。1919年2月，德国国民议会在德国南部文化名城魏玛召开，随后成立了资产阶级共和国。新生的魏玛政府与协约国签订了《凡尔赛和约》，受到向战胜国割地赔款的制裁。

中国虽然是战胜国之一，却是赔了夫人又折兵。德国占领的山东胶州湾被协约国划为日本的势力范围。协约国强迫中国政府把德国侨民全部驱逐出境，因为英国人不希望在中国市场上有强有力的竞争对手。

拉贝也接到了中国警察的通知，所有的德国人都必须被遣返回国，只有那些患重病或在中国做教师的人例外，可以继续在中国驻留。拉贝的朋友中，有人花钱找医生开"心脏病"的诊断证明。大家也给拉贝出这个主意，但开这样的假证明，需要做一系列的检查，花费太多，拉贝经济上承受不起，只得作罢。他决定变卖所有的家产、书籍以及他在非洲、印度、日本和中国搜集的收藏品，接受遣返回国的命运。战争真是

---

① 据约翰·拉贝回忆录手稿《我在中国西门子的四分之一世纪》翻译。

万恶之源。他是个正直的商人，一直遵守中国的法律。这场战争与他们普通公民毫不相关，却要由他们来吞下战争罪犯种下的苦果。

拉贝在自己的办公楼里进行了三天的拍卖。最后一天拍卖中午休息时，一名公司职员浑身是血地冲了进来，他的妻子被人杀了。拉贝和他以及几个警察急忙赶往出事现场。这名职员的住所较偏远，但属于西门子公司，他上午一直在帮拉贝拍卖，中午回家发现妻子被人用斧子砍死，他的第一反应就是奔回公司，找拉贝寻求帮助。

现场的景象惨不忍睹。警察们例行公事搜索检查，里里外外没有找到歹徒，却在厨房里又发现了另一具尸体——保姆，也是被用斧子砍死的。警察们发现，谋杀现场通向西门子公司的一扇关闭了多年的旧门，门被人打开过。而几天前，正是拉贝打开过这扇门，他想为西门子公司的账簿和文件寻找一个藏处，后来这些东西又被放到了别处。警察和军事机构前来调查，审问拉贝，为难了他好几个小时，他却不能讲出开这扇门的原因。好在第二天晚上杀人犯企图在一家典当行把从死者身上拿下来的金银首饰卖掉时被抓。这是一件抢劫谋杀案，凶手是个中国木匠，是被害保姆的亲戚。凶手将被处死。他抢劫的东西总价值为6美元，为此3个人丧生。拉贝认为保先生的话发人深思："你可以看到，一个人的生命值多少钱——2美元一个！"

所有这些令人不安的事情过去后，拉贝离开北京的日子到了。十多年打下的天地，十多年积聚的财物，竟在一夜之间化为乌有。他所有的物品均三文不值二文地被拍卖成了一笔小小的钱款，他把这笔钱托付给了在中国交通部供职的丹麦无线电工程师耶尔根森先生，请他把这笔钱汇给耶尔根森在哥本哈根的父亲代为保管。拉贝和妻子是那么地舍不得离开中国，他已经想办法在中国多呆了两年，但是战争的魔影最终还是笼罩到了他身上。

1919 年 2 月底,他和妻子带着分别是 8 岁和 2 岁的两个孩子,像可怜的流亡者一样,背着大包、带着装满瓷质餐具的箱子,准备坐火车经过南京去上海。这些青花瓷是唯一没有被拍卖的物品,他实在舍不得,决定不远万里把它带回德国。坐在火车的头等车厢里,中国服务员服务得很周到,但气氛还是很压抑,战争的余波将不知道会把他们冲落到哪里,等待他们的又将是什么呢?

在漆黑的夜里,人们抵达上海火车站。上海的秩序一片混乱。临下火车,拉贝从行李架上拉那包装满中国瓷器的箱子时,不小心把两岁的儿子碰掉到椅子上,小家伙还裹在羊毛垫子里睡觉,黑暗中没被发现,结果瓷器箱子差点把他砸死。孩子没命地号叫,拉贝吓呆了。一辆汽车把他们拉到俘房营,那里没有医生,好在最后小家伙出奇地安静下来,但头上被碰起了一个包。

到上海后,贫困生活才刚刚开始。他们在上海停留了 10 天。每天都有人被送到俘房营来,最后总计约 2800 名俘房。俘房营里条件恶劣,4 个至 6 个家庭合住一个房间,用毛巾、床单相互隔开。潮湿寒冷的雨雪天气使很多人患了流感和痢疾。

1919 年 3 月 9 日,在英国海关官员仔细检查了行李后,拉贝这些被遣返回国的德国人穿过拥挤的围观人群,登上了从上海到热那亚的几艘货轮。上船之前,所有的人被一一搜身,妇女和儿童也不例外,检查是否携带武器。拉贝和他的家人,开始了噩梦般的俘房之旅。

船开了一天后,停在一个码头。拉贝上岸给孩子们弄些饮料和面包,他们已经一天没有吃东西了。没想到,英国人把他从一个地方赶到另一个地方。这时候,又是善良的中国人帮助了他。一排站在登船入口处的中国童工友好地帮他搞到了食物。但上船时,英国人又一次对他搜身检查。他们搜走了他身上所有的钱,除了他自己可怜的一些钱外,还有红十字会发放的救济金。一个外国军官拿走了他往丹麦汇钱的记录存单,以及耶尔根森先生父亲在哥本哈根的地址。拉贝在心中责怪自己,怎么如此粗心大意,把这个记录还带在身上。他们从存单上看出,这笔款子是通过英国银行汇出的。协约国的一个检察官恶狠狠地对拉贝说:"我们要打破你的美梦。"拉贝难过的表情被旁边一位中国将军看在眼里,他目睹了事情的整个过程,在关键时刻站出来帮助了拉贝。拉贝充满感激地写下了如下文字:"这位将军以他卓越的方式关心我。他不能从协约国官员的口袋里要回我家人的钱(只允许带规定的少额现钱),但却要回了救济金。当他从自己口袋里掏出钱来弥补我的损失时,我很感激地接受了,但绝不是为我自己,而是为了船上贫穷的同路人的孩子们。"①

他们乘坐的是一艘中型货船,住宿条件很差,只有几间舱房,很快被抢占一空。拉贝以他一贯的热心肠站出来,为大家服务,成为高级管理委员会成员之一。他告诫大家:"我们最终不能忘记,这不是一次观光旅行,而是作为俘虏被遣返回国。"委员会提出必须让患病的乘客住舱房,但所有的舱房安排患病的乘客还不够住。为了树立委员会的威望,拉贝的妻子放弃了分给她的舱房,她患有肾病,两个孩子都出水痘。拉贝一家整个旅途期间住在统舱或楼梯间。人们开玩笑说:"拉贝一家在德国不会因房荒担忧,他们可以睡在楼梯间里!"

拉贝的管理才能和爱心让他成了这批俘虏的头领。他为人们排忧解难,任劳任怨。他们到了印度后,就得支付英国货币。但他们中的大多数人只有银元,要先兑换成英国货币,零钱开始短缺。拉贝于是开设了一个小银行,提供应急货币,解决了这个问题。但是,委员会的管理

---

① 据约翰·拉贝回忆录手稿《我在中国西门子的四分之一世纪》翻译。

触及了一些人的利益，很不受这些人欢迎。尤其是拉贝，这份工作很不好做，比如，一位女士向他抱怨，同屋的女人把小孩的尿布晾在天花板电扇护罩上。为了使大家和平相处，拉贝断开电源，踩在椅子上取尿布，这时，那位被冒犯的女士大声抗议着，动手抽走了他脚下的椅子，让这位"高级委员会成员"在电扇网罩上吊了好一阵子。拉贝十分狼狈，但他没有退让，最终这位女士不得不让步。

船上的男人干的活是把洗好的衣服放到干燥箱里去烘干。干燥箱很少，而且常常挂满了衣服。有时为谁先使用干燥箱还闹矛盾。可怜的男人常常把潮湿的衣服又拿回来，拉贝听到这个人的妻子生气地说："我们战败了一点都不奇怪，像你这样的人去打仗当然不会胜！"

拉贝不得不在餐厅里来回做冗长的演讲，说明道理，平息人们激动的情绪，使大家团结一致。

开始，船长的态度也非常冷漠，但拉贝的性格犹如一团烈火，能把冰块融化。在拉贝的努力下，船长铁板般的肌肉放松了，变得让人容易接近。拉贝他们甚至可以弹一下一直用大纸箱盖起来的钢琴。上海城市乐队的指挥布克教授成立了一个"男声合唱队"，还举办了好几次音乐会。有一次，他们在印度原始森林环绕的煤港甚至被允许登陆一会儿。一段时间后，英国船员们也和拉贝建立了友好的关系，为德国人提供种种方便。船到马赛时，一位在新加坡得了脑膜炎的女人去世了。她是德国商船队军官基辛林格的妻子。除了死者的丈夫以外，其余人一概不允许离开甲板参加在马赛举行的葬礼。拉贝他们请船上一名英国木匠制做了一个十字架以示哀悼，这名木匠要了一大笔钱后才答应了下来，工艺十分简单粗糙。这件事被英国海员们知道后，木匠挨了一顿揍，被打得一个星期不能干活，作为对他欺侮德国遣返者的惩罚。可惜他们不能把钱要回来，因为木匠已经喝酒把钱挥霍一空。

对委员会来讲,还有更麻烦的事情需要去调节。一条金项链被人偷走了,有人告诉拉贝,项链被藏在厕所里。拉贝向几个中国服务员许诺,找到项链有奖,果然他们找到了项链。有人在船壁上写了一首感谢诗,引起了大家注意:

> 一条金项链,
>
> 在房里丢失了,
>
> "金子不会发臭",
>
> 拉贝先生说,然后找出了它……①

沿途,拉贝看到了许多战争造成的恶果:"在苏伊士运河里,我们看到几艘德国卖给日本的潜水艇。塞得港附近,运河岸边有一座俘虏营。船驶到离我们几米远排成队的犯人身边时,我们被禁止与他们讲话。但当孩子们唱起了'在家乡,在家乡,那儿一定可以重逢'的歌曲,岸上传来了回应。这时,船长和船员们都很知趣,没有打断我们唱歌。我们都落泪了,没有一个人因为流泪而感到羞愧。

"经过马赛时,我们看到穿着绿色囚服的德国战俘在清理一个火灾场。我们又唱起了家乡的歌,他们悲伤地朝我们喊叫,作为回答。

"许多突出水面的船只残骸使得英国海峡有了一番独特的景象,那些都是德国艇的牺牲品。水雷封锁了运河,船只好慢慢驶向南安普敦。英国巡洋舰在我们前后忙着用炮火把水雷引爆。"②

战争过后的创伤发人深省,拉贝的字里行间流淌出的是悲天悯人

---

① 据约翰·拉贝回忆录手稿《我在中国西门子的四分之一世纪》翻译。
② 据约翰·拉贝回忆录手稿《我在中国西门子的四分之一世纪》翻译。

的点点思绪。只是这些思绪的片断还没有经过深思熟虑上升为追根寻底的探索。

经过一个多月艰苦的旅途,货船终于抵达荷兰港口阿姆斯特丹。拉贝他们都早早做好了上岸的准备。这一个月,拉贝这名管理委员会的委员早已赢得了大家的信任和敬重。关键时刻,他自然而然地就成了大家的主心骨和指挥官。他总是能想出办法,他与英国人斗智斗勇,显示出了高超的勇气和智慧。

船驶进海港后,拉贝他们的忍耐力又受到一次严峻的考验。等了整整一天后,船终于靠岸。英国军官们在恶狠狠的格罗斯曼上校带领下出现在甲板上。上校审讯每一位乘客,并检查了许多被他怀疑的人的行李。拉贝想出了一个主意,在排队等候时把行李通过一块原木板通过等在码头墙上的船滑到岸上去。可惜船长注意到了拉贝,他只得停止这样做。但只要船长一转身,拉贝和几个得力的助手又开始把行李滑到岸上去。通过这种途径,他们把那些被英国人怀疑、拦住的乘客行李送到安全地带。遗憾的是,尽管他们付给服务员足够的小费,他们搬到岸上的许多行李(不允许携带大件行李)还是被人偷走了。许多皮箱被人用刀子割开,里面的东西被抢走了。

到了荷兰,他们每人得到了一本护照,乘火车前往威泽。大家拖着行李,疲惫不堪地走了半英里,被领到一个空荡荡的工棚里住宿。拉贝又一次被选进运送行李委员会中,没有辜负大家的厚望。

在一片抱怨声中,拉贝挺身而出,他对自己说:"我已有过那么多的名誉职位,为什么这次不任命自己为运输队长呢?"他对押送他们的军士说:"军士先生,现在请您听我说几句:如果 10 分钟内您不能为这里所有的人找到一个有床、有灯、有洗漱设施、温暖的工棚的话,我就叫大家立即解散,各奔东西。而您——尊敬的先生要为此负责!"还真管用,不到十分钟,军士就找到了一个设施齐全的红十字会工棚,大家都十分疲惫,倒在草袋上便睡着了。第二天早晨7时,拉贝重重地打了个喷嚏醒了过来。一个年轻女士坐在拉贝旁边的床上,正在梳理她那美丽的金色发辫,辫梢来回晃动拨弄着他的鼻子。大家乐成一团。当天,他们顺利地到达了汉堡。人们兴奋的心情溢于言表,大家喊着拉贝的名字,欢呼着运输队长和前委员会委员"万岁"。拉贝悄悄地避开了,十一年漂泊海外后,他又回到了家乡。他对自己说,但愿再也不要有这样的经历!

五　动荡的故乡

1919年3月初,拉贝全家回到德国。他的母亲在战争期间去世了,堂兄弟阵亡,只有姐姐和岳母还活着。他们殷勤地接待了拉贝全家。西门子公司给了他一个月的假期。拉贝急忙赶往丹麦哥本哈根寻找自己那笔危险的钱。耶尔根森先生的地址被英国军官在上海拿走了,要在哥本哈根找到他真不是一件容易的事。终于,拉贝凭着一股劲,在茫茫人海中找到了这位老先生,但交涉的结果却让人失望,年老的耶尔根森先生自己也弄不清,他是否应该顺从良心,把钱交给拉贝。经过西门子公司驻哥本哈根代表的调解后,拉贝才拿到了钱。虽然不是丹麦货币,是在柏林以马克支付,拉贝还是很高兴,他总算抢在英国人之前拿到了钱。

回汉堡途中,拉贝一路都在感慨,他意识到加入一个像西门子这样的大公司的重要性,关键时刻公司就是依靠。

故乡的一切是那么陌生,1908年拉贝离开祖国的时候,还是威廉二世皇帝统治时期,而现在,德国已进入资产阶级共和时期。屈指算来,他已离开故乡整整十一个年头了。拉贝感到自己成了一个外国人,熟悉的故乡让他看不出个所以然来。

公司安排拉贝在西门子柏林苏克特工厂工作,全家在乌兰德大街安顿下来。住宅的斜对面就是著名的施泰因广场,施泰因是 18 世纪普鲁士时代的一位改革家,人们因他对历史的杰出贡献而记住了他。

如今,施泰因广场依旧人流如织,只是广场的音乐厅里不再传出悠扬的乐曲,里面驻扎了战败了的帝国国防军。乌兰德大街仍然人潮涌动,只是大街的跑马厅里不再人声鼎沸、马蹄声声,里面驻扎了被称为社会民主党的共产党人。广场大街到处是人,大规模的游行、罢工、暴动每天都在发生,德国出现了一片复仇的呼声,《凡尔赛和约》中有关德国条款的规定严重伤害了德国人的民族感情,许多德国人将被迫在和约上签字的魏玛政府看成是民族的罪人。

拉贝辛勤劳作一天回到家中,半夜,常常枪声大作,火光闪烁。那是音乐厅的帝国国防军和跑马厅的共产党人在交火对射,谁能保证子弹不会破窗而入? 拉贝一家不敢再在临街的卧室里睡觉,只能躲到走廊里将就,如此几次,道拉只好带着孩子们到汉堡和她父母住在一起,拉贝独自留在柏林。

战败使社会局势动荡不安,经济通货膨胀,人民的愤怒情绪达到了沸点。

拉贝难以对政治局势理出头绪,他不知道谁代表了真理,但是,战争的阴影无时不在,每个人都会有深切的体会。

《凡尔赛和约》规定,1919 年至 1921 年,德国先要付一笔 50 亿美元的金马克,如无现款,可以用煤、船只、木材、牛羊等实物抵款。1921年 1 月,协约国又规定了德国战争赔款总额为 1320 亿金马克。

为了使德国能逃避公债，免付赔款，政府有意让马克崩溃，德国货币成了毫无价值的废纸，工资薪水的购买力等于零。中产者和工人们的一生积蓄都荡然无存，人民群众并不知道工业巨头、军队和国家从货币贬值中得到了多少好处，但他们知道，大笔银行存款还买不到一把胡萝卜、几个马铃薯、几两糖、一磅面粉。

　　饥饿笼罩了整个德国。女大学生为填饱肚子沦为妓女；歌剧演唱家为了几片面包任人包唱；投机商乘机囤积居奇，造成商品短缺。几乎所有的物品都要凭票供应，荤油也要凭票，西门子公司内部甚至还有买皮靴后跟的票。

　　那次拉贝到哥本哈根要钱，在德国与丹麦的边境小站，乘客们被允许购买充足又便宜的肉和油脂，这些东西在德国是匮乏之物。可怜拉贝急切地四处张望，没有肉票和油脂票，他从哪里能弄到丹麦政府发放的红色票证呢？这时，一个年纪稍大、蓄着山羊胡子的先生过来向他问路，拉贝仓促地给他看了一下他的西门子证件。老先生掏出他的红色票证递给了拉贝，他说："请拿着吧，我也是西门子职员。"凭着这张票证，拉贝为家人买了些德国紧缺的食物。

　　西门子公司是大公司，但是工人的日子照样不好过，愤怒的工人冲上了大街罢工游行，军警如临大敌地架起了机关枪。目睹了这一切的拉贝，当晚用日记的形式记下了白天的情景。从此，拉贝养成了记日记的习惯。

　　拉贝虽然是西门子公司的高级职员，日子过得仍然十分艰难，要精打细算，一家老小才不至于饿肚子。他把所有的票证都随身携带，一听到哪儿有便宜货卖，便马上赶去。

　　有一次，同事布伦德尔告诉他，城里有个地方能买到各种便宜的豆子。他赶去买了两大袋豌豆想带回家。不巧天下起了雨，又没有电车可乘,他只能在雨中抱着两袋豌豆向家赶,纸袋子被雨水泡软了,豆子从袋角不断地滚落下来。当他浑身是水地赶到家,两袋豌豆只剩了一半。

在那艰苦的日子里,拉贝始终保持了他和蔼可亲的性情,与生俱有的同情心使他总是站在弱者一边,总是尽自己的可能帮助别人。

在汉堡,拉贝看到一个人被暴徒打倒在地,他冲上前去,把那人扶了起来,结果自己也遭到了殴打。在电车上,一位姑娘饿昏了过去,拉贝毫不犹豫地把自己的食物分给她一部分。他说:"我还亲眼看到一些发生在汉堡的暴动。当人们在阿尔斯特河岸,在船上敲打手无寸铁的游水者,直到他们沉入河底。我站在那里,无能为力。"

有一天,西门子在上海办事处的会计布朗先生回国休假,他邀请拉贝、布伦德尔还有其他几个西门子公司的朋友一块儿聚聚。他们在波茨坦广场旁边的普绍酒馆喝啤酒,就酒的是布朗从老家巴伐利亚带来的小吃——白面包、香肠和黄油。当时,旁边一个8岁左右的小姑娘用围裙捧着火柴兜售,她在每张桌子前轻轻地叫卖:"先生,买火柴吗?一盒一个马克。"眼神却盯着桌上的食物。

拉贝他们大声谈论着分别后的见闻、对时局的分析,全然没有在意小姑娘那盯着食物的饥渴的眼神。他们酒足饭饱之后,布朗随手把剩下来的食物全部送给了小姑娘。小姑娘接过食物,突然大声哭了起来,火柴抛撒得一地,她全然不顾,如获至宝地捧着食物奔向正在门口等候的母亲。

拉贝被眼前的一幕深深地触痛了,刚才的啤酒顿时索然无味,朋友久别重逢的喜悦也荡然无存。此后,拉贝一直默默无语,以至于几位老同事的情绪也受到了影响。时光飞逝,小姑娘的哭声却无法从拉贝的记忆中抹去。

第五章　中德复交的契机

一　再系中国情结

两年后，拉贝的生活出现了转机。

为拯救战后德国千疮百孔的经济，魏玛政府想到了德国在远东中国的广阔市场，主动来华活动，试图恢复中、德之间几乎完全断绝了的商贸往来。

1921 年 7 月，中、德双方在北京签订了《中德协约》，宣告恢复两国友好及商务关系。中断 4 年的中德关系正式恢复。[①]

拉贝得知，他可以回到中国从事原来的工作，不禁轻舒了一口气。能脱离这种混乱饥馑的生存环境真是太好了！中国有他的事业，在那里他如鱼得水，有良好的工作关系网、优裕的物质生活、忠心耿耿的仆从，过的是上流社会的生活。他的妻子儿女也可以脱离苦难，远离

---

① 吴景平：《从胶澳被占到科尔访华——中德关系 1861—1992》，福建人民出版社 1994 年版，第 121 页。

动乱。

　　然而,善良的本性又使拉贝产生了一丝自责,周围的朋友、熟人还在艰难度日;爱国之心又使他感到内疚,自己的祖国正处于非常时期。他在日记中表达了这种惴惴不安的心情:"我想人们不会为此而责怪我吧?"

　　有谁会为此责怪拉贝呢? 又有谁不能区别牛排和野菜的滋味呢? 但是善良使拉贝于心不安,他想起了饿昏的姑娘、沦为妓女的大学生、卖火柴的小姑娘、卖唱的歌剧家……然而,他不是历史的巨人,他只能寄希望于能有巨人的肩膀托起温暖的太阳,照亮黑暗中的德国人民。

　　这段时间的经历、见闻,对拉贝的思想影响甚大。

　　战败后的德国,经济已陷入崩溃的状态,悲观、失望和困惑,生与死的危机感,在各处蔓延开来。人心思变,人们迫切希望有一个强有力的政府来收拾动荡的局面,领导德国摆脱危机,重入正轨。拉贝也深以为然。

　　于是,希特勒和他的纳粹党出现了。希特勒以他那天才般的演说,把迷茫的德意志人民煽动得意乱情迷。

　　1920年,以阿道夫·希特勒为首的"德国国家社会主义工人党"(简称"国社党",一称"纳粹党")利用这一时机,抛出了该党的《二十五点纲领》,提出消灭一切不劳而获的现象,没收一切由于战争而发的不义之财;坚决无偿地将一切土地及固定资产收为国有,用于公共事业;在大型企业中实行利润均分的政策等要求。党纲还大肆鼓吹民族主义,提出废除《凡尔赛和约》,建立一个强大的中央集权国家,无情打击刑事犯罪等口号。① 希特勒蛊惑人心的宣传,得到了大批德国民众的

_____

① ［德］彼得·波罗夫斯基:《阿道夫·希特勒》,群众出版社1983年版,第34页。

响应,形成了一股新兴的政治势力。

拉贝不是政治家,也不是未来社会学家,他不能站在历史的高度洞察一切。他与许多普通的公民一样,只是希望大家吃饱肚子,过上太平日子,而这一切,必须采用强有力的手段才能达到。因而在他的思想深处,产生了一种根深蒂固的观念:"强权是必要的!"①

强权观念并非德国人所特有,值得思考的是,很难找到其他一个国家像德国那样从思想文化界到国家政权领域都散发出浓浓的强权意志气味。

强权主义在德国有着深厚的历史渊源。德国古典唯心主义哲学泰斗黑格尔针对德国长期分裂割据的局面,在《历史哲学讲演录》中提出,"家庭和市民社会的利益必须集中于国家"。目睹德国的分裂落后状况,德国诗人海涅在《德国将来的气息》中,把各自为政的 36 个德国小邦比作"36 个粪坑",希望建立一个统一、强大的国家。"铁血宰相"俾斯麦采用强权政治,通过战争手段统一了德国。不断的对外扩张战争和内部不停的混战,使德意志民族体会到了"胜者王侯败者寇"的道理。

强权思想对拉贝的影响则是,寄希望于通过强权政治结束德国动荡和混乱的局面,建立稳定的社会秩序。

而此时希特勒终身恪守的尼采的强权格言——"别理会!让他们去唏嘘!夺取吧!我请你只管夺取!"还深藏于希特勒脑海之中,尚未显山露水。

拉贝也与广大公民一样,听到了希特勒的美好许诺,坚信希特勒会带领德国人民走向美好的未来。

---

① 尹集钧:《1937,南京大求援》,文汇出版社 1997 年版,第 111 页:"连主张集权和军事扩张的拉贝,也被日本人的残酷激起了强烈的反感。"

1921 年，拉贝告别了动荡的祖国，再次远航。他先取道日本，再返抵中国。10 余年的中国情结使拉贝归心似箭。在日本，他只停留了两星期，用于办中国的入境护照。

从开始跟中国人打交道起，拉贝就受到了中国人的礼遇，而英国人就没那么幸运了，对此，拉贝绘声绘色作了记录：

> 上岸后，第一件事就是前往中国领事馆："我们想要一张入境中国的护照。""噢！"这便是回答，"那我必须确定一下，您是否被列在黑名单上！"
>
> "什么！"我们吃了一惊，"还有黑名单？如果我们在黑名单上，会怎样？"
>
> "请多付 5 美元。"
>
> 这个回答让人听起来很欣慰。我们很高兴，喝了茶、抽了烟以后，大家才明白，他根本就没打算查看我们是否被列在黑名单上，这真是一个讨人喜欢的使馆！
>
> 我本应乘火车经朝鲜到北京。当有消息说，朝鲜境内的铁路被台风毁坏，我就跟几位德国朋友乘一艘日本汽轮经濑户内海到大连——这是我一生中最美的一次海上旅行。从大连坐火车经过沈阳和天津，就可到达北京。经过中国边境时，我们受到中国人的热烈欢迎和殷勤招待。我们根本就不需要打开行李，而同路的几个英国人却必须接受严格的行李检查。我们站在一旁，真是幸灾乐祸。

来到北京，形势已归于平静，而紫禁城内成排房屋中的缺口证明了它曾经历过的骚乱。出乎拉贝意料的是，他留在北京的房屋和财产却完好无损地保存在那里。他一时激动得不知说什么才好,这让他对中国人好感倍增,他的佣人,这些淳朴的中国人是多么善良而高尚啊!两年多来,自己一家回到德国,饱尝战后生活的艰辛,这些财产的完璧归赵对他的事业意味着什么,对他的一家又意味着什么,是不言而喻的。这件事让他终身难以从记忆中抹去痕迹,他逢人必讲中国人的善良。直到 70 多年后的 1997 年,他的事迹在中国家喻户晓,据许多当年同他有过接触的人回忆,都听拉贝说过这个神话般的故事。拉贝将妻子儿女接到了北京。经过一番打扫和清理,拉贝一家和办事处全体成员重又搬进了北京的房屋。

他很快开始重整旗鼓。一开始,他选择挂靠在一家中国公司下面,以此为掩护,为西门子驻北京办事处开展业务。他得小心提防,美、英、日等国在中国都有电器方面的业务,竞争十分激烈,尤其是电信业务,在中国的前景非常广阔,利润诱人。当初英国对中国政府施加压力,驱逐德侨,也是为争夺远东中国市场这块肥肉。拉贝和他的同事戏称这段艰难时期为"橘子时期"。直到西门子洋行中国总部在上海获准正式开张,他才公开回到西门子北京办事处。

很快,拉贝公司的业务开始走上了正轨。在当时中国国内局势急剧动荡的情况下,拉贝他们做成了一系列大宗生意,包括一座煤矿的电气化工程,投资约 4000 万。能得到如此巨大数额的订单,不能不说是个奇迹。

这年夏季,烈日炎炎,拉贝公司与法、美等国公司的竞争激烈程度也不亚于炙人的热浪。设在北京的哈尔滨有轨电车公司关闭了。各国对承包北京有轨电车公司这个项目争得头破血流,法国把主承包合同夺了过去。尽管工程的前期准备工作全是由德国人做的,但因为法国是战胜国,所以德国人只好退居次席,承接合同中的一小部分业务。

而与美国公司的竞争则创造了一个奇迹。北京与天津的电话联系网有缺陷，人们甚至还使用陈旧的铁导线。拉贝的西门子公司欲加以改造，提出加装感应圈。中国政府对此表示怀疑，要求进行试验后才愿意改造。测试相当成功。

有一天晚上，拉贝的一个老朋友——高级工程师斯里斯狄格尔先生打来电话。他当年从日本战俘营回来后就来到中国，在汉口工作了几年。他此时已是天津电话管理局的总工程师。他在电话里说："如果你今晚还不能和你的朋友彭先生签订天津新自动电话局合同初稿的话，以后就没有机会了。因为明天一大早就会有竞争出现。"经过朋友彭先生的一番努力，合同初稿终于在当晚签订下来。根据合同规定，他们可获得350万银洋的订单。第二天早上，美国公司的负责人如梦初醒，火速赶往北京，但只能失望地离开。这张350万银洋的订单使这位美国人丢掉了他的职位。西门子公司争取到这笔生意，在天津建成了中国第一家自动交换电话局。

1925年，西门子公司在天津建造的自动电话局需要大批工作人员，西门子在北方的总部就由北京迁到了天津，拉贝也到天津出任销售经理，主管财务。天津公司位于英租界大沽北路与广东路交界处，是一座三层楼，内部设洋商行和工程部。拉贝主管洋商行。

晚清及北洋时期，中国在军事上模仿德国，武器从德国进口，机械、电器、五金、药品、化肥等洋货大量通过天津海关进入中国。德国商人曾在天津前后开设了36家洋行，也给西门子洋行创造了机会。此后，拉贝在中国这片土地上安静而富有成果地工作着，他为西门子公司在中国开辟了大片"战场"，为公司的业务发展立下了汗马功劳。

道拉和一双儿女也跟随拉贝来到天津，他们在天津生活得十分愉快。在天津的生活照片充分说明了这点。拉贝的女儿格蕾特尔·拉贝

天津英租界广东路上的西门子公司驻天津代表处

1910 年 12 月出生于北京,这时已出落成了一个大姑娘。儿子奥托·拉贝 1917 年 5 月出生于北京,每天欢快地骑着自行车去天津租界内的德语学校读书。

　　天津的德租界在一次大战中国对德宣战后就被中国收回,原德租界内的一条主干道——人称"威廉皇帝大道",也被改名为"威尔逊街"(今解放南路)。原德租界由于商业不发达,环境僻静,适宜休息,成为天津最好的住宅区之一。这里的住宅大多是哥特式和日耳曼式,建筑格局分别墅式和公寓式两种,很讲究庭园的绿化和建筑布局,气势宏大。福建路与温州道交口的"增延胡同"是德国侨民公寓,故称"德国大院",是德国西门子公司等洋行的员工宿舍,大多是两层或者三层的联排别墅。高高的台阶、厚重的木制大门,屋顶飞檐上古代铜钱方孔造型的花纹图案,诉说着当年作为中产阶级居住区的那份讲究。

拉贝因为是经理,他在天津的住宅是一幢小别墅。据约翰·拉贝的儿子奥托·拉贝的回忆:"那时天津的居住区还在租界内,我们家就住在俄国的租界内。"[①]而根据拉贝家族保存的这幢别墅照片,对照租界街道,这幢别墅不在俄租界内,而应当位于原德租界的马场道,天津称为"传德楼"。根据《地名志》记载,传德楼长70米,宽5米,有三层和四层住宅楼各一幢。最早是法国教会建的,因为巷口的柱子上当时写有"TRANDER",音译为"传德",所以就被命名为"传德楼"。遗憾的是,人们不知传德楼是拉贝在天津的故居,2002年时将其拆除。

拉贝在公司与员工处得十分融洽,会计鲍家良是中国人,拉贝与他情同父子。而公司的一名营销员——德国小伙子施莱格尔则成了拉贝的女婿。

1929年4月,格蕾特尔·拉贝与威廉·施莱格尔订了婚。拉贝的中国朋友问拉贝:"什么是婚约?"拉贝的回答十分幽默:"婚约就像是到市场上去买货物,但又不能马上送货。"

拉贝女儿的婚礼是在1930年8月份举行的。拉贝的中国同事们很想见识一下西方人的婚礼,就问拉贝他们能不能参加。拉贝回答说:"当然能去了,而且你们所有的人都会接到邀请。"

中国同事们高兴极了,他们说:"非常感谢!我们还想看看在教堂里举行婚礼到底是什么样的,可是又不知道到时候我们应该怎么做。"

拉贝笑着解释说:"很简单,你们只要看着我夫人怎么做就行了。如果她哭了,你们也跟着一块儿哭!"

中国人知道拉贝在跟他们开玩笑。但有一点他们明白了,父母对子女的爱是人类的共性,与东方人一样,西方人也会在女儿婚礼上颇多

---

① ［德］托马斯·拉贝:《约翰·拉贝画传》,江苏人民出版社2009年版,第12页。

感触，父母因舍不得女儿离开而悲从中来。

婚礼如期在教堂举行，牧师牵着两位新人的手念道："雅各和天使走到了一起。"听了这样喜气洋洋的婚礼贺词，人们还会哭得出来吗？甚至连拉贝的夫人也没有哭。

拉贝送这对年轻的夫妻去了北戴河蜜月旅行后，就坐火车经西伯利亚回德国。因为患神经型流行性感冒，遵照医嘱，他要回德国治疗。这是拉贝在中国二十年来第二次回德国。此后，直到1938年，拉贝再也未离开过中国。拉贝回到故乡，边治疗边休养。他发现自己是那么地怀念中国，中国的一切已经融入了他的生命。

他在祖国呆了3个月，就再也呆不住了。为了能在天津过圣诞节，他在11月中旬，途经西伯利亚又回到了中国。

在德国短暂的停留，他看到的是一幅黑色的景象。

1929年10月24日那个"黑色的星期五"，发生了著名的纽约股票

拉贝女儿结婚照

市场崩溃事件,这场美国危机迅速蔓延,导致了一场世界性经济危机。德国为此受害尤甚。德国工业的上升是建立在美国短期贷款基础之上的,现在,这笔贷款因被收回而荡然无存,由此而产生的直接后果是企业倒闭,产销萧条,失业人数迅速上升。1930 年失业人数达 300 万,1931 年达 600 万。

德国大资产阶级为了摆脱经济危机,答应给予以希特勒为首的纳粹党政治和经济上的强有力支持。在这种形势下,希特勒的政治势力急剧扩张开来,一跃成为国会中的第二大党派。

拉贝的许多同事、熟人、朋友,都属于中产阶级职员,他们遭受到了和工人同样程度的打击。但是,对于职员来说,面临着比经济打击更严重的威胁,是他们作为"中产阶级"的社会地位岌岌可危,随时都有可能下降为无产者,他们对此感到不寒而栗。于是,许多职员由保守党转向了纳粹党,拉贝周围的许多人也都转向纳粹党,成为狂热的纳粹党员,寄希望于纳粹党挽救德国的经济命运。

短期回国的拉贝对此留下了极深的印象。这一切不可能不对拉贝的思想产生影响。

1919 年和 1930 年两次回国,国内经济都落入低谷,大街上购买面包的队伍拐过了几条街。正是这两次回国,使他的思想深处产生了一种根深蒂固的观念:"强权是必要的!"拉贝寄希望于通过强权政治结束德国动荡和混乱的局面,建立稳定的社会秩序。

对于拉贝政治观的形成,我们是否可以这样认为:人不是作为单个人而存在着的,人的思想和行为必定与别人(死去和活着的人)有这种或那种错综复杂的关系,并受其影响。正如马克思所说:"人们自己创造自己的历史,但是他们并不是随心所欲地创造,并不是在他们自己选定的条件下创造,而是在直接碰到的、既定的、从过去承继下来的条件下创造的。"①任何人在时间和空间上只能唯一地处在他那个时代的坐标系中，个人无论怎样为所欲为，也难以超越他所处的时代。拉贝也如此。

二 赴任首都南京

1930 年 11 月，拉贝从德国回来，被西门子上海总部任命为南京分公司经理。公司因拉贝出色的工作能力而将他放到中国首都来开辟业务。

南京从 1927 年起成为国民政府的首都。作为首都，南京的执政者把市政建设当作头等大事来抓，制订了详细的《首都计划》。首任市长刘纪文，用铁腕手段大刀阔斧地拆房修路，从下关长江边经鼓楼、新街口向东到中山门，修了一条迎接先总理孙中山灵柩的中山大道。中山大道全长 12 公里，比当时号称"世界第一长街"的纽约第五大道还长，奠定了气势非凡的新都市的基础。

国府机关、新旧官僚争先恐后地在南京大兴土木，各国大使馆也纷纷忙于在南京建立馆舍。

拉贝 1931 年来到南京时，这个新首都正处于脱去旧裳换新装的蜕变之中。对于调任南京，拉贝心中老大的不情愿。在离开柏林时，西门子公司的经理拉爱斯博士还对他说："拉贝先生，天津办公室就归您管了，您爱怎么做就怎么做，但不要让我们看到财政赤字！"拉贝很高兴，火车行驶在西伯利亚的那段时间，他没事就靠在温暖舒适的椅背上思考，

① 《马克思恩格斯选集》第一卷，人民出版社 1972 年版，第 603 页。

30年代的南京中山东路

在脑子里运筹他的商业计划。事后他自嘲地说："这正应了我们汉堡人常说的那句谚语：不要事先把事情想得太完美，顺其自然才不会出错。"

当时，公司召拉贝到上海开会。为了去拜访一下到中国来考察的西门子公司经理弗里德兰德尔先生，拉贝在南京下了火车。南京是弗里德兰德尔先生中国之行的最后一站。他们到刚建成的中山陵去游览一番，弗里德兰德尔先生问拉贝："您觉得这里怎么样？""美极了！"拉贝回答说，"就像置身于绿森林。""您能这样说，我很开心。"弗里德兰德尔先生说："那您就应该留在这里。"当拉贝弄清楚这不是开玩笑后，叫了起来："这简直是一种'恩赐'。"他坦白地表达了自己的想法："那样的话，我情愿从轿车里跳出来步行回天津去。在中国北方呆了23年后，如今要我把根扎在中国的南方，到南京去看守中山陵，这其实是一种惩罚性的调职。"

拉贝的抗议无济于事,因为领导层的想法跟拉贝不一样,公司希望把西门子驻南京的代表换成欧洲人。拉贝只好接受公司的安排,万分苦恼地回到了天津。为此他还不得不和他 13 岁的儿子分隔两地,因为南京还没有德语学校,拉贝自己脱不开身,只好让妻子道拉把唯一的儿子带回德国去上寄宿学校。

拉贝于 1931 年 11 月 2 日到达南京。南京成为国民政府的首都后,原来的京城北京则被改名为"北平"。当拉贝从下关下船时,正好碰上长江的汛期,放眼望去,大街小巷一片汪洋,水深高达 25 厘米到 0.5 米。为了保持交通顺畅,人们只好用厚木板把街道垫高。拉贝通过这些颤巍巍的木板,走到公司的电话工程师约翰内斯·汉森先生为他在下关预先租下的住处时,他对新首都感到非常失望,南京的住房显得特别简陋。

他把最初对南京的印象在给一个朋友的信中作了描叙:

> 年轻人啊,年轻人!南京也许只是一座小城市,希望我的幽默没有太夸大其辞,让我先来给你说说我的房子吧。这真是一个让人感激不尽的物体。每当我把一楼的灯打开时,灯光透过楼板后把二楼也照亮了(这不是开玩笑,是真的)。家里也用不着安装西门子家用电话机,因为楼下的人可以不用爬楼梯直接和楼上的住户进行舒适的交谈。楼梯很陡,只有像我这样出生于航海之家、能充分信任船长的人才敢下这个楼梯(站在楼梯上往下看时,只能看到自己的鼻子)。因为不想跌跟头,所以我妻子只能倒着爬楼梯,客人们每每也会问她是不是有眩晕症,或者建议她在腰上拴一根绳子。城里的水

管还没有铺设好。我家院子里有一口井，于是用水泵把井里的水抽到地面上的蓄水箱里。有个小伙子把水箱上最初的那个漏洞补好了。当水箱灌满后，水就会沿着水箱上的檐沟向下流，一直流到水泵旁那些人的头上，这时，他们就会很开心地大叫，因为他们的工作可以就此结束了。最近这台水泵会经常罢工。必须要找到问题出在什么地方。自来水管装在室外，这样，到了冬天水管外面就得包上稻草，我的仆人也可以因此赚些钱。不过，包稻草的时间不能太早，必须让水管先冻裂一次，然后钳工用焊接灯把冻住的水管慢慢地融化，这样一来他也不会吃亏，因为他也要生存。当初我一直想象着，南京的冬天肯定不会很冷。我在天津的时候曾经问一个年老的中国通，南京的气候怎么样，他说："详细情况我不清楚，但是我记得，南京以前的气候很怪，圣诞节的时候人们还戴着草帽。"第二年圣诞节我请这位老者到南京来作客，并建议他只带一些"夏天穿的衣服"就可以了，这样一来他就会改变他以前的那个观点了。我家的浴缸是水磨石的，即使是用开水浇上去它也不容易热起来，所以我每次洗澡的时候双脚总是冻得不行。浴缸里的排水阀不知道什么时候搞丢了（也许是在太平天国起义的时候或者更早），所以我就拿一个软木瓶塞来堵住下水口。从此以后，我每次洗澡的时候都得拿一个瓶塞拔子在手上。真是的，您洗澡的时候带过瓶塞拔子吗？冬天来了，天气也冷了，我们生起了炉子，却搞得满屋子都是烟。于是我让仆人爬到房顶上看究竟怎么回事，他立刻从上面传来了回音："烟囱里有个大木塞子，是用来防止下雨的时候水往下流的。"天哪，到处都是木塞子！

我打算给佣人们建造一个厕所,为了能得到这个"许可",我和中国房东吵了整整四个星期。我终于从房东和有关部门那里得到了建造这项奢侈工程的许可——周围所有的人都为之惊叹。

　　在这处临时布置起来的住所生活的这段时间的确不是很舒服。我得了流行性感冒,又得了痢疾,这都是因为喝了那水才得的病。从井里抽出来的水是巧克力色的,即使通过过滤烧开后,喝起来还有泥腥味。当我的那些家具从天津运抵南京时,我别提有多开心了,由于下雨,路上的运输竟然用了三个星期。更让我欣慰的是,我妻子在12月23号的时候也来到了南京。她不在的那段日子我很为她担心,因为天津的局势很动荡,而从天津到浦口沿线既没有信件也没有电报从北方过来。

　　在南京,为我们欧洲人提供生活用品的商店只有一家,叫作"中国发展公司",店里"Verdienen(赚钱)"这个单词被写成了以"F"开头。这家公司不仅提供蔬菜和含酒精饮料,而且还供应鱼类,甚至还有小牛肉,但都是小水牛肉! 有一天,我请一位邻居到家里作客,为了能让他看看我家楼板的缝隙有多大。他跟我说:"您会习惯的。"谈到地板时他又说:"这还不算太糟,等到夏天竹子从缝隙中长出来时,您还可以省几个花盆呢! 看来您还是比较挑剔的!"

　　我的轿车运到南京的时候已经冻住了。从上海发车前他们肯定忘了把车里的冷却液排放出来。于是我就写信质问这件事情,他们却牢骚满腹地说我定购的不是一台冰箱而是一辆汽车。

现如今仍有很多人——我敢肯定,这些人不太聪明——他们看不起中国人。同样有很多中国人,他们肯定一点都不笨,因为他们也看不起我们欧洲人。只有通过双方的彼此适应能力和屈服,才能找到一条正确的中间道路。这里我可以举例子来说明。我的房东打算和我签订一份新的房屋合同,但我觉得合同中对很多项内容的规定不合适。于是我们进行了长达两个小时的协商,喝了好几壶茶,也抽了很多烟,并最终达成如下协议:我可以把合同中我认为不妥的内容删掉,房东甚至还承诺,只要天气一热,他就会把屋外地面上的水箱清洗干净,这一切都是因为我做了件让他75岁高龄的父亲很开心的事——我答应让附近寺庙里的和尚把他家,也是我家,我住的家,重新"净化"一番。我和这位老先生交谈得很少,他很固执地认为,我的屋子里面有恶魔,必须马上驱走它们。接着就来了10个身穿鲜红绸缎外衣的和尚,带着十分古老的喇叭、笛子等乐器,在一阵喧嚣声后,他们便开始在房间里面不停地来回鱼贯而行,以此来驱赶走屋里的恶魔。我忘了,还有圣水,他们嘴里念着咒语,最后还在院子里找到了魔鬼藏身的地方。他们从院子里的石子路上扒了块石头,然后把一块柴放在上面烧,这样魔鬼就彻底毁灭了。不过,他们这样做都是没有恶意的。这是一种古老的喇嘛祭礼,我在北京的时候就知道了。我又为什么要拒绝呢?还是继续吧!我于是表情严肃地恳请那些巫师围绕着水泵再转三圈。水泵无法正常工作,因为房东买回来的是个旧的水泵,但他却矢口否认——那么问题究竟出在什么地方呢?我认为,肯定是有魔鬼藏在水泵里面,必须让它出来——我坚持我的观点!可惜,驱鬼的场面无法用照相机拍摄下来——否则的话,这肯定是一张壮观的照片。

与呆了 20 多年的北京相比,拉贝显然很不习惯南京的一切。不过,拉贝的适应能力非常强,他努力开拓业务,与政府的方方面面打交道。有很长一段时间,拉贝身边没有翻译,他只会简单的汉语,对业务开展不太方便,后来他挑选了一名中国秘书韩湘琳。此后,韩湘琳成了拉贝的得力助手,他一直跟随拉贝,直到 1938 年拉贝回国。在他的帮助下,还有西门子的顾问杨寅帮着出谋划策,西门子南京分公司的业务开展得轻松而卓有成效。先进的电信、电器设备,对于繁华都市显然是必要的。

南京国民政府这时与德国正处于外交上的蜜月时期,这对于拉贝生意上的前景是十分有利的。

1921 年,中国北京政府与德国魏玛政府签订了《中德协约》,这是中、德外交史上的第一个平等条约。1919 年第一次世界大战结束后至 1933 年希特勒上台前执政的魏玛共和国政府,在政治上较为民主开明。德国觉悟到,领土主权的尊重与相互平等的原则是维持国家和睦的唯一办法,魏玛政府在条约中取消了德国在华的领事裁判权。

国人在面对"天下乌鸦一般黑"的列强时,发现了这只与众不同的、长出少许白毛的特殊者,于是顿生好感。在之后几十年中,中华民国的领导人对德国一直情有独钟。

1927 年蒋介石建立南京政府后,即聘请了许多德国军事和经济顾问,与他们签订了私人聘用合同。大约有 30 名至 40 名德国军事顾问,全是退役军官,有些人还带有家属。这些德国军事顾问的任务是帮助训练国民党军队,经济顾问则被安排到各有关部门。他们被奉为座上宾,生活条件优厚。

1934年和1935年间,这些顾问的总负责人是已退休的汉斯·泽克特将军,他曾经是魏玛共和国时期的陆军总司令。在他以后是亚历山大·封·法尔肯豪森将军。他们开始着手训练几个精锐师。1937年的秋天,正是这几支部队在上海长时间地抵抗了强大的日本军队。

南京的德国军官们和拉贝这些商人不同,一般不大同外界交往,他们中的大多数人只签约几年,对中国、对这个国家的人民及其历史与文化很少感兴趣。蒋介石专门建造了一个住宅区供他们居住。他们在那里的生活环境与在德国的军官俱乐部没有什么两样,他们更多的是聚在一起,谈论个人的经历、调动、他们的军务或是战争经历。由于他们完全来自不同的派别,政治观点不同,因此有时会发生纷争,封·泽克特大将不得不为他们设立了一个名誉法庭。

在南京的外国商人在中国常常一呆就是好几年。对他们来讲,回国返乡的道路是遥远而又漫长的。那时全中国只有一条远洋航线,经营者是汉堡公司的一个子公司欧亚公司。当时中国和欧美之间没有直接的空中航线,他们回国多半要先乘轮船从上海到热那亚,在那儿下船后再转乘火车去德国,整个行程大约要4周至6周时间。

拉贝与德国顾问没有太多交往,但是因他们而带来的生意是显而易见的。拉贝称:"对我营销手段的理解和强有力的支持还来源于强大的德国顾问团。"对德国顾问团,拉贝作了翔实的纪录:

> 南京已经不只是中国的首都了,而且还是一座"德国人的驻防小城"。著名的保尔上校(Bauer)在南京成立了德国指挥官顾问处,遗憾的是这位上校过早地死于天花。后来这个组织受魏茨尔将军(Wetzell)领导,现在由斯克特大将(Seekt)和法尔肯豪森将军(Falkenhausen)接管,蒋介石元帅授命该顾

问处重组中国军队。现在,这个军事顾问处共有7个将军、7个上校、2个中校、8个少校、2个骑兵上尉、1个海军少校、11个上尉、5个中尉、2个炮兵中士、3个武器专家、2个化学家、3个工程师和1个兽医,总共是54人。有一美国人最近对我说:"我一生中从来没有像这次在南京一样一下子见到这么多德国将军。"我回答说:"我也是。"这些顾问在军事上要求很严格,他们以古老的普鲁士士兵为榜样(他们之间都用第三人称称呼,这一点,我作为一个汉堡商人必须要尽快习惯),组成了当地德国人的核心,他们模仿柏林城把中国各街道和公司都用德语加以命名(因为他们根本不懂中文),使得整座城市都德国化了。这在当时成了一种时尚,即使是中国人也学着使用这些名字了。比如,我们有个波茨坦广场,一条弗里德里希大街,一条莱比锡大街,大小维特海姆,另外,按照我的建议,还把我家和院子命名为"西门子城",这都是经过一番考虑的。①

中国军队采用的装备大多是德国货,军队需要的军用电话特种工具,电缆、无线电对讲机、侦听机等通讯器材,基层部队需要的大型探照灯,城防防空警报系统等,都采用了西门子公司的产品。拉贝大展身手,他为城市设置电话系统,为发电厂提供涡轮机,为医院提供X光透视设备,向银行和政府部门提供办公用具、报警装置,为军事院校和国防部下属有关当局提供交通材料等。资源委员会、中央信托局、交通部、铁道部等机构成了他的长期客户。西门子公司在南京建起了稳固的销售网,拉贝几乎每天都能接到订单,公司的雇员负责安装、维修这些设备。

---

① 据约翰·拉贝回忆录手稿《我在中国西门子的四分之一世纪》翻译。

1931 年西门子公司生产的电气设备

商务上，拉贝得心应手。生活中，拉贝交了许多朋友，有德国人，也有中国人和其他外国人。当时，开设在南京的德国公司数量不多，除西门子公司外，还有五六家。在为数不多的德国商人中间，拉贝成了一个领袖型人物，集多项耀眼的头衔于一身，如：商人协会会长、校长等。他们开玩笑称他为"德国商业的催化剂""德国学校之父"等等。最后一个外号是由于他根据德国军事顾问们的请求设立了一所德国学校得来的。

以大使陶德曼为首的德国大使馆从北京迁到了南京，其他国家的大使馆也开始在南京忙于建馆，有关中国政治方面的报导都由"远洋通讯社"从南京播发。

南京中山北路上还建了一所德国饭店，主人是一名叫做黑姆佩尔的德国人,饭店被命名为"北方饭店"。天津著名的起士林-巴德尔糕饼店也在那里开了一家分店。拉贝一家能随时吃到正宗的德国菜和德国烤面包。

1932年夏天,拉贝同金陵大学农学院院长谢金声签订了一份协议。① 根据这份协议,按照拉贝的要求,学校建一座集办公和居住功能于一体的房屋出租给拉贝。房屋位于南京广州路小粉桥1号,是一幢西式花园别墅,为木质两层小楼,一楼大厅内建有壁炉。花园内绿树葱郁,掩映着红瓦粉墙,十分幽静。花园后门与金陵大学南园生活区小陶园相连,小陶园内居住了金陵大学的一批教授。拉贝和金陵大学的教授们因此都习惯称这幢小楼为拉贝在小陶园的住宅。

小粉桥住宅围墙大铁门旁挂上了"西门子南京分公司"的招牌。拉贝终于有了一座条件好一点的房屋了。他在这里生活得十分满意,对南京的感情与日俱增,在他的日记中,开始不断地出现赞美南京的语句。

附近的居民也很快同他们的德国新邻居熟悉了。拉贝对门有一家裁缝铺,老裁缝和小裁缝是父子俩,拉贝的西装和内衣就专由他们制做。还有一家皮鞋店,也是一家父子店,皮匠的手艺很好,能按照拉贝的要求做出德国式的皮靴。只是老皮匠总喜欢同拉贝讨价还价,常常把拉贝恼得不想理他,但他的手艺很好,下次拉贝又会再去光顾。旁边还有一家牛肉铺,常常会给拉贝留下他喜欢的小牛肉,拉贝的厨师会给他烤成香喷喷的德式牛排。小粉桥附近的居民都喜欢这个和蔼的大个子光头德国人。

南京的气候是冬冷夏热,拉贝夫妇俩也很快适应了。寒冷的冬天,

---

① 笔者在南京市房产局房产档案室中查到了这份协议。

三十年代拉贝在南京小粉桥的故居，也是南京西门子公司，右为韩湘琳

拉贝会在客厅的壁炉中点上熊熊的炭火，与家人，或与朋友天南海北谈天说地；炎热的夏季，拉贝夫妇俩会赴青岛、北戴河或其他避暑胜地消夏。

有朋友自远方来，热情的拉贝夫妇会尽地主之谊，把客人带到明孝陵、中山陵等名胜古迹，向他们介绍南京悠久的历史和古老的文化。离中山陵不远处就是体育馆[①]，体育馆的四周是能容纳 2 万名观众的看台，场内的跑道都是按最现代化方式建造的（配有西门子扩音器）。看

① 指中央体育场。

台前面是一些特殊的设施:演出台、演讲台、拳击台和一个大型的全是用马赛克贴成的游泳池。拉贝说:"不是运动员的中国人和欧洲人也可以到游泳馆去游泳,我作为一个汉堡人,在我到南京的第一个夏天就享受了一番。"①

他们的女儿常常带上可爱的外孙女乌尔茜来南京看望外公外婆。小乌尔茜 1931 年 1 月出生于天津,3 个月后父亲调任北京,全家一起到北京生活,因而小乌尔茜讲得一口京片子。她的到来常常逗得外公开怀大笑。

1933 年,小乌尔茜快 3 岁时,来南京过圣诞节。拉贝把她高高举在头顶,用生硬的中国话和小姑娘的京片子对话,拉贝说:"你好吗?"小姑娘掌握的汉语比外公多得多,她拉着外公的手,指着周围的物品,神气地教他中文,纠正外公笨拙的发音。

拉贝对小姑娘说:"你是德国人,应该学会德语。"

乌尔茜学会第一个德语句子时,兴奋得小脸通红,跑来告诉外公:"外公! 外公! 我会说德语了。"

乌尔茜是个快乐的小天使,她的到来使小粉桥 1 号充满了欢声笑语。拉贝为了让小乌尔茜过好圣诞节,亲自动手装饰圣诞树、画圣诞卡。小姑娘快活地指挥外公干这干那,大声叫着:"外公,这里要用红色! 不行,不行,这里必须用蓝色。"外公非常乐意地一一遵命。

过完圣诞节,小乌尔茜要走了。拉贝抱着她亲了又亲,小姑娘也哭泣着不肯离开外公。

在南京生活一段时间后,拉贝深深地爱上了这座古城,这种感情随着时间的推移与日俱增,他把自己当作了这座城市的一员。他观察到

---

① 据约翰·拉贝回忆录手稿《我在中国西门子的四分之一世纪》翻译。

了南京古城面临的威胁。而在拉贝刚到南京不久，日本人就开始进攻距首都 500 里之遥的上海。南京也深受其害。拉贝写道：

> 从 1932 年 2 月 1 日晚上到 2 号，南京也遭到了袭击。日本海军往城里面投掷几颗榴弹。在下关码头首先响起了机枪和机关枪的扫射声，那里的人们是最早撤出来的。一支日本军队登陆后开始攻打中国军队。根据外国领事馆的动议，枪战于凌晨 4 时结束。我们整夜就这么坐着，裹着毛皮大衣，点着灯笼，揣着毛瑟手枪，在昏暗的客厅里，我们痛斥日本人和中国人（特别是中国人，他们为了躲避空袭居然把电给掐断了）。下关人逃难最有趣了，他们是在漆黑的深夜中撤离的。整个过程中汽车车灯不允许打开，所有的队伍以最快的速度前进，而且绝对是静悄悄的。从下关出来的路上到处都是那些可怜的人们，出于安全考虑，他们把所有的家当都捆扎起来背在了背上。不时地会发生汽车相撞，警察和军人快速地、悄无声息地控制着交通状况。第二天清早所有的道路上都变得"荒无人烟"。

在此期间，拉贝的许多中国朋友都打来电话，提出在发生危险的时候来他家避难，拉贝有求必应。他说：

> 我至今仍弄不明白，为什么他们认为在我这里会比较安全，那时我家住在下关附近，还是比较危险的。因为中日战争此时在上海才刚刚打响，所以现在的南京还算比较幸运，一切都很安宁。我的那位中国邻居因为害怕遭到日本人的空袭

（所幸的是他们至今没有扔下过一颗炸弹），不停地在院子里挖防空洞。虽然我没有当过兵，但我还是必须经常去看看他的那个防空洞并进行一番品头论足。从上面看，这些防空洞无论怎么看都显得很有抵抗能力。但如果在这些防空洞边上扔下一颗炸弹的话，我就不敢说会发生什么情况了。我真希望这种事情不要发生，以免让我"丢了面子"。谢天谢地，一切都很正常——没有炸弹扔下来！只有一件事情无法让那些中国朋友明白，那就是为什么我自己不建一个防空洞。我的一番解释消除了他们的疑虑，因为我说，到时候我肯定会用他们的防空洞的。[①]

这场战争，拉贝曾默默关注，中国人英勇抵抗让他钦佩，也有中国人的行为让他愤慨：

在上海，抵抗日本军队的战争还在不断地继续着，直到闸北和吴淞沦为废墟。这场同日本人的战争在很多书中都有记载。陆军方面，中国十九路军的将士们英勇杀敌，奋勇向前，很有英雄气概，而另一方面，中国的海军舰队居然保持"中立"。当中国的巡洋舰从轰炸吴淞的日本军舰边上驶过的时候，还向他们行点旗礼（把旗下降后即刻升起，表示致敬）。我一直无法明白，究竟是什么原因使得中国舰队能保持这种特殊"中立"的立场。我只知道，很多中国人和外国人都为此愤慨。其他的人

---

① 据约翰·拉贝回忆录手稿《我在中国西门子的四分之一世纪》翻译。

则只能耸耸肩说:"这是一种适应能力(识时务者)。"①

日军侵华战争全面爆发前,拉贝充满忧虑地说:"南京,这座南方的都市,如今又重新焕发生机,如果不再经历新的动荡和战争的创伤,她必将迎着光明的未来不断前进。然而,悲观者的预言说道,1936年又将是一个战争的年代,许多中国人也对此深信不疑,日本早就想让国民政府解散德国军事顾问团了,从而以300名不拿俸禄的日本人取而代之。"②

三　淳朴的入党动机

过了中国人所谓"知天命"年龄的拉贝,当了慈祥的外公,由外孙女而想到了南京的许多德国孩子。他们大都是南京德国公司和西门子雇员的孩子,因为太小,只好把他们带来中国赴任。异国他乡,必须有一所合适的小学来接纳他们,给他们以适当的教育。这一直是困扰公司职员的大难题。

拉贝的儿子奥托被拉贝送到德国南部上了一所寄宿学校。

将心比心,拉贝决定创办一所德语学校来解决公司职员的后顾之忧。而德国军事顾问也面临着同样的问题,他们也有孩子在南京。因此拉贝首先向德国军事顾问团提出了这一建议,得到了他们的赞同。③

办学最重要、最困难的是经费,拉贝决定向德国驻华使馆求援。申

---

① 据约翰·拉贝回忆录手稿《我在中国西门子的四分之一世纪》翻译。
② 同上。
③ 同上。

办理由、校舍的安排、教师的聘请……拉贝握笔一挥而就，要求德国政府从教育经费中拨款解决。[①]

这时，德国当政的已是希特勒的纳粹党。希特勒于1933年1月30日出任德国总理，1934年又出任元首兼总理，纳粹党控制了德国。德国驻华使馆答复拉贝：作为学校董事长，必须加入党组织，元首才能拨发学校财政经费。拉贝未多加考虑就同意了，他于1934年3月1日加入了纳粹党。[②]

拉贝并不热衷于政治，他对政治也一窍不通，在他看来，一个政党的党纲就是这个政党的目标。他感兴趣的只是有关中德贸易的政策、德国的亚洲政策，这与他的商务活动关系密切。

拉贝在南京创办的德语学校

---

① 据约翰·拉贝回忆录手稿《我在中国西门子的四分之一世纪》翻译。
② 同上。

德意志学校终于开张了。校舍就设在拉贝小陶园花园的一排平房内,学校共有 20 多个德国孩子。拉贝是学校董事长,教师都采用聘任制。每天,孩子们朗朗的读书声回荡在花园内,稚嫩的乡音时常会触动拉贝的思乡之情。他很想了解祖国发生的一切,但他身处远东,只能从报纸上读到一鳞半爪的消息。正是在报纸上得到的信息让他坚信,希特勒是爱好和平的。报纸上经常出现希特勒的和平演讲报道,他是一切演讲必言和平。1933 年 5 月,美国总统罗斯福向全世界 44 个国家的首脑发出裁军倡议,希特勒立即在德国国会发表"裁军与和平"的演说,还信誓旦旦地表示:德国不要战争,战争是疯狂透顶之举。实际上德国却在隐蔽地扩军备战。当时有这样的笑话:德国工厂接受的订单是婴儿的摇篮车,装配出来的却是机关枪。拉贝对这一切当然一无所知。

对于希特勒的掌权、希特勒的冲锋队队长罗姆发动叛乱、德国政治气候发生了翻天覆地的变化,拉贝都是从报纸上知道的。他阅读的报纸有英国人在上海发行的《字林西报》,这是当时中国最有影响力的英文报纸;他还订阅了也是在上海出版的德文小报《远东新闻报》,这家报纸基本上只转载官方的消息,主要是德国新闻社播发的德国新闻或远洋通讯社播发的中国政治方面的消息,因此在内容上紧跟帝国宣传部的精神。①

《远东新闻报》对德国、德国元首和德国党的报道是一片赞扬。即使是《字林西报》,对德国及德国的政策也是以友好的姿态呈现的。德国本土来的报纸到了南京已经过去了两三个星期,没有什么意思了。这些报纸也只是报喜不报忧,例如经常报道的有"民族的崛起""从凡尔

---

① 埃尔温·维克特:《约翰·拉贝其人》,收入《拉贝日记》第 711、712 页。

赛屈辱的束缚中解脱出来,不再偿付战争赔款""1918年战败后,德国要求和其他国家平起平坐,现在已经做到了这一点"等等。犹太人经常受到袭击,但是为什么会这样,云集在中国的各种民族、各种国籍的国际商业界人士对此并不明白。德国报刊很少报道实际上已经在德国进行的"反犹"运动,《字林西报》对这方面也从不报道,国际新闻界当时在很长一段时间内普遍认为希特勒的"反犹"政策只不过是德国国内政策的一个令人不快的话题,外国不应对此指手画脚。

拉贝对德国正在进行的"反犹"运动可说是一无所知。[①]

四 理还乱的思乡情

远在中国,拉贝夫妇俩十分思念祖国,他们通常把这种思乡的热情倾注到每一个来访的德国客人身上。

1936年11月底的一天清晨,拉贝一家正在吃早餐,早餐是牛奶、面包、鸡蛋。门铃突然响起,来了一位不速之客,一听他的德语口音,拉贝就有一种亲切感。来人自我介绍名叫埃尔温·维克特,他拿出一封介绍信交给拉贝。拉贝得知他是德国留学美国的一名大学生,毕业后回国途经日本和中国,想在各处转转,见识一下世面。在山东游玩后,拉贝在山东的德国朋友克里克尔先生又介绍他来南京。

拉贝和夫人立即让人摆上一套餐具,热情地邀请他共进早餐,又为他准备了床铺,在主人的盛情款待下,这位后来成为德国驻华大使的青

---

① 埃尔温·维克特:《约翰·拉贝其人》,收入《拉贝日记》,江苏人民出版社1997年版,第711、712页。

年在南京逗留了整整一个星期。

拉贝夫妇俩陪他看电影，带他去中山陵、明孝陵及南京城的其他名胜古迹游览。晚上，他们总是坐在客厅里，在熊熊燃烧的壁炉旁，天南海北地闲聊至深夜。介绍中国，拉贝是那么富有激情，他直望着维克特，海蓝色的眼睛摄人心魄，讲述他在中国的令人惊叹的经历时，他热情而富有生气，他会突然跳起来，大声证明着什么，也会坐下去哈哈大笑。

1934年拉贝夫妇在小粉桥1号住宅内

拉贝详细介绍了中国许多在他看来奇特的国内政策、蒋介石的政府以及这个国家的腐败情况。拉贝还把他的日记拿出来，大声朗读日记中的幽默诗句和他对中国佣人生活的观察记录，讲述中国人的思维方式和行为举止，中国人的家庭生活和商业习惯，他还专门解释并强调了中国人身上外国人难以理解的东西，但他能用中国人的思维方式进行思考，也理解、欣赏中国人的这些特点。拉贝的热心肠给维克特留下了极深的印象，让他十分感动。维克特在山东时换了一部分钱，但是南京没有一个地方肯收这种货币，因为这是华北的一个军阀自己发行的货币。拉贝告诉他，他找到了一家肯帮他把钱换成流通货币的银行。事后，维克特一直怀疑，拉贝是不是用自己的钱帮他换了下来。

拉贝也以他一贯的热忱处理与他毫不相干的事。有一天，维克特按照拉贝的指点，独自一人在南京的城墙上散步，这时他发现蔓草丛中有一顶浅红色的童帽，他随手拣了起来，立即又触电似地扔在地上，原来这顶帽子是放在一个孩子的后脑勺上的,孩子的头部已经腐烂了一半,上面爬满了又白又肥的蛆虫,惨不忍睹。

晚上,当拉贝的夫人出去后,维克特把这件事告诉了拉贝,拉贝激动地从椅子上站起来,抓过电话机,边拨号边说:"我要找警察局长,告诉他在首都竟发生这样的事。"

电话没通,拉贝在客厅里来回走着,他说:"在上海,这种事情是天天都能遇到的,每天早上都可能在街头看到在寒夜里被冻死的穷人,但这里是南京,怎么能允许尸体就这么随处乱扔?"

第二天一早,他又给警察局长打了电话。

维克特是拉贝这段时期思想状态的见证人。正是在那几天,即1936年的11月25日,德国与日本签订了一份《反共产国际协定》,他们不可避免地谈到了德日关系、德中关系以及德国顾问的事。拉贝对德国亲近日本表示了深深的忧虑,他对日本人在第一次世界大战中为抢夺德国在山东的权益扮演了很不光彩的角色记忆犹新。

"日本人在北京城可威风了!"维克特回忆起前几天在北京的见闻,"北京城中,甚至在公使馆区,日本人的军用卡车如入无人之境,到处横冲直撞。"

拉贝一听顿时火冒三丈,声音不由提高了一个八度:"公使馆区享有中国政府特许的治外法权,日本人也太猖狂了,竟然把欧洲各国通通不放在眼里。元首和日本人签约,只怕后患无穷。"

拉贝这样的普通公民,当然搞不清希特勒所思所想和"远大抱负"。

此时,希特勒领导的德国重整战备、恢复经济初见成效,为实现夺取世界霸权的最终目标,希特勒必须防备死敌苏联与英法联手对付德国,德国于是拉拢亚洲强国日本结为"政治同盟"。

日本此时正忙于侵华,日本侵华就必须防备中、苏联手对付日本。

为此，也想找德国作反苏伙伴，以德国来牵制苏联，使之无暇东顾，以利日本侵华。于是，德、日为了各自的"全球战略"，双双伸手越过太平洋，牵到了一起。

掌握国家命运的政客如希特勒之流，考虑世界格局、各国关系犹如立足自家花园别墅的阳台，俯视着庭园的花草树木，他要从自家的利益着眼，从实现个人的目标和野心出发，观看这些花草树木是否相映成趣，战略地思考如何栽花移木，才能独享无限风光。

而一个正直的园丁如拉贝，站在花园中，考虑的则是保持庭园整洁，消灭害虫，铲除毒草，保护花木。

关于德国国内的局势，拉贝同维克特谈论得很少，两人都离开祖国多年，不太了解也不太愿意触及这个话题。

第六章 日军进攻中国首都

一 北戴河惊闻爆炸声

1937 年 8 月,北戴河海滨。

如血的残阳映照着水平如镜的海面,湿润的海风温柔地抚摸着金色的沙滩。"美国府""英国府""吴(佩孚)家楼""段(祺瑞)家墙",一座座海滨别墅错落有致,环绕着美丽的海湾。

海滩别墅间,三五成群的外国人随处可见。一群群游人在天然海水浴场中畅游嬉戏。北戴河宜人的气候吸引了各种肤色、几十个国家的外国人来这里度假。

远处一队队荷枪实弹的日本兵列队走过,给如画的风景抹上了肃杀紧张的气氛。"七·七"事变后,北戴河成了日军的占领区。

拉贝和妻子道拉在海滩边的遮阳平台上喝茶,尽情享受生活的愉悦,这是国内的森林和海港不能给予他的。远处天水合一,近处是波光粼粼的水面,阳光、大海、妻子,这是一个德意志人的梦境。现在,所有的闲情逸致都被炮声扰乱了。

道拉指着远处的日本兵说:"约翰尼,但愿日本和中国不要真打起来。"

北平郊区卢沟桥发生所谓中日"摩擦"时,道拉已先拉贝来到北戴河避暑,"七·七"事变让她一直担心中日战事会升级。远在南京的拉贝却不这么认为,他始终是个乐观主义者,正是凭了这一点,他才在远东地区坚持了 30 年。这期间,军阀和各省当权者走马灯似的在政治舞台上变幻着令人目眩的身影。他认为这只是中国人自己的事,不会真正威胁到外国人。战事曾不止一次地切断他和家人的联系,有时几星期,有时几个月,但拉贝乐观而幽默地说,这就像夏季的炎热,必须忍受,想办法克服。比如说,对付炎热,中国有足够的避暑胜地可供选择。

因而,这一次他也乐观地在电话中劝慰妻子:"亲爱的道拉,放心吧。中日之间的这起小小事件,不过是火柴摩擦出的小小火花,一定会在当地被浇灭的,战火决不会从华北蔓延到南方的。"拉贝的想法,实际上也是许多善良的中国人和外国人的想法。

8 月初,拉贝安排好公司的业务,也启程前往北戴河与妻子会合。

及至临近北戴河,拉贝才感觉到了事态的严重。由于通往天津的火车中断了,拉贝便乘坐开滦煤矿管理局的一艘内燃机船到秦皇岛。距北戴河一小时路程的秦皇岛已被日军占领,一列列运载军队的火车上架着高射火炮,隆隆驶向天津,叫人不由感到战争的威胁就在眼前。

在秦皇岛一个外国人开的煤矿俱乐部内,拉贝应邀参加一个音乐茶会。会上,他碰到一个熟人,便以玩笑的口吻向他打听说:"您的同事、那位日本经理呢?"熟人马上紧张地手压嘴唇"嘘",环顾左右,说:"您千万别招鬼,他就站在你后面。"日本人成了人人忌讳的魔鬼。

局势的紧张氛围让拉贝感到情况不妙。他决定马上在秦皇岛预订返回上海的机票。"两个月内的飞机票已售完"的回答,让拉贝不由倒吸了一口凉气。

来到北戴河,拉贝无心戏水海滨,每天与妻子打听时局消息,静观事态的发展,同时考虑怎么尽快返回南京。

几个美国人、英国人走来,"啥罗!哈罗!"打过招呼后入座。显然,他们是老熟人了。每天傍晚,他们都在海滩边聚会,讨论时局成了他们的例行公务。

拉贝吃惊地得到消息,日本不光在猛攻上海,而且已开始轰炸南京。8月13日,日本集中了几个师的精锐部队开始进攻上海。15日,有27架飞机轰炸了南京。

尽管拉贝心中已预感到日本要扩大战火,也听到上海的守军和日军打了起来的传闻,但这一消息的证实还是令他十分震惊。

拉贝皱眉自语:"轰炸中国的首都?看来日本势在必得啊!我必须尽快赶回南京。"直到这时,拉贝才醒悟到了形势的严峻,中日全面战争爆发已不可避免。

道拉担心地劝道:"约翰尼,这时回南京太危险了。"

"可是公司的业务必须安排一下,我们的雇员、佣人都在等着主人,他们加起来有30多人,我能丢下他们不管吗?我要不回去,公司怎么办?家怎么办?"拉贝摊开双手。

道拉点点头说:"你回去处理一下,尽快离开南京吧。我去汉口等你。"

一位来自柏林的女士恳切地劝阻拉贝:"别胡闹!你不该为那些不值50芬尼的破东西操心!"

"谢谢您的好意!可是我想做一个负责的人,永远问心无愧!"

拉贝决意绕道烟台,从济南返回南京。

1937 年 8 月 28 日傍晚，道拉将拉贝送到了火车站。夜幕下的北戴河，灯光点点，碧波粼粼，凉风习习，显得十分宁静。这里比之日本飞机狂轰滥炸下的首都，显然要安全得多。丈夫执意要返回南京，道拉能理解，然而她不能不为拉贝的安全担心。她千叮万嘱，要拉贝安排好南京的事务就同她一起离开中国。拉贝一一点头应允。汽笛长鸣，火车要开了，他紧紧拥抱了患难与共的妻子，为她擦去眼角的泪珠，最后吻了吻她的脸颊，登上了开往天津的火车。

从天津坐海轮到了烟台，烟台的周围遭到了水灾，无法坐机动车去济南。朋友帮拉贝搞到了从烟台去青岛的船票。到了青岛，拉贝又坐火车去济南，再从济南经津浦铁路到达南京浦口，又从那里渡过长江，终于回到了南京。平时只须 40 小时的行程，这次拉贝花了 10 天半时间。

一路风尘，一路疲惫，更多的是一路惆怅。沿途战争的创伤历历在目，天津城到处是断壁残垣，西门子公司在天津建的第一个自动电话局也遭到了破坏，街道上日军的铁丝网路障随处可见，逃难的中国难民如蜂似蚁；水灾冲垮了胶济铁路沿岸的房屋，灾民蹲坐在自家倒塌的房梁上无助地哀号，这使他想起了他的职员和佣人，他必须为他们做好安排。

值得庆幸的是，外孙女乌尔茜和她的妈妈已在 6 月底回到了德国。想起可爱的乌尔茜，拉贝脸上露出了慈祥的微笑。乌尔茜这次在南京住了几个月，拉贝为她过了 6 周岁生日，6 月 25 日，拉贝为她拍了许多照片，她已到了该上学的年龄，她的父亲决定送她回德国读书。

二 敌机飞临南京上空

9月7日下午,一辆人力车停在了南京广州路小粉桥1号门前,风尘仆仆的拉贝按响了门铃,佣人开门一看,不由惊喜交加,高声大喊:"先生回来了! 先生回来了!"所有的职工和佣人闻声蜂拥而出,接过行李,端上咖啡,围着拉贝边忙碌边汇报:南京的形势,他们的担忧、焦灼……

拉贝不在家的时候,公司的职员和佣人在院子里挖了一个简陋的防空洞,用来对付日本飞机的狂轰滥炸。

主人的归来让他们惊骇的心顿时有了依靠,但随即又绷紧了起来,如果主人收拾一下东西就离开南京回国,那他们该怎么办呢?

拉贝的办公桌上堆满了信函,德国大使馆一再来函,劝告德国公民离开南京。有钱人都溯江而上,到汉口去了。

拉贝的助手兼翻译韩湘琳十分坦率地对拉贝说:"您在哪里,我就在哪里。如果您离开,我就跟您走。"拉贝给了韩湘琳一笔预支款,让他把妻子和两个小孩送到局势比较稳定的济南。

家中的勤杂工,拉贝也给了他们一笔安家费。他们大部分来自华北,有的早在北平和天津时就跟随拉贝,他们不知道该到哪里去,他们的老家那里也正在打仗。他们纷纷向拉贝表示,愿意跟着拉贝。

拉贝显然被他们的信赖深深地感动了。他自问:"在这种情况下,我可以而且应该逃走吗?"他的良心作出了否定的回答。

9月的上中旬,南京只是偶有警报,日本飞机没有进入市区上空。随着日军在上海崇明岛的新机场建成,空军兵力大增,取得了上海的制空权,随时可抽出大量飞机轰炸南京。9 月 19 日,66 架飞机分两次袭击了南京,轰炸了中央广播电台、首都警备司令部及市民居住地多处。德国顾问帮助中国建立的地面防御系统发挥了作用,高射炮打下了 6 架日本飞机。中国也有 3 架飞机受了伤。

19 日下午,上海日军司令部向外国大使馆发出最后通牒:日军将从 21 日中午起,再次加强对南京的轰炸。日军要求所有的外国人尽快离开南京,停泊在下关江面的各国军舰应一律转移到长江上游或下游,否则日本对因轰炸可能造成的伤害后果概不负责。

许多外国人纷纷逃离了这座危城。

日军第三舰队司令长官谷川清为营造声势,违背承诺,抢先一天迫不及待在 20 日出动飞机 50 架,从上午 10 时到下午 1 时轰炸了南京的国民政府、参谋本部和市民住宅区。

拉贝在 20 日得到德国大使馆转达的日军通牒。他带领大家把院子里简陋肮脏的防空洞进行了改造加固。拉贝请了 10 个苦力,挖了一个一人多深的矩形深坑,直挖到双脚浸水为止。在坑底铺上墙砖和圆木,再在圆木上铺地板。地板上留了一个洞,以便取到地下水。又在墙边竖了几根柱子,支撑住上面的横梁,再在上面放上厚木板,木板上覆盖泥土,堆成一个约 1.5 米高的土丘,再把花盆放上进行伪装。为了让日军不易察觉,他们把这个防空洞建在了一棵树底下,他们给四周的墙壁蒙上干净的草垫子,开了两个门,一个门供人进出,一个门专运货物。日以继夜一直干到 20 日深夜,又发现一根内梁木有折断的危险,他们没有气馁,费力换上了一根新的,这时天已快亮了。他们一鼓作气,又在两个洞口门外垒了沙袋,以保护防空洞不受炸弹气浪的破坏。防空洞虽不能抗炸,但对付手榴弹和炸飞的弹片应该没问题。

拉贝把全部的药品都搬进了防空洞,还准备了防毒气的浸醋绷带。

在院子防空洞旁边,他们撑起了一块长 6 米、宽 3 米的帆布,在帆布上画了有"卐"字标记的德国国社党党旗,以警告日本轰炸机:不许侵犯,这是德国人的领地。

拉贝的佣人准备好了食品和饮料。一切准备妥当,只等中午强盗上门。可大家从 21 日上午 11 时起,一直等到下午 3 时半,日本人还没有在天空出现。真是奇怪,日军已发出严厉警告,难道他们改变主意了? 怎么会不来呢? 大家七嘴八舌。拉贝笑着说:"总不会是看见我挖了一个防空洞才不来的吧?"拉贝扭开收音机——噢! 上海有雨。日军原来害怕撞上紫金山。

22 日,日本飞机终于来了,开始了扬言的轰炸。65 架飞机分两次轰炸了南京的 30 多处地方,倾泻下了成吨的炸弹。国民党中央党部落弹 5 枚,人口密集的城南街道、城北新住宅区、下关难民收容所挤满难民的火车和仓库受到了最猛烈的轰炸,死伤 200 人左右,许多建筑物遭到了毁坏。

全体欧洲国家和美国对日本违反国际法空袭南京平民都提出了抗议,所有的报纸都以醒目的标题刊登了这些抗议。日本人对此却冷静地答复说:"我们只是一如既往地轰炸了建筑物或是军事目标,绝对没有伤害南京平民或是欧洲友好国家侨民的意图。"

听到收音机中的报道,拉贝激动地在日记中写道:"不! 根本不是这么一回事! 炸死了很多老百姓。"

日军一如既往地疯狂实施对南京的狂轰滥炸计划。

南京国民政府建了一个很好的防空警报系统,约在空袭 20 到 30 分钟前,发出第一次信号,警报为拉长的"呜"声,表明敌机正在飞向南京途中。刺耳的警报仿佛敲响了丧钟,人人闻声色变。主妇熄灭柴火,丢下半生不熟的饭菜;工人停下隆隆转动的机器——人们放下手中的一切工作，交通停止运行。所有的人都飞奔回家，或者奔向附近的防空洞。路远的人就坐人力车赶到安全的地方去。有幸坐在汽车里的人，会一下子发现，警报声就像加速器，让他们的老式汽车的时速大大提高。

拉贝那辆老掉牙的黑色小汽车，平时不管主人有多急，它的时速从来不会超过 10 英里，司机对拉贝的催促总是这样回答："没办法，它太老了！"这时，拉贝注意到，他的小汽车时速均指针从平时的 10 英里一下跳到了 17 英里。他笑逐颜开地对司机说："祝贺你！取得如此出色的成绩。"司机调皮而尴尬地笑了。

第二次信号一再重复一长三短的"呜"声，警告人们，敌机已飞临南京上空。刹那间，蓝天撕去温情脉脉的面纱，白云一改袅娜温柔的姿容，成了魔鬼的帮凶，恶魔在空中发出恐怖的狂笑。

刚才还喧闹无比的城市现在一片空旷，一片死寂。南京城成了一座黑色的僵尸城。漂亮的房屋建筑已无处寻觅，所有的红色瓦顶都被刷成了黑色，民国"第一夫人"宋美龄豪华的小红山官邸也披上了一袭黑衣，成了丑陋的巫婆。五颜六色的公共汽车一律刷成了黑色，警报一响，甲壳虫一般都僵死在马路上。所有的人都从地面消失了，蹲在或简陋、或牢固的防空洞中，孩子和妇女耳朵里都塞上了棉花。窜入市空的日机队打算散开时，中国的地面炮火猛然从各处向空中射击。日机在高空盘旋，然后俯冲轰炸。人们屏住呼吸，极度紧张地注意倾听着飞机突然俯冲的巨大呼啸声，分分秒秒地等待着地动山摇的爆炸声。大地在颤抖，世界末日似乎正在降临，恐惧擒住了每个人的心。黑暗中，人们感到所有的炸弹都是冲着自己来的。人们在闷热、潮湿、昏暗的洞里老鼠一样偃伏着，耐心地等待着恶魔的离开。有的年轻人耐不住，想出去透透气，老年人则央求道："不要上去，忍一忍吧！要死，大家死在一起。"

终于,响起了和缓的解除警报长"呜——"声,恶魔终于离开了,危险过去了。人们钻出洞外,大声谈论着,又重新开始没干完的一切;黑色的甲壳虫汽车开始爬行,交通恢复运行,整个城市又复活过来了。人们就这样适应着战争。

每天如是数次。骇人听闻的新闻不胫而走:一家酱园被炸后,从酱缸里捞出了被炸掉的人头和大腿;某某地方树枝、电线上挂着人的胳膊、大腿,取不下来。

拉贝在每次大轰炸警报解除后,就坐车出去查看全城,他在日记中写下了他的所见所闻:

> 国民党中央党部的一个防空洞被击中,炸死了 8 个人。一个从防空洞里朝外张望的女人被炸飞了脑袋,一个大约只有 10 岁的小女孩却奇迹般地幸免于难。①
>
> 中山路上德国黑姆佩尔饭店不远处的一个防空洞,除去坐在中间的一个人外,里面所有的人都因炸弹爆炸产生的气浪而丧生。有一个伏在防空洞后面地上的行人被抛出了 10 英尺,却幸免于难。总共被炸死 30 人,尸体的碎块被压在房屋的废墟下面。街对面房子的窗户和门全部被炸弹产生的气浪冲坏了。中央医院里落下了 15 枚炸弹。②

拉贝的防空洞这时发挥了极佳的作用。越来越多的人涌向这个防

---

① 《拉贝日记》,江苏人民出版社 1997 年版,第 16 页。
② 《拉贝日记》,江苏人民出版社 1997 年版,第 22 页。

空洞,终于人满为患,原来估计最多容纳 12 个人,现在好比一个沙丁鱼罐头,塞满了还剩许多人。拉贝不得不清理门户,规定凡是同他家庭没有关系的一律拒绝入内。

司机、厨师、佣人、管家,人人都带来了家属和亲戚。

拉贝深深叹口气,说:"是啊,是啊! 每个人都有父母、祖父母、孩子——我们怎么能丢下他们不管呢?"

邻居鞋匠也带着家属来了。这个讨厌的鞋匠,和平时期他老是抬高百分之二十的鞋价,把给佣人的小费也算在制鞋的费用中。拉贝的一个佣人带着他挤上来求情:"拉贝先生,他是我的亲戚,您就看在我的份上让他进来吧。"

拉贝不喜欢这个鞋匠,可他知道,中国人是最爱面子的,他不能不给他们一个面子;再说,自己也不能在中国人面前丢脸呀! 正派的人不能无情无义,让中国人觉得自己不近人情。

在中国生活多年的拉贝,已习惯于用中国人的思维方式来处事。

他心里有些不痛快,问另外的佣人:"还有谁有亲戚?"佣人中没人回答。他笑嘻嘻地调侃说:"没有就认领一个。"

"多么兴旺的业务!"拉贝对在一旁当翻译的韩湘琳说。他在任何情况下都能保持幽默。

韩湘琳微笑着回答:"您的防空洞声名远扬,以牢固而著称。"

拉贝大笑说:"同样的材料,就因为是德国人建造的,所以就特别安全?"

数一数,已有 30 人了,其中拉贝认识的只有 14 人。邮递员是最受欢迎的,每个人都希望及时得到亲人的信息,得留下位置随时安置他们。

以后,每次警报响起,拉贝不得不派人守在大门两边,检查拥进来的人群。凡是与拉贝家庭没有关系的,一律婉言谢绝:"真对不起,没有地方了。请您别见怪,我们没有多余的位置了。"

拉贝坚持妇孺优先的原则,抱着婴儿的妇女们被安排在防空洞的中间,然后是带着较大孩子的妇女,最后才是男人。

中国的伦理,譬如"五伦"(君臣、父子、夫妻、兄弟、朋友),是不平等的,是严尊卑、定上下、蔑视个人权利的。自古以来,中国社会都是君尊臣卑、男尊女卑、父尊子卑。拉贝认为这是东方传统道德中的一大缺陷,他要身体力行,扭转中国的大男子主义,改变人们的这种传统习惯。

男人们对此感到无比惊讶。司机嘀咕着:"德国的大老爷们就这么不值钱!"

拉贝对司机点了点头说:"比如你,身穿西装、系着领带,那么就必须有相应的举止风度。"

局势越是严峻,拉贝就越是感到自己肩上的分量。他不是英雄,面对雨点般的炸弹、摇晃的大地,他也害怕,"哎呀!恐怕这次我们要再见了!"这种感觉不止一次啮咬着他的神经。厚实的泥土、充足的绷带药品带来的安全感一下子变得虚无缥缈了。他不敢想像,只要有一颗炸弹命中防空洞,自己就会像一只老鼠被埋在洞里。现在,那么多认识和不认识的中国人都把自己当作一棵遮风避雨的大树,为了面子,也为了需要,害怕的感觉只能不动声色地埋在心里,消灭在萌芽状态。他在妇女和孩子们面前,甚至男人们眼中,形象都是高大的。孩子们和女人们只要一看到他——一个外国人,也同她们一样,可怜巴巴地坐在防空洞里,顿时就放心了许多。那天,两个七八岁的孩子显然被震耳欲聋的爆炸声吓坏了,那柔弱无助的神态让拉贝的心缩得紧紧的,他想起了可爱的外孙女乌尔茜。他伸手搂住两个孩子的肩膀,孩子们浑身颤抖不已,他真切感受到了他们巨大的恐惧。这时,他心中的感觉是,自己下决心尽快地从北戴河赶回来是对的。一个声音在他心中说："留下吧！留下吧！帮帮他们吧！尽自己所能救救他们吧！"中国人对他的信赖让他感到自己不可推卸的责任。

三　留在中国的德国人

南京下关江面上停泊着一艘名叫"库特沃"的英国轮船，船上飘扬的却是德国的"卐"字旗，不时有德国人在此上上下下。船身在长江的波涛中悠悠地上下晃动，对南京城内震耳欲聋的轰炸声无动于衷。

这是德国驻华大使陶德曼的手笔。为保障留在南京的德国人的安全，大使馆向印度支那轮船航运公司包租了这条船，每天租金 1000 墨西哥比索。

这真是个绝妙的主意。9 月 21 日，《远东新闻报》透露了一则消息，称德国大使馆已作好了准备，保证留在南京的 80 名德国公民的安全。所有熟知南京情况的人都摇头叹息，不知陶德曼大使有何妙计，能保证空中围炸下的德国公民安然无恙。连那些久驻东亚的老东亚通也摇晃着他们智慧的脑袋表示不可思议。拉贝的同乡，一个汉堡商人干脆在消息旁注上诙谐的旁白："老弟，老弟，你什么都不做，就什么错误都不会犯。"

可是陶德曼用他大使级的智慧消除了所有人的怀疑。轮船虽说建于 1885 年，被拉贝称为"老姑娘"，但舒适整洁，可为全体德国公民作应急的住处。紧急关头，可载着德国公民溯江而上，也可随时在危险过后再返回来。

10 月 4 日，南京的德国人在船上具有查理大帝风格的大厅内联欢,庆祝德国的收获感恩节。天性乐观的拉贝兴致勃勃地参观了轮船,陶德曼大使也来了,大家度过了一个愉快的节日。

事后,拉贝写了一篇《在南京的德国人庆祝收获感恩节》的报道文章,寄给了《远东新闻报》和《中德新闻》,以生动的笔触得意地报道了这一浪漫的举动,让妻子道拉和所有为他们担心的亲友们放心,南京的德国人并非像整天躲在防空洞里的老鼠,也不是到处流动的人像靶子。

陶德曼留在南京是负有其特殊使命的。德国应日本之邀,出面调停中日之争。

8月13日,国民政府军事当局下令,以原驻扎在宁、沪一线的87、88师精锐部队围歼上海的日本驻军,淞沪抗战打响了。担任主攻任务的两师部队是被德国军事顾问一手训练整编出的精锐之师,拥有德式装备的强大火力,面对日军强大援军的攻击,成功地抗击了无数次疯狂进攻。当时日军陆军水准堪称一流,但在中国军队顽强抵抗下,猛攻一个多月而未得推进其攻势,日本想不战而胜,邀请第三国出面调停。日本认为,英、美会袒护中国,所以选中了政治伙伴德国。

德、日两国虽然在政治利益上具有一致性,但在经济利益方面却不无矛盾,因为日本列岛在资源上同德国一样,同处缺乏地位,德国在抢夺中国资源上受到了日本侵华的威胁。因而德国的"亲华派"和"亲日派"对日本侵华很不满意。德国出于自身在华利益的需要,也愿意出面调停。

中国最高当局也有停战的意图。蒋介石之所以要在上海开战,除了军事战略上的原因外,还有一个国际战略的大目的,就是要把中日战火引向集中了英美各国在华利益的上海地区,从而使各列强再也不能隔岸观火。由第三国出面干扰,达到"以夷制夷",阻止日本侵略,结束战争的目的。因此,战争开始后,中方一直在积极寻找路子,请求第三国出面调停。

10月6日晚上6时许，陶德曼大使来到小陶园，拉贝实在无东西招待，一人一杯清茶，边喝边谈。两人脸上都写满了倦意。

9月间，日方曾向德国外长牛赖特提出，撤换驻华大使陶德曼，因为陶德曼此时在中国发表了一系列同情中国的演讲。

"多么卑鄙无耻！半夜12时就响起警报。"拉贝恨恨地说，"今天到现在为止，已拉过4次警报，除了刚刚解除的警报是误传外，日机空中造访了3次，每次几小时，丢下了无数的炸弹。"

陶德曼大使似乎也有点悲观，他叹息着说："华北已丢掉了，这已无法挽回。希望上海能坚守。"

"中国人似乎把上海看成主要战场，南京要靠上海来作屏障。可是，上海还会坚持多久呢？"拉贝十分担忧。

"上海的部队是最好的部队，可是如果得不到足够的装备，即使是最好的部队又能有什么办法？在装备方面，中国部队实在差得太远了！"陶德曼对情况比较了解。日本的现代化军队装备有重型火炮、无数的坦克和轰炸机等，力量远远超过了中国军队。

拉贝赞同地回答："这些都是不可忽视的问题。不过，只要德国顾问把中国军队再训练上四五年，日军面对的就是一支现代军队，再要战胜它就困难了。"

陶德曼喝了口茶，说："日本当然最清楚为什么不能等得太久。这个风险日本是不会冒的！"

日本方面对德方解释说，他们对中国发动战争是为了执行"德日反共协定"，把中国从共产主义的阴影下解放出来。对此，陶德曼大使一语中的："这是日本惯用的伎俩，没有人会相信他们的鬼话。"

拉贝又问："听说元首要从中国召回德国顾问，此话当真？"

"这只是传闻。"陶德曼沉吟半晌后回答。

一小时后陶德曼告辞。8时，警报又尖厉地叫了起来。

没过几天，各报纸都报道了阿道夫·希特勒要召回德国顾问的消息。

拉贝对此颇不以为然，他说："德国顾问与中国签订的是私人合同，可以自己决定去留。"

各大报纸登出此消息，并非空穴来风。德国军事顾问团在中国的频繁活动引起了日本方面的极大不安，他们深恐中国国防力量因之加强，故而通过外交途径向欲与他们结盟的德国纳粹政权频频施加压力，要德国不要插手中日战争。"八·一三"沪淞战役打响后，德国政府就下令德国军事顾问不得直接参与中日战争。但顾问团负责人法尔肯豪森为检验其整军效果，不顾禁令，亲赴上海前线协助指挥战争。希特勒及其党羽为了"政治伙伴"关系，想方设法，欲召回德国顾问，但由于在华顾问团属德国军方控制，而德国军方此刻尚未被纳粹控制，一时对日本的要求爱莫能助。

这一切，对拉贝来说无疑是一口深不可测的井，只能瞥见井面那微微的波纹。

在这节骨眼上，如果真的撤走德国军事顾问，对上海的坚守无疑雪上加霜。"八·一三"战役中，中方参战部队从装备到战术，从训练到指挥，都与德国密切相关，故有些日本人及西方人士称此战役为"德国式战役"。

当然，中国的官兵们保家卫国的精神所激发的勇气和力量是不能低估的因素。

拉贝在这一点上完全站在中国人一边，他把日本人看作是自己和中国人共同的敌人，十分关注德国顾问的去留。但拉贝首先是德国人，他爱自己的祖国,祖国在自己心中有非比寻常的位置。南京约有 50 名德国人还在坚守岗位,许多中国人以惊讶和好感注视着这些外国人,但也有人对德国人说三道四。当他听到一些不公正的传言后,十分激动。

有人告诉拉贝,中国最高层,特别是蒋介石夫人宋美龄,对德国没有多大好感。蒋夫人说:"谁不支持我们,就是反对我们。"

拉贝生气地诘问:"为什么? 德国怎么不支持中国了?"

"因为德国和日本结盟反对苏联,说我们拒绝参加布鲁塞尔会议,不愿意和苏联坐在一张谈判桌上。"

> 那么让我们来看看德国吧! 是谁引进了今天中国人自豪的对空高炮部队? 是德国顾问! 是谁训练了这里的部队? 经过训练的部队正在上海英勇作战,而未经训练的部队在北方一触即溃! 是德国顾问! 在南京又是谁还坚守在自己的岗位上? 是德国顾问和德国商人! 今天南京这个地方有多少德国人成了日本人的活靶子?①

拉贝赞同德国厄梅上尉的说法,德国人留在南京是一种十分有意义的牺牲,但中国人从自己国家的角度是不会作出客观评价的。

可贵的是,不管中国人的评价如何,并且尽管他把少数人的看法当作了中国人的看法,拉贝认为自己还是应该坚持下去。

---

① 《拉贝日记》,江苏人民出版社 1997 年版,第 27 页。

四 人格魅力

无形之中,拉贝吸引了一批人聚集在他身边。如果说人们特别垂青于拉贝的防空洞,那也只是人们对德国产品质量信任的一种延伸,人们更需要的是一种精神上的依赖,一种心理上的安全感。不知不觉,拉贝成了他们精神上的支柱。

刺耳的警报就是死亡的警钟,死神随时会召唤每一个人,漂亮的房屋、整齐的街道,眨眼间成了冒烟的废墟,刚才还活蹦乱跳的生命刹那间成了血肉横飞的焦尸。有钱人早就逃走了,留下来的人无处可去。在严峻冷酷的现实面前,人们焦虑、恐惧、惶惶不可终日。在这非常时期,弱者多么需要强有力的保护,哪怕只是在心理上得到一些安慰。

拉贝性格上优秀的一面显示了极大的魅力,他幽默乐观,率真善良。关键时刻,他充满聪明才智的一个笑话故事、一个调侃,几句俏皮话,仿佛一阵轻风吹拂,人们绷紧的神经就会放松,恐惧的心理得以化解,紧张的气氛得到了调节。

他绕着地球跑了大半圈,阅历丰富,见多识广,与各种肤色、各等人物打过交道;他经历过各种场面,包括第一次世界大战和目前的战争。在危难关头的最后一刻,他总会用"得啦,约翰尼,别害怕"来安慰自己。他在任何时候都以乐观向上的眼光来看待一切,每次都顺利地渡过了难关。

他应《远东新闻报》之邀介绍南京的空袭情况。在他的笔下,没有着力描写严峻的局势,更没有渲染恐惧、鲜血和死亡。而是用一种积极乐观,甚至幽默的笔触介绍了他的"英雄地下室",介绍了他和南京的居民是如何对付空袭的,南京的城市警报系统是如何工作的,以赞扬的口吻提到了留守的南京人有序而高效率的工作,主干道被炸后,半小时就恢复了路面。如果说拉贝没有意识到局势的严峻,那就错了,只是理智告诉他,乐观比悲观好。

泥土堆就的防空洞是否抵挡得住排山倒海的轰炸?这是大家十分担忧的问题。拉贝安慰大家:"如果天整个塌下来,那么大家都知道,所有的麻雀都会死去;如果是一枚炸弹掉下来,而且正好掉在一只乌鸦头上,那么死的只有乌鸦一个。"他敲敲自己的头,说,"他就再也不会去呱呱叫了。""拉贝"和"乌鸦"在德文中是同一个词,他的朋友根据"老拉贝"的谐音,给他起了个"老鸹"的中国外号。乌鸦在中国是不祥之物,拉贝并不在意,时不时调侃自己是只老乌鸦,写文章也署名"老鸹"。

大家都被逗乐了,有人回答说:"拉贝先生,炸弹掉谁头上,也不能掉您头上啊,大伙离不开您!"

拉贝也笑了,说:"但是,真要到那时候,扬子江还是会一如既往地尽情流淌。"

他也许没有想到,在这非常时期,幽默成了他能与日机炸弹抗衡的唯一武器。他给《远东新闻报》投稿时,还在文章中幽默了一下,他说,现在,每天的晨祷和晚祷是这样的:"亲爱的上帝,请您保佑我的家人和我的幽默,剩下来的事情就由我自己去保佑了。"

有人问他:"拉贝先生,你看到前两天的那则简讯了吗?当局将对全城的防空洞进行检查,对那些不完善的防空洞必要时将予以重建或修理。"

"检查它们是否顶用?这很好。"

"你知道为什么会采取这种行动吗?"

"不清楚。"拉贝摇摇头。

来人悄悄说:"《远东新闻报》上署名'老鸹'的文章是你写的吧？那篇诙谐的文章已产生了影响,文章中提到了防空洞不够牢固,现在中国当局正在检查防空洞。"

拉贝一听,不由哈哈大笑,他有些怀疑,一篇文章能有这么大的威力吗？不过,杜撰得很有意思。他得意地叫道:"很好,正合我意。"随即他又不无遗憾地说,"只有非常富有的人才会建造得起一个真正的抗轰炸防空洞,这需要很粗的木材或铁轨、相当多的黄沙、更多的钢筋混凝土！可惜这些东西我们都没有！统统都没有！"

拉贝的乐天派性格给他的朋友们也带来了许多欢笑。

德国大使馆的霍特先生在长江江面上做舢板射击比赛,后面一颗铅弹打中了他的小腿肚,做了急救包扎后,霍特先生被送到了鼓楼医院。病床上的霍特十分沮丧,没有在日本飞机的狂轰滥炸中受伤,他反倒被自己人误伤,伤腿不知要多久才能恢复。

拉贝前去看望时,灵机一动,决定同他开个玩笑。拉贝从箱子里翻出一个勋章,系在一根白色袜带上,再在袜带上画两枝交叉的火枪图案,一个"抗射击嘉德勋章"制作成功了。这种勋章是1350年英王爱德华三世颁发的英国最高级勋章,专门系在受勋者的膝下方。勋章被拉贝装入一个蓝绸封面、白绸衬里的雪茄烟匣中。拉贝向病床上的霍特单膝跪下,拿出包装精美的礼品,煞有介事地说:"鉴于你大腿的勇敢行为,特向你授予'抗射击嘉德勋章'。"并郑重其事地把勋章系在他受伤的腿肚上方。

拉贝的举动让霍特笑得几乎伤口裂开了,他完全没有料到拉贝会来这一手,心情在笑声中也豁然开朗了。

拉贝非常得意,满意地评价:效果相当不错！霍特几乎笑得伤口也痊愈了。

朋友们见了,哈哈大笑之后,人人都猜到,这只能是拉贝干的好事。

拉贝乐善好施,心肠仁慈。他听说日本飞机在飞往南京的途中施放毒气弹,外面已买不到金属防毒面具,就把纱布口罩浸在醋中,分发给大家。并挨个检查,要求躲在他防空洞的人必须准备这种口罩。

他的防空洞又来了更多的人,拉贝不知道下面该如何安置大家,他自己本人已有些日子不再到防空洞去了。他把大家领到防空洞安排好一切后,才可以悄悄地在暗处坐下,接着摸索着回到起居室,找张最舒适的椅子,眨眼间就睡着了。他实在太累了,一切由上帝安排吧!

软心肠也常常给他带来意外的烦恼。每次响起空防警报,一大批穷苦的居民,有男有女,有老有少,妇女们还怀抱孩子,奔跑着经过拉贝住宅门前到五台山那里去,那里的山丘下挖有一些较大的防空洞,这段路程差不都有 2000 米。这种情景对他是种折磨,他天性仁慈,见不得悲惨的场面,做不到无动于衷,有一天,他们这样叫嚷着从拉贝房前经过了 4 次。他无法接纳他们,他不可能帮助天下所有的人。他感到莫名的悲哀,在残酷的战争面前,个人的力量是多么微不足道啊!

那天半夜 2 时许,空防警报又尖叫起来。"呸!天皇陛下。"拉贝生气地骂道,他正穿第二只靴子,炸弹已经落下来了,整幢房子都抖动起来了。拉贝走进防空洞,发现他订下的规矩又被破坏了。

他一次次地指正男人们,妇女、儿童应优先享用防空洞中间的座位。中国的男人们对此十分惊奇,对拉贝的顽固坚持很不以为然,总有人想打破这一秩序,凭着身强力壮捷足先登。中国几千年的男尊女卑思想造就了无数大男人,有人尚能照顾自己的妻小,但对别人的妻小却是毫无绅士风度可言的;有人在家庭里是一个恩义隆重的好父亲,在社会上却是一个薄情冷漠的人。家庭与社会竟是背道而驰的。

一个远洋公司的报务员,身材肥胖,大腹便便,十分突出地挤占了中间的好位子。拉贝十分生气,对报务员注视半晌,胖子报务员心安理得地坐着,没有丝毫的不安。拉贝加重语气对他说:"请你坐到边上的座位上去,这是妇女和孩子们的位置。"

他不明白,这些中国的男人为什么会如此冥顽不灵,正如这些中国的男人们也不明白,这有什么大不了的,值得如此大惊小怪。调整座位时,因为太激动,拉贝一不小心跌坐在地下水洞里,把臀部弄湿了。拉贝有些尴尬,觉得丢了面子,可是周围的人,即使是少不更事的孩子,也没有人发出哪怕是善意的嬉笑。人们都用惊讶、钦佩的目光看着他。

凌晨4时,警报解除了。一张醒目的大海报也随即张贴在防空洞口,海报用德文、中文和英文写成:

致我的客人们和本洋行成员的通知

凡经常使用我的耐轰炸的防空洞者,必须遵守下述规定,即应该让孩子们和妇女们(无论是谁)占用最安全的位子,也就是防空洞中间的位子。男人们只可使用两边的坐位或站位。

有违反本规定者,今后不得再使用本防空洞。

约翰·拉贝

1937 年 10 月 19 日于南京

这份布告实际上是一份东西方文化碰撞的宣言书。拉贝喜爱、欣赏东方古老文化的精华,但也因为爱,所以难以容忍其缺陷。

有人认为,中国的社会组织是以家庭为单位的。中国是一个农业国,古代地广人稀,人皆有地可耕,无多争执,且聚族而居,由族长解决族人的争执。每个人既不需要表示其独立的意志,也没有多少意志的冲突。所以个人只对家庭有种种义务，而忘记了他对社会的义务。中国伦理观念中的五伦（即君臣、父子、夫妻、兄弟、朋友）中，有三个属于家庭，其余"君臣"是"父子"的变相，"朋友"是"兄弟"的变相。所以东方的道德说到底是家庭的道德，经书说"孝"是德之本，而"孝"的范围也最大，不信不诚，败坏家声，可算"不孝"；建德立功，扬名显宗，就可算"孝"。因而许多中国人的道德观、爱心，

1937 年 10 月拉贝在防空洞旁

只局限于家族，难以对家庭之外的人产生爱心。

英国哲学家罗素在《中国问题》中认为："不能使中国抵御好战国家，是中国传统文化的严重缺点。"拉贝在中国生活了几十年，对这一欠缺看得十分明白。这正是中国经常遭受外来侵略的原因。

西方文化起源于古希腊，基督教起源于犹太人，这两个民族都是商业民族，人与人之间相争冲突，因而求公平，由公平而求正义。因而"正义"和"平等""博爱"的观念较为发达。

拉贝经历了西方平等、博爱、人道主义的长期熏陶，他想用他的行动让人们明白，男人是家庭中的一员，也是社会中的一员；男人对家庭有责任，对社会同样有责任；强者应该照顾弱者，男人应该照顾女人，成人应该照顾孩子，这是每个正直的人做人的准则。不管富人还是穷人，人的价值是相等的，人的生命是没有贵贱之分的。

那天,警报声中,拉贝从外面赶回来,正要关上院门,一眼看到三个穿得破破烂烂的穷孩子惊慌地向院子里张望,显然是在寻找防空洞,他们瞥见一个外国人,吓得撒腿就跑。拉贝大叫:"回来! 你们回来!"

孩子们停下,迟疑地转身看着拉贝,眼中满是狐疑。拉贝向他们招手,和蔼地微笑着,孩子们将信将疑地走过来,他们简直不敢相信会有这样的好运,这个大个子外国人把他们安排到了防空洞中间的位子。

巨响一声接一声,炸弹雨点般掉下来。因为地面高射炮的威力,日本飞机不再那么猖狂、那么肆无忌惮,而是在高空盘旋,伺机俯冲把炸弹一股脑丢下来。四面八方的防空高射炮都在开火,但射击的命中率远不如先前了,炮弹不是太高,就是太低。拉贝和中国人一起叹息,一起遗憾。

为了能观察得更清楚,拉贝特地请人从上海搞来一架18倍的蔡司牌望远镜,清晰得能看到对街店铺里黄油的价格。用它来观察空战,再也不会分不清敌我。不好! 放大的天空中出现许多榴霰弹云,各种碎片纷纷扬扬四下飞落。"危险! 快进去。"拉贝喝令大家一定要躲进防空洞。为此,拉贝还写了一首诗告诫大家:

和人人都相干

我一再有把握地说:

哎呀,要理智,

蹲在防空洞前,

这可是缺乏理智!

首先,因为轰炸机的炸弹

大都是从天上面落下的，

高空也会掉下碎片，

击中谁，痛得要命，

如果噼啪爆炸，不及时走开

你肯定会说：啊——我想，

还有足够时间躲开，

我只想看一下——

别说废话了——快些吧，

走进你的"英雄地下室"去！

你的理智在命令你！

但是只要稍有平静，仍有"英雄"忍不住从地下防空洞中伸出脑袋，接着一个个走出地面，数着敌机的架数。忽然一声炮响得特别着实，一架敌人的轰炸机带着一股黑烟，像彗星一样坠落了。中国人一片欢呼，兴高采烈地鼓掌，为正在追赶拦截的中国歼击机呐喊、助威。

这时候，刚才还与中国人一起数着敌机的拉贝却一声不吭，他从头上摘下帽子，紧紧地抓在手中，喃喃地说："别吵了，死了3个人！"

中国人奇怪地看着这个德国人，他的绅士风度和仁慈心肠在中国人中间有口皆碑。这时候，他的仁慈却让人看不懂了，他的软心肠似乎让人不可思议。鞋匠嘀咕道："怎么啦？ 他们可是想要你的命呀！"

中国有许多寓言故事，例如《农夫和蛇》《东郭先生和狼》，讲的都是对敌人太过仁慈，反遭暗算的教训。难道这位善良的德国人也要做东郭先生？

云层后面，撤退的日本战机与追击的中国战机还在隆隆地响着，生与死的较量仍在继续。

拉贝在眺望高空日本的七架轰炸机

　　拉贝怅然若失，怔怔地站在那里，眼中一片迷惘。他看到，飞机上跳下几个黑点，一道弧线划过，然后直线坠下，显然飞行员没有打开降落伞，结果是不言而喻的。

　　是的，他们的轰炸要了多少人的命，多少人因此痛失亲人，多少人因此痛失家园，活着的人正经历着心灵和肉体的多重痛苦。中国人能不仇恨杀死亲人的刽子手吗？他看到一辆运载击落的日本轰炸机的卡车发生了故障，停在他家门口，每个路过的中国人都想从飞机上剥下一小块残骸作为战利品，以解心头之恨。他知道中国人讲得很有道理："活该！谁叫他们到中国来当强盗的。"可是不知道为什么，他心中仍会隐隐不安，他的脑中闪过许多问号："他们年轻吗？他们有孩子吗？他们的亲人一定会痛心疾首……"他们也是无辜的啊！任何鲜活的生命被剥夺生的权利都是残忍的。上帝啊！人类为什么要互相残杀？什么时候才能没有战争呢？

五　特殊的结婚纪念日

蔚蓝色的天空明净如洗，阳光明晃晃地照在梧桐树上，树叶晃动着映出片片光亮。拉贝从窗户里伸出头，举目顾盼，多么美丽的秋日天气，多么美妙的航空气候！奇怪！警报声一直悄无声息。"一定是日军知道我今天要庆祝 28 周年结婚纪念日，所以特别照顾。"拉贝笑着对韩湘琳说。

一大早，韩湘琳就把四大盆紫莞花送到拉贝房中，花瓣上的露珠晶莹剔透，散发出沁人肺腑的清香，这是道拉请韩湘琳代办的结婚纪念日礼物。紫莞花在中国叫做"菊花"，花语为"感恩""机智"。多谢啦！妻子。除此之外，拉贝还收到了她的两首诗，一首是她自己写的，一首摘自诗人蔡恩的作品。同时她还在里面附了一张他们独生子奥托的照片。

拉贝细细端详着儿子的照片，照片上的奥托还是个少年，这是奥托在几年前送给自己的，后来又被妻子偷偷拿走了，她肯定早已忘了这件事。照片上的儿子太可爱了，玉树临风般的俊秀，风微微拂起他的卷发，眼睛清澈明亮，快乐而又朝气蓬勃。他一直在德国上寄宿学校，妻子一定理解自己对儿子的慈爱并不亚于她，多谢了！

这时，佣人又送来刚刚收到的一封信。一看信封上略带稚气的笔迹，拉贝高兴极了，"乌拉！"信是儿子奥托来的。他已经中学毕业了，长成了英姿勃发的青年，正在萨勒姆参加摘梅子和拾苹果的劳动，快活而又无忧无虑。劳动结束，他将加入国家军队，服义务兵役，成为一名士兵。啊！儿子，祝福你！

放下儿子的来信，拉贝拿起妻子的诗，再细细体味妻子摘抄的蔡恩的诗：

你的儿子

现在你成了一个大人，我的孩子，我的孩子，

显示出你的才干吧！

愿你朝气蓬勃，迈入生活！

愿你大胆勇敢，万事成功！

你是我树干上长出的分枝，

如今已变成一棵独立的大树。

给它泥土吧，而不是沼泽和泥泞。

扩大空间让它根枝蔓生。

让清新的风，

摇曳和摆动枝枝叶叶；

让绿色枝叶的花环，

高高竖起向着太阳！

让鸟儿在树枝间歌唱，

世界多么美丽如春天！

天际会怒吼，会呼啸，

要迎着风暴，

挺直站立，绝不屈服。

现在你是一个大人，我的孩子，我的孩子！

是人材之林中的一根栋梁，

尽管有石头，有洼地，

健康快活而自豪地耸立着！

儿子是他们爱情的结
晶。细细思量，拉贝体会
着妻子的语重心长，他的
心变得异常柔和。这首
诗，她一定也寄给了奥托。
妻子和自己可说是情投意
合，她懂得什么是自己最
需要的，总是在关键时刻
做出令人感动的举动，自

拉贝与其夫人合影

己返回南京，她无时不在担惊受怕，但她对自己留在南京的举动表示了
充分的理解，并寄来自己喜欢的食品和治糖尿病的药品。自己得了感
冒都不敢告诉她，否则，她会不顾炸弹，不顾交通中断，沿着津浦铁路线
跑步赶到南京来的。如果要知道自己和公司的职员是在怎样严峻的情
况下坚持工作，她一定会吓坏的。

许多部门使用的都是西门子公司的产品，公司必须保证它们正常
运转。举个例子，首都电厂使用的涡轮机就是西门子公司的产品，它是
否正常运转关系到全市的照明，影响到人们的勇气。单说9月25日那
天吧，那天是中国农历的八月十五中秋节，天气格外晴朗，许多中国人
一早就忙碌起来，打算抢在空袭前吃顿团圆饭。日军好像专门作过研
究，提前了轰炸时间，据事后统计，这天共有96架日机分5批空袭了南
京，丢下了500枚炸弹，平民死伤达600人左右。

最让人放心不下的是电厂，拉贝利用大轰炸的间隙，与韩湘琳一
起，赶去下关电厂察看轰炸情况。半路上警报又响起，司机调转车头，

开起了"惊慌快车",冒险狂奔回家。下午5时,危险过去了,他们再次去了电厂。电厂配电房的设备全部被毁,一排办公房全被炸飞了,锅炉设备以及涡轮机却奇迹般地依然存在,只是涡轮机被震得挪了位。他们与电厂厂长、工程师一起做了检查,决定由拉贝请西门子上海总部派一名工程师来检查。西门子公司的涡轮机装配师里贝全力工作,不顾轰炸的危险,把挪位的涡轮机又安装了起来,电厂又恢复了发电。为西门子赢得声誉,这比什么都重要。

收回漫无边际的思绪,拉贝又拿起妻子为这特殊日子而作的诗,轻声吟咏:

纪念 1937 年 10 月 25 日

朦胧的预测已经变得明晰,
命运从不是偶然幸运的产物。
人生的道路如同行星的轨迹,
唯有大智之道在宇宙中运筹,
才能决定是分是合。

啊!妻子,诗写得多么富有哲理,在这多事之秋,在这冷酷的战事中,收到这份温馨的结婚纪念物,多么令人高兴!亲爱的道拉,命运让我们这两颗星星已经在人生的轨道内合二为一了,无论周围风云如何变幻,都不会分开。

拉贝拿出纸笔,给妻子拟了一份电报稿,妻子可能去了北京,日本把"北平"重又改为了"北京",拉贝讥讽地在日记中写道:"他们为什么不把'南京'改为'南平'——'南方和平'呢?这与狂轰滥炸是多么相称!"

电报稿交给韩湘琳去发出。拉贝对韩湘琳说："奇怪！今天日本人平静得让人不安，一次也没有打扰我们。"

"我们观察过，日本人不喜欢星期天来。"

"为什么？"

"也许他们要休息吧。"原因到底何在，韩湘琳也不清楚。

拉贝笑道："他们倒是同雍先生差不多。"雍先生是拉贝在天津时认识的一个买办，这个人懒得很，每天写日记时，他只写上拜访了哪些客户，参与了哪些买卖。每个星期天，他都以一贯的尖刻写道："今天是星期天，休假。整整一天无生意可做！"

韩湘琳心领神会，两人哈哈大笑。笑毕，韩湘琳不无忧虑地说："这是否同上海的战事有关呢？"

"哦！昨天收音机里报道，日军已攻下了上海前线太仓。难道他们在上海正忙得不可开交？希望这不是真的！"拉贝也不由忧心忡忡。

纪念日带来的喜悦只能放一放啦！

六　最后的"库特沃"

淞沪会战历时 3 个月，上海已被硝烟笼罩，鲜血染透。一寸山河一寸血，已有 20 万中华优秀儿女献出了他们宝贵的生命，日军也付出了伤亡 99847 人、其中死亡 19594 人的惨重代价。①

久攻不下，日军采用迂回战略。11 月 5 日，3000 名日军蚂蚁般悄

---

①　战后日本防卫厅防卫研究所战史室编：《中国事变陆军作战史》第 1 卷第 2 册，第 83 页。

悄运动,从杭州湾登陆,随后撒蹄野马般狂奔,硝烟裹着尘土,团团围拢了上海守军。

国军指挥官白崇禧见状叫苦不迭,上海守军腹背受敌,面临全军覆没的境地。他忙向蒋介石建议:"上海不能再守了!"白崇禧的建议符合战略考虑,此时,中国守军应果断放弃上海,退守第二道防线坚守。

部队开始撤退了。不料,蒋介石又下令:"退回阵地坚守!"

原来,这时布鲁塞尔正在召开"九国公约国会议",蒋介石想让部队顶到"国联"开会完毕,由西方列强制裁日本,促使日本停战。如果这时部队撤了,上海失陷,列强就不会帮中国说话了。

蒋介石还想凑个整数,打到11月13日,正好满3个月。

一会退,一会又战,部队乱成了一锅粥。司令找不到军长,军长找不到师团长。富有作战经验的白崇禧惊慌不已,他看到了守军头上的凶光:全军崩溃。

没人敢向蒋介石进言。白崇禧硬着头皮找到蒋介石:"委座再不下令撤退,就要完全崩溃了啊!"

70万军队如海水落潮,退离了上海滩。各路军队争先恐后夺路而走。

11月9日,东方的巴黎——上海城,在凄风苦雨中沦陷了。

雨淅淅沥沥地下了好几天了,这对于恐慌的南京城来说,不啻是场救命雨。上海陷落后,南京城中的几十万人都在忙着同一件事情——想尽一切办法逃离这座危城,幸好老天有眼,让日本飞机无法来捣乱。

拉贝坐着他那辆黑色的老爷车,向下关中山码头驶去。他的一些家当,今天装了6大箱运到码头,准备送到"库特沃"号轮船上去。几天后,轮船将带着在南京的德国人溯江而上,前往汉口。杂工佟柏青上午9时就去了码头,10时就应结束任务,但现在天都黑了,人还没回来,他得去看看。

已是晚上7时多了,昏暗的路灯下,大街乱成了一锅上下翻滚的粥,汽车的喇叭声、人力车夫的吆喝声、行人的喧嚣声混合在一起。

成千上万辆满载行李的人力车、马车,夹杂着小汽车、手推车,甚至坦克,向城外缓慢而沉重地移动,大多开往江边,许多人都想坐船逃往上游的汉口,或是比汉口更远的地方。

与此同时,另一道触目惊心的景象迎面映入拉贝的眼帘。从北方开进城来许多新兵团,士兵们都打着赤足,穿着破烂的平民衣服,背着行李卷,肩上挎着一枝枝生了锈的步枪。

拉贝默默地望着这支一眼望不到尽头、一言不发、筋疲力尽的队伍,这些人连军服和起码的训练都得不到,就被拉上保卫首都的战场,局势之严峻,处境之艰难,由此可见一斑。他暗暗在心中祈祷:上帝保佑! 但愿这不会带来什么恶果!

码头也挤满了人,人人各怀心事,脸上现出异样的神情,似乎写着:灭顶之灾就要来临。每个人都想碰碰运气,希望找到一条能开往长江上游的船。密密的雨笼罩在江面上,远远望去,停泊在深水区的"库特沃"号影影绰绰,显得十分模糊。行李得由汽艇从码头运送到"库特沃"号上去。

汽艇终于靠岸了,等了一天的人群顿时可怕地骚乱起来,每一个佣人都想把自己主人的行李抢先安放好,栈桥边上的人被挤得摇摇欲坠,随时会连人带行李掉下水去。拉贝一个箭步冲上去,拦住拼命往前挤的人群,大喊:"别忙! 按秩序,一个一个上!"

一个一心想冲到前面的大汉对拉贝大叫:"闪开! 这儿你说了不算。我扛的是德国大使阁下的地毯,他第一个!"

"住嘴! 你这样乱挤,只会把大使的地毯送到扬子江里去。"拉贝一声大喝,封住了他的嘴。

大汉不再吭声了。人群理智地安静了下来,在拉贝疏导下,人们开始有秩序地上到汽艇里。尽管大汉与拉贝激烈地争吵了一通,拉贝还是让他搬运大使的地毯先上。拉贝一直在码头维持秩序,直到晚上8时多,堆在栈桥上的600多件行李才绝大部分被送上了汽艇。

　　夜幕笼罩了大地,雨越下越疯狂,码头上黑乎乎的,只有雨点砸在江中泛起片片白光。几名带着孩子和行李的德国妇女不知如何是好,她们根本无法上下汽艇,拉贝带着几名手下几上几下,直到帮她们在轮船上安置好。这时,杂工佟柏青叫了起来,他们自己的行李少了一件。一查,是拉贝朋友里尔茨的一个皮箱。大家不由紧张起来,连忙分头去找,好不容易才找到。几个人累得全都破口大骂起来,骂日本鬼子,骂这倒霉的鬼天气,骂这不守时的汽艇,骂乱拿东西的冒失鬼。直到晚上9时多,他们才湿淋淋、筋疲力尽地回到家中。

　　换去湿透的衣服,歇一歇,喘口气,喝上一杯热咖啡,拉贝又带着手下继续打包装箱,一直干到半夜,所有的箱子全都装满了,还有许多东西没法装。看看这件,摸摸那件,都是些旧东西,但拉贝一件都割舍不下,它们伴随着他在中国度过了许多难忘的岁月,融入了他的青春和生命。一些中国的瓷器和工艺品,又占地方,又易碎,但它们是中国文化的精华,无论如何得带走。当然,他绝对想不到,60年后,它们会重返南京,安居在纪念馆内供大家瞻仰。

　　第二天,雨还在不停地下。佣人花高价又买来蹩脚的樟木箱子,继续打包装箱,木工给箱子钉上木板封条。这些封条竟然贵得和樟木箱差不多。已租不到汽车运送行李,只能租马车,马车的费用一天就涨了一元,昨天还是5元,今天已6元。现在一张船票比原价高出四五倍,辗转过手的黑市票甚至高出十数倍。由于轮船都是停泊在江心,不敢靠岸,即使买到票的,也必须雇小木船登轮,小木船也是漫天要价。所以穷人只有选择留下来,听天由命,他们支付不起逃亡的昂贵费用,况且,没有钱,到一个陌生的地方也无法生存。

物价还在飞涨,许多商店都关了门,一罐煤油从 4.7 元涨到了 7 元,一吨煤从 20 元涨到了 28 元。拉贝把 11 月份的工资提前发给了大家,让他们好在最后一批商店关闭前能买些东西。

佣人们瞪大着惊恐的眼睛走来走去,谁也无法安心干活。种种迹象表明,他们的主人很有可能随"库特沃"号离开南京。这段时间,成批的炸弹和惊人的谣言轮番轰炸,时时刺激着人们的肉体和神经,他们整天生活在惶恐之中,尤其是上海的防线,像是用细线悬着的一柄利剑,在头顶晃悠悠,让人心中七上八下的。他们竖着耳朵四处探听消息,并把各种吓人的消息带回来,一惊一乍地讲给主人听。一会儿说日军将要用毒气进攻南京;一会儿又说某个政府机关发出了警告,将有一次持续性的大轰炸,大家必须预先烧好 3 天的饭菜。当然也有令人产生希望的消息,一会儿是暗地里已开始了和平谈判,一会儿又是美英等国将出面干预日本的进攻。

对此,拉贝总是一边听着,一边以洞悉一切的表情"哦,哦"点头应着,表明自己已什么都知道了,其实他知道的并不比他们多。他无法分辨哪些消息是正确的,哪些是谣传。拉贝在中国生活得久了,也变得非常爱面子,他孩童似的虚荣又悄悄抬起了头,当然不能让他的佣人看出主人是个消息不灵通的傻瓜,他心中甚至有些得意:"啊!自己是只多么聪明的老鸹。"

这种局势下,佣人们再也安不下心来干活了。尤其是伙食,越来越糟。那天,厨师讲好晚餐有奶酪,拉贝忙碌了一天,坐上餐桌,却发现没有奶酪,拉贝不由生气地骂了厨师,并扬言要解雇他。厨师斗不过他,只好转身走了。拉贝仍余怒未消,冲着他的背影叫道:"走就走,我要我的奶酪。"第二天消了火，拉贝不由惭愧地承认，奶酪完全不值一提，上海的防线才是大家关注的焦点。

但是伙食不好也让人十分烦躁，拉贝从早到晚忙得团团转，坐上饭桌，却一再发现食物难以下咽。问题的症结何在？是"战争问题"还是"佣人问题"？拉贝还没顾得上弄清楚。这不，这天的早餐又有问题了，火腿和煎鸡蛋有一股鱼腥味。拉贝把管家叫来，这是个临时管家，原来的管家请假3天，他请了一名替工来顶替他。好在这名管家会说地道的上海"洋泾浜英语"，拉贝同他可以直接交流而不用翻译，于是在主仆之间有了如下交谈。

"你过来！火腿和煎鸡蛋吃起来有鱼味，这是怎么一回事？"

"我也没有办法，主人，现在已没有真正可以吃的东西了，只有吃鱼了。"

"可是黄油也是这个味道，难道你认为奶牛也只有吃鱼吗？"

"我一点儿也不知道。主人，我要去问问它。"

拉贝啼笑皆非，他倒真想知道，奶牛将会如何回答！看来是他防空洞的那些客人都在使用这只煎锅，为何不清洗一下呢？或许这样就没有鱼味了，他准备提醒管家。

不管怎么说，懂一些英语总比一点不懂好，至少交流起来可以少一些阴差阳错的误会。办公室杂工蔡子良就是个常把事情理解颠倒的人，再加上语言障碍，整个事情就乱套了。

11月12日一早他就来报告说："警方要您升中国国旗。"

"那怎么行！身为德国人，我不会升起另一面旗帜来取代'卐'字旗。"拉贝断然拒绝。杂工蔡子良只好走了，但他把佣人张国珍打发来了，张国珍说："蔡子良弄错了，是请您下半旗，今天是官方哀悼日。"

"那就下半旗吧！"拉贝同意了。他坐在书桌前，望着窗外，园子里日夜飘扬的德国国旗徐徐下降了一半。这时,拉贝一眼瞥见了桌上的日历,发现这天原来是孙中山先生的诞辰纪念日。怎么回事?经过一番折腾,才明白原来警方只不过提出请求,今天是纪念日,请大家无论如何要升旗。

拉贝忍耐不住了,他把蔡子良和张国珍叫来责备了一通。这种让人哭笑不得的事情太多了。在这非常时期,这个大家庭让拉贝有操不完的心。

佣人们为了弥补过错,积极地购买了29张草席用来遮盖防空洞,而且只用了5元钱并主动放弃了回扣,否则要花14元。如果防空洞不用草席遮盖,那么下起雨来很可能会变成一个钟乳洞。但是他们全都心不在焉。这天下起了大雨,拉贝回到家,发现草席堆在那里,没一个人想到要遮盖防空洞。他们要么像被施了催眠术一般发呆,要么像蛇笼里的老鼠,到处乱窜,一如巨大灾难来临前夕的动物,他们害怕拉贝会随"库特沃"号离开南京。是的,还有什么比预知自己的命运又无法把握更为可悲的?上海失守的消息传来,他们和所有的中国人一样,十分悲观,人人都撅着嘴,踱来踱去。拉贝理解他们,形势糟糕透了,德国人怎么说最后关头还有"库特沃"号接应。

德国大使馆决定要撤走了,大使告诉拉贝:"中国政府一逃走,大使馆就得撤离,否则,就留在敌占区了。"只留下秘书罗森等三名工作人员留守。中国政府决定要撤退了。11月15日那天,拉贝去交通部,想为德国大使馆搞一部电台。"库特沃"号船上需要一部无线短波电台,一时买不到,大使馆参赞菲舍尔来请拉贝与交通部协商,能否出让给他们一台这种类型的电台。他在走廊上、办公室里看到了成堆的皮箱和木箱,拉贝的要求遭到了一口拒绝,他们正忙于迁到湖南长沙去。拉贝决定到铁道部碰碰运气,那儿的一个杂工偷偷凑到他耳边告诉他:"铁道部明天也要装箱打包了。"

"为什么?"拉贝问。

"为什么? 因为日军已到了昆山附近啦! 那儿离苏州只有 30 里路了。"杂工对拉贝的无知很不满,不由放大了声音。

有人应声断定说:"我敢打赌,日军其实已越过了苏州。"这种判断得到了几名旁观者的附和。

不管日军已到昆山还是苏州,事实是敌军正步步进逼南京城,几天后,南京就将沦陷。听说,溃退的中国军队在苏州大肆抢劫①,如果消息属实,那么溃退的中国士兵同样会在南京重演这一幕。这让人不得不产生顾虑,留下来是否值得? 同时,日本战舰会从长江逆流而上,在下关江面炮击南京城,那也太可怕了。整整一天,拉贝都在犹豫,是否应该离开南京城,这是最后的机会了。如果中国当局封锁去汉口的水路,"库特沃"号就改道去上海。船位异常紧张,"库特沃"号只允许德国人上船,因为只有 50 张卧铺,却要安排 112 名可能上船的德国人。多少人梦寐以求得到这样的一张船票,这是一张逃离危险的海洋、到达安全彼岸的通行证。

就在拉贝犹豫不决之时,小粉桥 1 号来了一对夫妻请求拉贝帮忙上"库特沃"号,男的是拉贝的中国朋友王先生,军事通讯学校的工程师,女的是奥地利人。拉贝当即拨通了德国大使馆的电话,陶德曼大使只给了拉贝一半面子,妻子可以上船,但丈夫跟每个中国人一样,不允许上船。而妻子又不愿意丢下她丈夫不管,俩人只好伤心地走了。

第二天,德国救援委员会发来通知,允许每家带一名佣人上船。拉

---

① 贝德士在给美国牧师麦金的信中称:"张学良的军队表现极差,曾于战争时期在南京与上海之间地区抢劫,但他们亦曾处决数百人。"见章开沅编译:《南京大屠杀的历史见证》,湖北人民出版社 1995 年版,第 107 页。

贝读到这一条时,心中闪过一个念头,如果要走,就把韩湘琳作为自己的佣人带上船去。

事实上这是不可能的,因为韩湘琳始终没能把妻子和两个儿子送走,他本来准备把家小经过济南送到青岛朋友那儿,但济南前方的一座铁路桥被中国人炸毁了,为的是给日军前进制造困难。韩湘琳最后决定把他的家人送往汉口,但他买不到船票,始终无法把他的家人送到安全的地方去。他不可能丢下妻儿不顾,只身一人跟随拉贝离开南京。拉贝也明白这一点,这只是一种下意识,因为韩湘琳在拉贝心目中的位置是极其重要的,事实上也的确如此,拉贝中文说得不好,需要表达较复杂意思时,都得由韩湘琳翻译,韩湘琳不仅是拉贝生意上和生活上的左右手,而且他以他的人品得到了拉贝的敬重。

王工程师又来了,想向拉贝借钱,拉贝婉拒了他,因为他前一阵刚借了钱还没有还。但拉贝巧妙地帮他解决了困难,他拿出那份救援委员会的通知书,告诉他说:"每个德国人都能带一名佣人上船,您的夫人虽然是奥地利人,但也享受这一特权。"王工程师得到这一暗示,高高兴兴地走了。他将以他妻子的佣人名义得以上船逃生。

几天中,拉贝见识了周围各等人的种种心态,周围人的一切表现,都无可厚非,那是一种对生命的肯定和珍惜,也是一种对死亡的恐惧和敬畏!

拉贝自己也经历了一番精神和心灵的搏斗、犹豫和彷徨,最后,拉贝终于下了决心,不管发生什么情况,都留在南京。他不能丢下包括韩湘琳在内的一大群中国人,只顾自己去逃生。当然他也明白,留与走,这是一道生死界线,是危险和安全的分水岭;同时,那也是一块道德与责任的试金石,会擦出真与假的火花;那更是一副良知与人性的化学试剂,会显示出红与黑的色彩。这完全不是所谓的英雄气概在起作用,而是一种人格精神在支撑他作出如此决定。

> 责任啊！一个多么崇高和伟大的名称！你丝毫不取悦于人，也不奉承谁，只是要求人们服从。但你一点也不想用令人生厌和畏惧的东西来恐吓人，以打动人的意志，你只是提出一条法则，那法则便自行深入心田了，虽然也只是勉勉强强地尊重它，而且也并非总是遵守；在这条法则面前，所有的好恶不论如何暗中抵抗，终会归于沉默。①

拉贝是否读过康德的著作不得而知，但人们分明看到了康德先生正领着拉贝悠悠地在"人道"上漫步。康德先生夹着一把雨伞，在著名的"哲学小道"上全神贯注地散步，但每逢弯弯的十字路口，他背上仿佛长了眼睛，总是挥挥雨伞，于是，"令人萌生敬意的人格观念呈现于眼前"②。拉贝就义无反顾地跟了上去。

当拉贝把留下的决定明确地告诉了他的雇员和佣人时，佣人们顿时如释重负，兴奋地欢呼起来，只要主人同他们患难与共，他们在精神上就有了依靠。

11 月 22 日，"库特沃"号一声长鸣，起程开往汉口，带走了在南京的德国人，也带走了拉贝的行李。最后一座通向外界的活动桥梁随之被拆除了。

电厂厂长、总工程师以及其他更多的人聚集到了拉贝身边，这么多人怎么安置呢？拉贝一时还想不出更好的办法。

---

① ［德］康德：《康德文集：实践理性批判》，改革出版社 1997 年版，第 231 页。
② ［德］康德：《康德文集：实践理性批判》，改革出版社 1997 年版，第 232 页。

佣人们的恐惧症奇迹般地消失了，他们又开始积极地工作，想办法排除防空洞的积水。先前防空洞的水越积越深，深达75厘米。

拉贝对他的鞋匠邻居很恼怒，他在日记中写道："那个鞋匠邻居真该滚开！只要警报一响，他就跑来了，带着老婆、孩子、爷爷、奶奶以及天知道多少其他的亲戚。可却看不到他来排水。"唉！恼火归恼火，拉贝的修养却让自己无法发作，《圣经》上说，不要抨击邻居的过失，而要原谅他们。爱神胜过爱一切，爱你的邻人应当如爱自己。他只好要求自己提高素养。"听！上海电台正在播放一首优美的歌曲《献给你的邻人一片爱》，要是这家伙不来排水的话，也没有办法！！"两个感叹号把他无可奈何的心态表达得淋漓尽致。鞋匠的行为在拉贝眼中显然是不符合他遵循的做人准则的，这种行为在他看来也是不符合社会道德规范的，如果人人如此，那么整个社会就将充满了自私和丑陋。以他嫉恶如仇的性格来衡量，是无法容忍的。但他常常要求自己达到完美的境界，他的道德标准要求他不能同鞋匠一般见识，而要用更高的行为标准来约束自己，不让自己流俗。德国人有句古老的格言是这样说的："人无完人方是人，宽容待人才见德。"

没有办法，拉贝打电话向消防队求援，请他们带一个合适的水泵来帮助抽水。消防队还不错，来了，但是没有带来水泵，而送来了一部中国式的水车，还有一个绞盘。这不是杀鸡用牛刀吗？况且没有人会用这个庞大的家伙。消防队怎么会出这个洋相？

拉贝召集所有能支配的人来舀防空洞的水。鞋匠和他的妻子、3个孩子，以及六七个亲戚，干得十分卖力。他们排成一排，把地下水从洞里舀到桶里，然后一个接一个传递出来，倒入下水道。看到这一幕，拉贝对自己说，应该原谅鞋匠，忘记他原先的所作所为。几天来，鞋匠表现一直不错，带着他的家人整天都在舀防空洞的水。拉贝明显地感到，令人讨厌的鞋匠变得讨人喜欢起来了。他收了 10 元钱给拉贝做了一双漂亮的棕色靴子，拉贝又自愿多给他 1 元钱，让友谊粘得更牢。他对拉贝说："下次再帮你做一双靴子，专门配你的国社党制服。"

拉贝是个完美主义者，也是个易动感情的人，他拥抱了鞋匠。他感慨地对自己说："人是会变的，这个希望永远不能放弃。还有，你要把你的爱心送给邻居。要尽自己的力量帮助邻人，爱是联系一切的关键。"

这是他的内心自我追寻、自我发现和自我完善的一次强烈震撼记录。几天来的思想波动，是他灵魂的一次虔诚洗礼，他的一生都在追求至真、至善、至美。在他看来，真善美并不是一枚闪闪发光的金币，可以放在口袋里一次性占有，真善美是一个不断追求、不断完善的过程。

第七章　出任安全区主席

一　安全区的艰难组建

上海失守。日军高举着血红的太阳旗，野马脱缰般直逼首都南京。蒋介石筹建多年的"吴福线"和"锡澄线"国防工事，是在德国顾问指导下设防的，被德国人称作"兴登堡防线"，但丝毫没能阻止疯狂的日军向南京城杀来。

首都告急！

11月中旬，蒋介石在中山陵小红山官邸内，召集他的高级幕僚研究对策，连续召开了三次会议。① 8月份以来，日本飞机对南京实施狂轰滥炸，蒋介石和他的办事机构转移到了地下室和郊外。飞机空袭的尖叫声、持续的爆炸声，在这里清晰可闻。这座掩映在绿树丛中的美丽别墅被刷成了黑色，披上了伪装，在阵阵爆炸声中，如一个颤巍巍的老

---

① 据刘斐回忆录：《抗战初期的南京保卫战》，载《南京保卫战》，中国文史出版社1987年版，第6页。

太太。

"委员长到!"随着一声喊,众人"刷"地全体起立,"啪!"立正敬礼。蒋介石一身戎装走了进来。他摆摆手,示意大家坐下,脸色严峻,语调缓慢地说:"今天,我请大家来商讨南京的防守问题。"

军令部次长、作战厅(组)长刘斐首先发言:"南京地处长江弯曲部内,地形上背水,敌军可用海军从江面封锁和炮击南京,从陆上由芜湖截断我后方交通线,然后以海陆军协同攻击,则南京将处在立体包围的形势下。我军在上海会战中损失太大,又经过混乱的长途退却,已无战斗力。再加上没有得到休整补充,南京决难固守。"

军事委员会常务委员李宗仁接过话头:"既然如此,不如宣布南京为'不设防城市',和平地让给敌人,避免战斗破坏,保存国军实力。"

刘斐摇头表示不同意见:"南京是我国的首都,不作任何抵抗就放弃,是不可以的。但也不宜以过多的兵力来争一城一池的得失,可以作象征性地防守,适当抵抗之后就主动撤退。"

大本营副参谋总长白崇禧点头赞同:"有道理,应该这样。我军不应该在一城一池的得失上争胜负,要从全盘着眼,同敌人展开全面而持久的战争。"

蒋介石未置可否,转身用目光征询参谋总长何应钦的意见。何应钦一贯矜持老成,他发表了一些模棱两可的意见,先说"刘组长的意见有道理",又说需要"研究研究"。

军令部长徐永昌说刘斐的话"有道理",最后又补充一句"一切以委员长的意旨为意旨"。

蒋介石脸色严峻,他说:"刘斐的看法很对,南京为国际观瞻所系,守是一定要守的。如何守法,值得再加考虑。"

两天后继续开会。增加了唐生智、谷正伦等几人。

刘斐和白崇禧仍坚持原来的观点，大多数人同意刘斐的观点，主张对南京作象征性防守。

警卫执行部主任唐生智突地站起来，慷慨激昂，语出惊人："敌人已经逼近南京，南京是首都，又是国父孙中山先生陵寝所在，值此大敌当前，我们身为革命军人，在南京如不牺牲一二员大将，何以对总理在天之灵！我主张死守南京，与敌人决一存亡。"

唐生智在一片"放弃"论调中语惊四座，沉闷的气氛一下活跃起来，大家交头接耳，议论纷纷。其实，唐生智已摸清了蒋介石的心思，他身边的高参顾伯叙又极力撺掇，认为可以乘机重掌兵权，对于南京的防守，也不用担心，日军不会不顾国际舆论真正进攻，也可能采取攻而不入的办法，迫使中国求和。

蒋介石阴沉的脸上有了一丝笑容。他赞许地叫起了唐生智的号："孟潇的意见很对，值得考虑，我们再研究研究罢！"

过了一天，又召开第三次幕僚会议。唐生智仍坚持固守南京，没有人附和他。他焦躁不安地蹲在椅子上，一会儿凝眉思考，一会儿低头沉思，轻轻跳下来，忽儿又蹲上去。

会场气氛很沉闷，有人在叹气，没有人说话。蒋介石忧虑重重。

中国人是最讲面子的，唐生智这番关于"面子"的宏论堵住了所有人的口。

德国顾问法尔肯豪森坐不住了，他深蓝色呢军服领章上的金色"卐"字开始晃动，他言辞激烈地讲了一通德国话，主张坚决放弃南京，不作无谓的牺牲。

蒋介石一反忧虑而阴沉的神情，明确地同意唐生智的意见："南京是我国的首都，为国际观瞻所系，对全国人心也有重大影响，完全不守是不可以的。应较十二个团的兵力酌量增加。"接着蒋介石就问，"固守南京的问题就这样决定,大家看由哪一位来负责为好?"蒋介石环顾四下,只见诸将个个正襟危坐,没有一个人作声。[①]

蒋介石负气说:"如果没人守,我自己守。"众将面面相觑。

这时,唐生智打破了沉寂,坚决地说:"委员长,若没有别人负责,我愿意勉为其难,我一定坚决死守,与南京城共存亡!"

蒋介石脸上有了笑容:"大家有什么意见?"

何应钦说:"孟潇担此重任,是很合适的。"与会将领纷纷赞同。白崇禧没作声,他知道蒋介石定了的事,反对也没用。

蒋介石说:"很好,就由孟潇负责。你可以先行视事,组织卫戍司令长官部,任命随即发表。我尽快调部队给你。"

唐生智站得笔挺,声音洪亮:"我一定与南京城共存亡!"

蒋介石连连点头:"很好! 很好!"

李宗仁冷眼旁观,心中明白唐生智的算盘:曾拥有两湖重兵的唐生智,自1930年"讨蒋"失败后,一直没有兵权。警卫执行部主任是个负责构筑国防工事的角色,他久居人下,想东山再起。

蒋介石也有他的算盘。他对西方列强出面调停抱有很大希望,认为西方各国不会坐视中国的首都落入日本之手。日本很可能采取攻而不入的办法。关键是要作出坚守的姿态,顶住几个月,等待西方国家的干预。德国大使陶德曼在中、日间正进行和平斡旋,守一下南京,能迫使日本作些让步。

各部队约10万余人开始调往南京。城门刷上了醒目的大字:"誓复国仇!""为祖国流尽最后一滴血!""与首都共存亡!"在中华民族生死

---

① 宋希濂回忆录:《南京失守和日军的暴行》,载《南京保卫战》,中国文史出版社1987年版,第230页。

存亡的关键时刻,广大官兵心情悲壮,爱国抗日的士气高昂。各部队开赴防地,战马迎风长嘶,炮车隆隆驶过,疲惫的士兵用嘶哑的歌声激励自己:"向前走,别退后,牺牲已到最后关头!同胞被屠杀,土地被强占,我们再也不能忍受!"

一场恶战将在古城展开。

1937年11月22日,这是一个普通的日子,西北风一如往年开始肆虐南京城,秋日的暖意已被逼退,树叶挂上了一层晶莹的寒霜。

这一天,对于拉贝来说并不普通,他在当天的日记中写道:"下午5时,国际委员会开会讨论成立一个南京平民中立区。大家选举我当主席,我推辞不掉,为了做件好事,我让步了。"

这天是他55周岁的最后一天,明天——11月23日是他的生日,也是他人生的一个转折点,他人生的历史将因此而改写,他的下半生将因此而增添许多麻烦和不幸,他也因此而得到人们的尊敬和怀念。在这之前,他只是一个普通、正直的商人,而这天之后,他的名字将载入史册,世界将因此而永远铭记他对人类的贡献,因为他和他的委员们不仅拯救了众多的生命,也捍卫了人类的真理和正义。

3天前,金陵大学的美籍教授史密斯听说拉贝留在南京,邀请他参加了该委员会,在史密斯家中吃饭时,他结识了许多美国籍的委员。

最初提出在南京建立一个中立区的,是美国长老会中国区牧师普卢默·米尔斯。他在报纸上看到,法国神父雅坎诺(即饶神父)11月在上海南市开办了一个难民区。上海沦陷时,大批中国难民由苏州河以北涌入苏州河以南的难民区,他收容了25万难民,使他们成功地避开了日军炮火的袭击。鉴于国民政府决定死守南京,他的提议得到了金陵大学社会学教授史密斯和历史学教授贝德士的积极响应,他们又得到了金陵大学校董杭立武的支持。

杭立武也从报上看到了这一则消息，双方一拍即合，分头开始了联络行动。11 月 21 日，由他们 4 人签名的南京难民区筹备报告已送交南京市政府。① 当年 35 岁的杭立武是安徽滁县人，他早年留学英国和美国，并信奉了基督教，现在是金陵大学兼职教授，又是中英文教基金会的总干事，因而他与在南京传教、教学、经商的许多西方人都熟悉。他联络了一批西方人，这天的会议就由他主持。

发起组织成立难民区的
金陵大学董事长杭立武

拉贝和 10 多名西方人鱼贯进入金陵大学校董会议厅，"哈罗！哈罗！"美国人、英国人、德国人、丹麦人互相招呼着，在椭圆形的办公桌周围坐下。杭立武站起来，用流利的英语说："今天，我们聚集在这里，是征询各位的意见，能否充当南京市民的保护人？目前的局势诸位都很清楚，南京的陷落已不可避免，上海的雅坎诺神父已为我们作出了榜样。"他扬扬手中的报纸，接着说，"我们能否仿照上海的经验呢？"

十几名高鼻深目的西方人用国际通用的语言热烈商议着，报纸在他们手上传阅着。这一和平建议在大家热烈的掌声中一致通过，他们决定仿照上海难民区的先例，成立一个国际救济机构。他们给这一组织起了一个全球性的名称——南京安全区国际委员会，希冀在最危急的时候，能让难民有一个躲避的场所，能避免日军的轰炸和炮击。他们

---

① 该报告藏南京市档案馆。

估计，这一过程大约在一星期。

有人推举拉贝出任主席一职，得到了大家的一致赞同。拉贝连忙摆手，表示了自己的担忧："我恐怕难以胜任如此重要的职位。"

"不！你是德国人，将有望更好地同日本人打交道。"

"对！盟国对盟国，事情总要好办些。"

"再说，你在中国 30 年，有能力，有经验，完全能胜任这一职务。"

热情的话语和热烈的掌声不容拉贝再自谦。

"拉贝先生，你是再合适不过的主席人选。"杭立武笑道，"马吉牧师正在筹备国际红十字会南京分会，他会紧密配合安全区国际委员会的工作的。"

约翰·马吉时年 53 岁。他在美国耶鲁大学和麻省神学院毕业后，就来华服务于教会，已在中国近 30 年。1912 年，马吉调到南京，成为美国圣公会南京地区的负责人。雅坎诺神父在上海设立难民区也得到了他的帮助。因而杭立武筹备在南京建立安全区，首先就电告在上海的马吉，得到了他的支持。"八·一三"淞沪抗战打响后，马吉在南京设立多处收容所，收容上海方面撤退的伤兵和难民。

国际安全区成员约翰·马吉牧师

在大家期待的掌声中，拉贝站起来，伸手扶一扶金丝眼镜，他有些激动，绿眼睛中闪烁着理智的光芒。他今天穿了一身咖啡色的老式西装、白色的衬衣，打了黑色的蝶形领结。这是他一贯的穿着方式，或许从穿戴上也能看出他的个性——他有着德意志人特有的一丝不苟。他不是个讲究穿戴的人，但并不意味着不讲究仪表，即使是在空袭警报响起、炸弹即将降落的那一刻，他也要穿戴整齐，系上领结。此后，他也将以千倍于一丝不苟的态度来对待这一维系千百万人生命的职位，他明白自己肩负的担子有多重。他尽量克制自己的感情，做了简短而充满激情的就职演说："由我出任主席，我不应再有丝毫的犹豫。德国和日本是盟国，我作为一个德国人，与日本交涉有一定的优势。我20多岁就来到了这个东方国家，我一生中最美好的青年时代都在这个国家愉快度过，我的儿孙都出生在这里，我的事业在这里获得成功，我始终得到了中国人的厚待。我将竭尽全力，不负诸位的厚望。"他的演说，赢得了全体与会人员的热烈掌声。

会议一结束，拉贝就和委员会秘书史密斯赶到德国大使馆去。陶德曼大使马上将率大使馆成员随"库特沃"号撤离南京。

一路上，拉贝都在默默思考着，当初自己留下来，仅仅是为了保护周围的一群中国人，而现在，却肩负起了保护全市市民的重任。但愿自己能胜任这个也许会变得十分重要的职务。他的担心不是没有道理，只是他与其他所有人一样，无论如何也想象不到后来的形势会那么复杂、那么严峻。当然，他也想不到，参加该组织并出任主席这一职位，会对他的后半生产生什么样的影响。假如能预见到今后可能出现的麻烦，他会退缩躲避吗？不！以他的个性而言，绝不会如此。但丁说："人生就像一支箭，不能回头，回头就意味着坠落。"礼和洋行的一位朋友得知拉贝要留在南京，一直在劝告他，要他注意自己所冒的巨大风险。拉贝谢绝了这位朋友的好意，他在日记中说："我并非盲目参与这一事件，我决心已定。亲爱的道拉，请不要为此生我的气，我别无选择。"南京的陷落已不可避免，这是明眼人都看得清楚的事情，可是中国政府决心死守。为了稳定人心,政府并不组织老百姓撤离。他不能选择躲避自己的良心,也不能践踏他所信仰的做人准则,在中国人最需要他时撒手离去,他只能选择有负于妻子的决定。

德国大使馆在北京西路,离金陵大学很近。拉贝和史密斯走进大使馆,大使正整装待发。拉贝为双方作了介绍,没有过多的客套和礼节,马上言归正传。史密斯拿出草拟的安全区计划,请大使过目。

陶德曼仔细地看了计划。计划划定了安全区的范围,提出了要求中日双方需承担的责任;中国政府、军事机构、军事设施应撤离安全区;日本应避免攻击安全区。计划得到了陶德曼大使的同意。临别,陶德曼大使紧紧地握着拉贝的手说:"请多保重,你是我在南京最放心不下的孩子!"

同样,计划也得到了英国大使和美国大使的同意。关键的一步是要得到日方的认可。这份计划将由美国大使馆发给美国上海总领事馆转交日本大使。

拉贝刚回到家,中央广播电台的刘工程师急匆匆地赶来,他请拉贝帮忙把电台的一部分设备送到"库特沃"号上,带到安全的地方去。刘工程师许诺说:"我们可以给大使提供一台一百瓦的电台。"一星期前,德国大使馆参赞菲舍尔曾托拉贝帮忙,为"库特沃"号找一部电台,交通部和铁道部都一口回绝了拉贝。现在这事对双方都有好处,拉贝是个热心人,赶快带着他们以最快的速度开车去码头。可惜太晚了,船马上就要开了。大使握着拉贝的手再次叮咛:"注意安全!上帝会保佑你平安无事!祝你顺利完成任务!"

汽笛一声长鸣,"库特沃"号起航了,德国人与外界的最后一座桥梁被拆除了。夜色朦胧,拉贝伫立在码头,目送着渐渐远去的轮船。冷风吹拂着他的衣襟,寒气见缝插针地向身上钻,他并未感到寒冷。再见了！"库特沃"号。再见了！大使先生。大使是理解自己的,自己留下来,不仅有着对中国人的同情,也有着对中国人的敬意。

日本有人认为中国人只知有其家而不知有其国,认为中华民族只是一盘散沙,是一个涣散、自私的民族。这是他们敢于发动侵略战争的一个依据。日本军驻北平特务机关长松室孝良在于1936年写给日本关东军的一份秘密情报中,对中国当时的国内情况进行了细致的调查分析研究,对日军发动全面侵华战争的迫切性、可行性及应注意的问题进行了系统论述,报告称:

> 中国人之特性,爱国不过5分钟,甚且有不知国家为何物者。大部官民利令智昏,顾家忘国,甚至甘心祸国,其目的只求一身一官集团之欲望解决,他若国事民生,则一概不顾。虽一少部分尚能顾全大局,图谋向上,均属于被压迫的下层,无米之炊,以致英雄无用武之地。①

当时有不少西方人也持有此种观点,认为中国人缺乏国民、公民的责任感,缺乏社会良知;缺乏以政治形式组织他们自己的能力;只要他们自己的事不受影响或他们还有吃的,就根本不在乎谁控制着国家;家族责任替代了对公众的义务……②

近半个世纪内,沉睡的中国龙每一次摆动它的尾巴时,都有同情中国的观察者急切地肯定,它终于要苏醒了。只要对美国在1890年至1937年的各个时期出版的各种期刊和书籍索引快速浏览一下,就能找

---

① 该报告原件藏重庆市档案馆。刊《档案与史学》1999年第4期。
② [美]哈罗德·伊萨克斯:《美国的中国形象》,时事出版社1999年版,第121页。

到大约几十篇杂志文章和几十本书,在其中,中国,或巨龙,或龙,已经苏醒了、正在苏醒,或正在摆尾、上升、变化,或正获得重生。然而,每一次,这条龙巨大笨拙的身躯都又回复到半昏睡状态。连对中国十分喜爱的费奇,根据美国兴起的历史也认为,如果有好的政治体制,中国的希望在半个世纪后;在一般的体制下,则可能延迟到一个世纪或更久远之后。

拉贝在与中国人的接触过程中,欣喜地看到了中国人在民族危亡关头所表现出的自我牺牲精神和视死如归的英勇气概。周工程师就是其中的一个。西门子上海总部派他来南京维修炸坏的多路电话设备,他的技术是一流的。他坐了26小时的火车来到南京。拉贝接待了他,拉贝说:"你来南京,家里人一定很不放心吧?"

周工程师回答说:"我对我的妻子说了,万一我遇到了不幸,你不要指望西门子洋行,决不可对西门子洋行提出任何要求,你要带孩子们回到北方老家去,在那里依靠我们的薄田为生。"

拉贝十分感慨:"西门子应该为有你这样的职员而自豪。"

"我这次出差不仅仅是为了洋行的利益,应该说,首先是为了我祖国的利益。"

当天晚上,拉贝在日记中记下了他的观察和感想:一般情况下,是不能指望每个中国人都具有这种精神的,但是周先生的这番话证明了这种精神的存在,并且产生了越来越大的影响,特别是在中下层的人士那里。[1]

同样,中国士兵视死如归、保卫祖国的壮举也让拉贝感动不已。他密切关注着上海战事的报道,中国参战的广大官兵在保卫民族独立的神圣事业中,表现得那么英勇顽强。守卫宝山县的一个营,在日军优势

---

[1] 《拉贝日记》,江苏人民出版社1997年版,第23页。

兵力的猛攻下，坚守两昼夜，无一人后退，几乎全部壮烈殉国。

400多名中国官兵，为掩护友军撤退，在被切断联系的情况下，坚守苏州河北岸的四行仓库，四周被日军团团包围。在孤立无援的情况下，激战四昼夜，打退了日军飞机、大炮的进攻。

几天来，拉贝与所有的中国人一样，密切关注着这支部队的战况和士兵们的命运。他惊讶地读着那些可歌可泣的战斗报道。

拉贝在写日记

拉贝十分感慨，他写道："日本军队以纪律严格而著称，中国的军队还是一支征募制军队，却能以弱抗强，进行英勇的防守。"他由衷地赞叹，"他们维护了中国军队的声誉！它证明了这样的事实：如果有必要，中国士兵也会死得其所。"①

有人在火线编了一首《八百壮士之歌》②，组织抗战军民隔着苏州河对四行仓库高唱：

中国不会亡！中国不会亡！

你看那民族英雄谢团长；

中国一定强，中国一定强，

---

① 《拉贝日记》，江苏人民出版社1997年版，第71页。

② 当年报纸上宣传为800人，故有八百壮士一说，实际上是400多人。

你看那八百壮士孤军奋战东战场；

四面都是炮火，四面都是豺狼，

宁愿死，不退让，宁愿死，不投降，

我们的国旗在炮火中飘扬！飘扬！

八百壮士一条心，十万强敌不敢挡，

我们行动有力，我们志气豪壮。

同胞们起来！同胞们起来！

快快赶上那战场，

拿八百壮士作榜样。

中国不会亡！中国不会亡！

是的，有这样热血沸腾的人民，有这样宁死不屈的士兵，中国不会亡！拉贝走访过中国许多地方，深深地了解这是一个落后、贫穷而又人口众多、幅员辽阔的国家，在经历几番屈辱、几番践踏以后，终会觉醒过来。现在，他从上海市民的身上看到了中国的曙光；他从杭立武、周工程师身上看到了中国的希望；他从视死如归的士兵身上看到了中国的前途。他听助理员韩湘琳说："中国人即使退到西藏也不会讲和！"对此他极为感慨。

拉贝认为，中国抵挡不住日军的进攻，原因在于日军有现代化的装备，有无数的重型火炮、坦克和轰炸机等，而中国军队在装备方面差得太远。①

四行仓库的勇士们始终牵住了拉贝的目光。当他在报上读到，蒋介石对仓库的尚存者下了撤退命令时，他真有如释重负之感，深深松了

---

① 《拉贝日记》，江苏人民出版社 1997 年版，第 74 页。

口气。为此，他大大夸奖蒋介石做得对，因为四行仓库已有100名士兵丧生，撤退时还会有伤亡。他们已经证明了他们也可以死得其所，再坚持下去就是浪费生命，他对这些年轻的士兵充满了赞赏和怜惜。

捍卫人类的真理和民族的尊严，无代价可言。与此相比，他留下来，难道不是上帝的意志吗？半个多世纪后，时间老人证实了他选择的价值。而未来苍茫的岁月，将继续做出更为有力的证明。

二　寄希望于希特勒

出任安全区国际委员会主席的第二天，拉贝就体验到了这一职位的分量和压力。下午，一阵急促的电话铃声响起，史密斯打来电话说："主席先生，东京向美国驻华使馆提出了抗议，质问已经离开南京的美国大使馆，究竟与那些安全区计划有什么关系。"

拉贝闻言吃了一惊："他们怎么这么快就得到消息了？"昨天的国际委员会会议决定，在上海的日本大使收到建立安全区电报以前，不准公开发表计划内容。怎么现在日本大使还没收到电报，消息就泄露出去了。

"是路透社提前发电报时泄密了。"

"我马上就来。"拉贝赶到平仓巷3号，安全区国际委员会总部就设在这里。这座三层的西式小洋楼是南京国际安全委员会的源头，最初的商议就产生于此。在这之前，美国女作家赛珍珠就住在这里，写下了描写中国农民生活的长篇小说《大地》等许多作品，并在1938年以此获得美国历史上首个"诺贝尔文学奖"。如今，平仓巷3号已建为"赛珍珠纪念馆"。

拉贝与史密斯等委员磋商后决定，由史密斯立即发电报给日本大使，向其解释："为平民百姓建立一个中立区的倡议不是美国大使馆发出，而是由一个私人性质的委员会发起的。"

德国大使馆秘书罗森在中午就从广播里听到了东京的抗议。因为在安全区担任主席职务的是德国人，罗森感到有必要向上级报告此消息，他借助美国海军电台向上海德国总领事馆做了报告。

国际安全区委员会成员之一刘易斯·史密斯

等待总是让人焦灼的，收音机成了拉贝他们时刻注意的焦点，任何一方报道的蛛丝马迹都会引起他们的关注和思考。

24日，拉贝从收音机中得到了上海的消息。据报道，日军司令部对在南京建立中立区的反应是友好的，据说上海日军司令长官松井石根还为上海南市难民区捐了1000元。这对拉贝是个莫大的鼓舞，也是个启发。他想，何不想办法争取希特勒元首的赞同和支持呢？如此不就一切都迎刃而解了。

当晚，拉贝在台灯下铺开信笺拟电报稿，一股崇敬而信赖的感情喷涌而出，从他的笔端洋洋洒洒流淌到洁白的纸上。他言辞恳切地请求元首希特勒的支持：

致元首：

国社党南京地区小组组长、本市国际委员会主席请求元

首阁下劝说日本政府同意为平民建立一个中立区,否则即将
爆发的南京争夺战会危及 20 多万人的生命。

　　谨致德意志的问候!

拉贝

西门子驻南京代表①

　　信息怎样到达元首手中呢? 他决定通过两条渠道走。一是请国社
党中国分部的负责人拉曼代为转发给元首。他害怕拉曼会被高额的电
报费吓退,所以他请拉曼从上海西门子洋行预支这笔费用,记在自己
账上。

　　为保险起见,他又给上海德国总领事馆总领事克里伯尔拟了电报
稿,恳求他代为转发电报:

致总领事克里伯尔:

　　恳请您支持我今天请求元首劝说日本政府同意为平民建
立一个中立区,否则即将在南京爆发的战斗将不可避免地引
起可怕的血腥屠杀。

　　希特勒万岁!

拉贝

西门子代表

南京国际委员会主席②

---

① 《拉贝日记》,江苏人民出版社 1997 年版,第 106 页。
② 《拉贝日记》,江苏人民出版社 1997 年版,第 106 页。

德国人服从权威、崇拜领袖的观念在拉贝身上也留下了深深的烙印。其时,在希特勒领导下的德国崇拜领袖达到了极点,没完没了的各种群众游行和宣誓效忠的盛大集会遍及全国,对元首的个人崇拜如狂潮一般淹没了整个德意志。最明显的标志就是希特勒式的致意,大街上的人们都以"希特勒万岁"来相互问候,人们的通信用"希特勒万岁"作为落款更是一种普遍的行为。拉贝也未能免俗。

拉贝把给希特勒和克里伯尔的电报交给了美国大使馆的艾奇逊先生,他答应设法把电报发到上海。

26日,史密斯又打来电话,向拉贝通报情况:"主席先生,据电台报道,一家东京的报纸认为,南京中立区的设立将给日军占领这座城市带来很多困难,会拖延日军占领南京的时间,因而他们认为,不能把南京同上海南市相提并论。"

放下电话,拉贝忧心忡忡,安全区犹如大海中的一叶小舟,在飓风波涛中艰难地起航,自己虽然是舵手,却无法驾驭方向。这是一篇报道文章,但这是一个值得注意的动向,它是否代表了日本政府对设立安全区的态度呢?如果安全区不能设立,该怎么办?成败的关键,在于日本当局的态度,拉贝在日记中写道:"困难确实很大,我寄希望于希特勒!"[①]

这时的拉贝显然把希特勒看成一个挽救民族危亡、爱好和平,甚至同情中国灾难的英雄。他对希特勒的认识还停留在其上台前的形象。他始终记得他慷慨激昂的演说是如何使战后多愁善感的德国人民眼中充满了希望的泪花,闪过憧憬的光芒。和平鸽从来不分国界,她一定会越过千山万水,为南京衔来绿色的橄榄枝。

① 《拉贝日记》,江苏人民出版社1997年版,第109页。

这天,拉贝又收到了西门子上海总部通过德国大使馆转来的电报,通知他迁往汉口。拉贝当即作了明确答复:要留在南京主持国际委员会的工作。他的心中溢满了充当南京人民保护神的激情,再也容不下一点一滴的私情。

得不到日本当局的答复,拉贝心急如焚。11 月 27 日,他又通过美国大使馆再次给上海的日本大使发了电报,要求日本方面从人道主义出发予以考虑。

日方迟迟不予答复,拉贝已预感到了日本政府的态度。他一方面抱着一丝希望等待日本政府的答复,另一方面把十二分的希望都放在了希特勒身上。他在整理房间的时候,一张希特勒的相片偶然落入他手中,他拿起相片,相片上的人目光冷峻地与他对视着,上面写着诗人巴尔杜尔·封·席拉赫的一首诗。

他坚定了自己的判断,他在日记中写道:"这再次给了我勇气。我仍然希望希特勒帮助我们。一个和你我一样普通而朴实的人,想必不仅对自己民族的灾难,对中国的灾难也有着最深的同情。我们当中(德国人或外国人)没有一个人不坚信,希特勒的一句话(也只有他的话)会对日本当局产生最大的影响,会有利于我们建设中立区,而且,这句话他一定会说的!!"①

从两个感叹号上,我们能看出拉贝对希特勒的崇拜和迷信。希特勒的话确实能影响日本当局,然而,拉贝始终没有意识到,更确切地说,是不了解,台上和台下的希特勒是有本质区别的。现在手握大权的希特勒怎能同急于上台而给工人、穷人许多许诺的希特勒相提并论?1936 年 11 月,德国已和日本、意大利签订了《罗马议定书》,在政治上

---

① 《拉贝日记》,江苏人民出版社 1997 年版,第 117 页。

结成了"轴心国",在军事上积极扩军备战,有了侵略扩张的长远规划。1940年,三国终于结成了划分世界势力范围的法西斯同盟。拉贝处于德国的中下层,是个普通公民,也是个普通党员,对德国纳粹政府侵略扩张的长远规划自然一无所知。希特勒也决不会和同属轴心国的日本唱对台戏,影响"协议"的生效,最终影响其称霸世界的目标。

时间是那么紧迫,日军高举着血红的太阳旗,饿狼扑食般日夜向南京城杀来。11月29日晚6时,在北京西路中英文化协会召开的例会上,市长马超俊当众宣布安全区国际委员会成立。

接着由主席拉贝讲话。面对众多记者的镁光灯,他讲了一通连他自己都感觉不妥的话,他说:"我们还不能公布安全区的边界,因为我们还没有得到日本当局的同意。我们已得到了美、英、德等所有大使馆道义上的支持;在美国大使馆的帮助下,我们已给在

南京市市长马超俊

上海的日本大使发去了两份电报;我个人不但给希特勒元首,也给德国总领事克里伯尔发了电报。我不能保证元首一定会答复,因为这种纯粹的外交问题也许要通过其他方式来解决。但我确信,元首会给予帮助,我仍没有放弃得到日本当局同意的希望,我请求大家再耐心等待一两天——"

有记者举手打断他说:"主席先生,请您注意,我们不能再失去时

间了。”

众记者纷纷发言:“应该向公众广泛宣传安全区的事情。”

“不能再等了!”

拉贝知道大家说的是对的,实际上安全区的所有边界已由史密斯向路透社等外国通讯社记者公布了,所谓的不公布也只是针对在南京的中国人而言。但他仍然坚持再等一等,这一点至关重要。

当天晚上 10 时,电台播送了一条新闻:“江阴要塞失守。”这意味着日军已突破了长江防线。

拉贝终于也沉不住气了,他拿起电话,拨到了史密斯家中,语调低沉地说:“我同意你和贝德士博士、米尔斯牧师起草的电报,向新闻界公布安全区的消息吧。”

“主席先生——”

不等史密斯询问原因,拉贝打断他的话:“江阴要塞失守了,这是结局的开始! 日军到我们门前恐怕只有几天时间了。”

12 月 1 日,德国大使馆秘书罗森从美国人那里得到消息,拉贝给希特勒的电报已发出去了,估计柏林已收到。拉贝因而重重舒了一口气,十分高兴地说:“谢天谢地! 现在我敢肯定,我们有救了。元首不会丢下我不管的!”[1]

然而现实让拉贝一次次失望了。

安全区划定后,国际委员会写信给上海的雅坎诺神父,雅坎诺神父和日本军方有来往,他们请他把地图转交日军,请日方同意设立安全区,不骚扰安全区。12 月 2 日,法国雅坎诺神父从上海转来了日本当局的否定答复。

---

① 《拉贝日记》,江苏人民出版社 1997 年版,第 123 页。

12月5日,国际委员会通过美国大使馆收到了东京关于否决成立安全区的正式答复。内容与雅坎诺神父转告的消息相同。

拉贝始终没有等到希特勒的答复,但他并未放弃对元首的幻想。只有血的教训才能让人觉醒!

日本当局的答复让拉贝等西方人又对日本抱有幻想。拉贝天真而固执地坚持,只要撤除安全区的军事设施,日军就不会侵犯安全区。他甚至认为,日军占领南京一个星期就能完成和平过渡,将南京城的职权交与日本,完成保护城内居民的任务。

三　南京的"执行市长"

12月1日上午9时半,安全区国际委员会在平仓巷3号开会讨论人员的分工。分工名单如下:

安全区管理委员会

一、理事会

1. 国际委员会主席:约翰·H.D.拉贝

2. 秘书:刘易斯·S.C.史密斯博士

3. 总干事:乔治·费奇

4. 副总干事:杭立武博士

5. 财务主管:克里斯蒂安·克勒格尔

6. 中方秘书处主任:汤忠谟

二、委员会

1. 总稽查:爱德华·史波林

2. 粮食委员会：韩湘琳　主任

休伯特·L.索恩　副主任

3. 住房委员会：王廷　主任

查尔斯·李格斯　副主任

4. 卫生委员会：沈玉书　主任

C.S.德利默大夫　副主任

5. 运输委员会：E.L.希尔施贝格　主任

R.R.哈茨　副主任①

乔治·费奇　　　　　　爱德华·史波林　　　　　查尔斯·李格斯

　　马超俊市长带了一班人来参加了会议，他要求委员会承担管辖安全区的全部责任，向委员会移交了安全区的实际管理权，他交给委员会3万袋大米、1万袋面粉和一些食盐的存条，并允诺拨交10万元法币现金和450名警察。②

　　拉贝对中方的态度且喜且忧。喜的是，他们提出设立安全区计划

---

①　《拉贝日记》，江苏人民出版社1997年版，第133页。

②　南京市档案馆馆藏战前秘书处档案。

的设想后,迅速得到了中国当局的同意,给予了很大帮助;忧的是军方配合不力,军事设施还没有撤出安全区范围。

回顾与南京市政府的交涉过程,马超俊市长一直配合积极。11月25日那天,拉贝从收音机里听到来自汉口的异常声音,已撤退到了汉口的中国政府中,有人对在南京建立中立区表示了担忧,认为中立区的建立没有征求中国政府的意见。

这让拉贝感到意外。实际上,发起人米尔斯、杭立武、史密斯和贝德士四人已起草了一份成立南京安全区的报告,早在11月21日就交与南京市政府洽商,中国方面曾表态同意。①

拉贝决定再次与南京市政府商量,第二天,也就是26日,他就将有14名委员签名的报告再次送交留守的市政府。他在报告中就如下问题与中国政府进行了商洽:

(一)安全区国际委员会的责任限于与中国政府、日本当局接洽和划定安全区域。请军政当局指定人员负责安全区内的安全、食物、饮料、房舍等事项,并指定委员会与市政府之间的联络人员。

(二)安全区的目的在于保障难民的安全。因而安全区内不得有任何军事设备或军事机关,除维持治安的警士得佩有手枪外,其余任何武装人士不得在此居住,军事性质的交通运输均不得经过。并要求军政当局给一书面保证。

(三)安全区的地点必须具备易于确认,第三方或日方认为此地与军事防务无关这样的条件;其次是便利安全,与平民

① 南京市档案馆藏战前秘书处档案。

住宅相近,便于维持治安;与医药、食品供给地相近;同时与中立国的人民财产所在地相近,便于照料。

　　(四)难民区的范围划定为:东由新街口从中山北路到山西路广场为界;北面由山西路广场至西康路;西面由西康路向南沿上海路到汉中路交界处;南面由汉中路到新街口为界。①

　　此区域符合他们考虑的几点:① 此为南京闹市区,居民集中,便于管理,无太多的军事设施;② 许多政府机构、学校、医院、高级公寓、私人洋楼都在安全区范围内,政府机构、学校及有钱人都已撤离南京,人去楼空,可作为难民收容所,鼓楼医院可用来抢救伤员;③ 美、德、日等使馆都在安全区内,便于国际交涉,同时也能照料中立国的财产。因国际委员会的外国人留居南京,同时负有保护本国财产的使命,拉贝还负有保护德国西门子公司财产的职责。

　　市长马超俊当即热情接待了拉贝,仔细阅读报告后,他邀请拉贝参加当晚在国际俱乐部举行的茶会。

　　茶会上,马市长仅请拉贝等外国人每天晚上6时到7时到北京西路69号中英文化协会与中国人保持联系。此外,没有商谈任何重要的工作,也没有答复关于安全区的问题。

　　拉贝对中国政府的态度没有底,因而心中很不踏实,他找到杭立武,杭立武回答说:"不必担心,最高统帅蒋介石已表态赞同了。"

　　马超俊没有马上答复拉贝,是因为他必须按规矩行文向蒋介石报告,同时,安全区范围内的军事设施也涉及卫戍司令长官唐生智。马超俊在得到蒋与唐的肯定答复后,对安全区国际委员会作了书面答复,极

---

① 南京市档案馆馆藏战前秘书处档案。

表赞同安全区的计划,答应采取如下积极措施配合:①

1. 在市政府抽调职员若干人,成立难民救济委员会,协助国际委员会筹备会工作。在南京安全区正式成立后,南京市政府救济委员会救济难民事务并入国际委员会统筹办理。

2. 函请首都警察厅派警察若干名协助工作。市政府在 11 月 28 日先行拨米 3 万石交难民救济委员会暂为保管。将向委员会提供 450 名警察、3 万担大米、1 万担、面粉和一些食盐,并允许拨交 10 万元法币现金。

3. 中国当局完全确认难民区范围。在划定区域内的公共场所、学校或空用房屋,国际委员会均可拨用,作为难民的住所。

4. 至于安全区中的军事机构和军事设施,卫戍司令长官唐生智将派员完成清除军事、空防设施的艰苦工作。并拨交军粮存条两张:一为米 5 万石,一为面粉 10 万包。

现在中立区正式成立了,市长也兑现了他的允诺。但是唐将军的许诺还没有兑现。下面该怎么办?日本当局迟迟不答复;不清楚元首会不会出面干预;委员会成员意见也不统一。委员会中有人提出,如果我们要求留下来的市民搬进中立区,之后中立区又遭到日本的断然拒绝,那么我们能负起这个责任吗?拉贝作为安全区主席,面临着这一系列的难题。

南京城北宁海路一带,是达官贵人的高级新住宅区。这里幽静冷清,不但没有公共汽车,连行人也很少。狭窄的马路纵横交错,马路旁边,是连绵的围墙,里面是一幢幢风格各异的小别墅。

宁海路 5 号是一座幽静而豪华的宫殿式建筑。青砖灰瓦,歇山仿

---

① 南京市档案馆馆藏战前秘书处档案。

古两层小楼，庭院内花木扶疏，楼前有宽敞的绿地，一条小路盘旋其间，由红、黑、白三色鹅卵石铺成鹰、狮、虎、鸟四种图案，微风轻拂，暗香浮动，令人赏心悦目。在国民政府权贵们风格迥异的几百幢小洋楼中，它显得卓尔不群。它的主人是国民政府前外交部长张群。

1937年12月1日，行人惊奇地发现，宁海路5号门口竖起了一根高高的旗杆，上面飘扬着一面德国纳粹党党旗，浅灰色的大铁门旁钉上了一块有外国人姓名的牌子，上面用英文写着"John.H.D.Rabe"。几名西方人在此进进出出忙碌着，这里成了南京国际安全委员会的总部。

当年的安全区总部

拉贝兴致勃勃地带着金陵大学教授史密斯、李格斯、基督教青年会的费奇、礼和洋行的克勒格尔等人参观他在宁海路的这座宫殿。楼下有宽敞的大厅、会客室，上午刚刚任命担任秘书的史密斯、住房委员会副主任李格斯、总干事费奇、财务主管克勒格尔都将搬到这里来办公。

拉贝在这座豪宅内仔细地察看了一番，特别是它有一个豪华结实的防空洞，真是太棒了！真正的钢筋混凝土结构，有通风管道，生活设施一应俱全,舒适宽敞又结实,造价高达 1.7 万元,是南京市最好的一个防空洞。他伸开双臂,大声说:"噢!约翰尼,你是大富翁了。"

史密斯幽默地对拉贝说:"从今以后,我将称呼您为约翰·拉贝·洛克菲勒先生。"洛克菲勒是美国的大富豪,家财万贯,是财富的象征。

拉贝能成为这座豪宅的主人,得力于德国驻华使馆秘书罗森的安排。罗森一直动员拉贝离开南京,他最放心不下的就是拉贝。陶德曼大使离去前也一再关照过罗森,要他照顾好拉贝。每个远离祖国的游子都是大使馆的"孩子",他们有责任保护好自己的公民。罗森见动员拉贝离开无望,就千方百计从张群那儿搞来了这座结实的堡垒。随后,罗森慷慨地把张群出借给德国大使馆的私宅转借给拉贝,希望这个坚固的防空洞能保证拉贝的安全。

晚上 7 时 30 分,拉贝召集委员会在首都饭店开会,讨论安全区的工作是否继续进行。表决的结果是,大多数委员赞成继续工作下去,只是开放中立区公告的行文必须小心谨慎,暂时把中立区称作"难民区",而不是"安全区"。万一以后有人指责委员会的话,多少有些退路。

拉贝和委员会一些成员的担心不是没有道理,情况太复杂了,万一日军向集中了大批居民的安全区轰炸或是炮击,那将是可怕的大屠杀!谁也承担不起这个责任。不幸的是,他们预计的形式不同,结果却让他们言中了。

晚 8 时,拉贝和马市长等中国人共进晚餐,这是一次"告别宴会"。几天后,市长就离开了南京。

拉贝成了"执行市长"。

史密斯前来报告说:"主席先生,警察抓到了一个小偷,来向我们请示该如何处置?"

在场的西方人都"轰"一声笑了,谁都没有想到,连高等法院也要由委员会来代理了。史密斯笑着说:"市长快宣判吧。"

拉贝没笑,他严肃地一拍桌子:"现在,本庭宣判小偷死刑,缓期执行,24 小时拘役。"

大家笑得更凶了:"拘留? 拘留所在哪?"

"防空洞,那可是全市最好的防空洞啊!"

"这下好了,要想安全,就去偷东西。"

拉贝也大笑,只好说:"念其初犯,从宽释放,以示警戒。"

拉贝颇为感慨地说:"一个人将来会变成什么样,有时是意想不到的!"

两年前,在北戴河的一次茶会上,当拉贝走进会场时,陶德曼大使大声招呼道:"看,'南京市长'来了!"拉贝当时是南京地区纳粹党小组副组长,他听了这话还有点不高兴。没想到,现在玩笑差不多名副其实了,委员会不得不开始在难民区处理应由市政府处理的市政管理工作和问题。

原来委员会的打算是,让交战双方同意建立安全区的想法,然后让中国当局去实际执行这个计划,因为委员会的十几名西方人显然是难以胜任如此艰巨的工作的。但是,可以做这方面工作的中国人缺乏留在首都的勇气,他们宁愿不顾所谓名节,而愿意选择逃跑,保全性命。委员会不得不自己管理安全区,承担可能发生的一切。

一方面,拉贝感到十分荣耀,他是第一次出任如此高的职务。他在日记中流露了这种心态:"这样,我真有点像一名'执行市长'了。拉贝呀拉贝,你得意忘形了!"另一方面,他又深感这副担子的沉重。他明白,实际上,自己是接手了一个中国政府官员抛来的"烫山芋",一个人人唯恐避之不及的、一触即发的捕鼠器。他知道,他在人人想尽办法要离开的情况下留下来,"人们可能觉得我们愚蠢得要命,因为我们开展大规模的救助活动却什么也不图"。不仅如此，还有可能要承担严重的后果。

四 "面子"与"生命"的困惑

唐生智素来喜欢在家中办公，他执掌的军委会执行部设在自己百子亭的公馆内。走马上任后，他将军委会执行部改组为南京卫戍司令长官部。

唐公馆靠近风景秀丽的玄武湖，环境幽静，交通方便。对门百子亭23号是国民政府教育部长王世杰的公馆，25号是国民党第52军军长关麟征的官邸。司令部的一些参谋人员也住到了唐公馆和对门的王公馆中。昔日幽静豪华的公馆现在充满了战争气氛，院子里挖掘了许多防空洞，四五门大炮警惕地直指天空，守卫在洞口。

唐生智11月20日上任视事。他召来新到的参谋人员，语调低沉地说："防守南京的任务由我承担起来了。我是统帅，守土有责，决心与南京共存亡。南京失守，我亦不生。你们是幕僚，与我所处地位不同，我不要求你们同我一道牺牲，万一城破，你们到时还可以突围出去。我只要求你们在我活着的时候，坚持工作到底。"[①]

部下们听了这番肺腑之言，个个鼻子发酸，深为感动。许多人回答说："愿与长官一道为国牺牲！"

11月24日，唐生智接到了国民政府军委会的正式任命。久无兵

---

① 程奎朗：《南京复廓阵地的构筑及守城战斗》，载《南京保卫战》，中国文史出版社1987年版，第41页。

权的唐生智信心倍增,张贴布告,宣布戒严,积极开展南京保卫战的战备工作。他要参谋人员制订了《南京防守计划》,他把手中的部队分外围阵地和复廓阵地两个层次配备。

外围阵地由乌龙山、栖霞山、句容、淳化、牛首山一线,构成半环形外围防御阵地。

以雨花台、紫金山、银孔山、杨坊山、红土山、幕府山、乌龙山一线作为预备阵地,也称复廓阵地。

26日,蒋介石一身戎装,携顾祝同、唐生智等高级将领视察复廓阵地。站在紫金山天堡城,俯瞰着起伏的山峦,蒋介石感叹:"首都襟带江山,可以说是天然的要塞。要是守卫有力,一定可以支撑一两个月。"①

站在唐生智背后的谭道平心中暗叹:"两个月?能守两个星期就不错了。"嘴上却不敢直言。

谭道平是唐生智的湖南老乡,也是他的老部下,出任南京卫戍司令部参谋处作战科长,对许多情况心知肚明。

就拿组建卫戍司令部来说,就困难重重。唐生智推荐刘兴和周斓出任副司令长官和参谋长,他俩也是唐生智的部下兼老乡。唐生智很想多找些老部下与他共患难,可明眼人谁不知道,困守孤城无异于以卵击石,纷纷各奔前程逃命去了。

其次,守城的部队号称十几个师,实际上只是一支临时拼凑的杂牌军,大部分是淞沪战场上退下来的疲惫之军,伤亡过半,而补充的新兵,连枪都不会放。

再有,南京附近的外围工事,是早就构筑好的钢筋混凝土永久工

---

① 谭道平回忆录:《南京卫戍战》,载《南京保卫战》,中国文史出版社1987年版,第15页。

事。谁知现在临战才发现,根本不符合作战要求。只好另选位置再筑。负责此事的南京警备司令部人手太少,无法派人一一到现场侦察,只好凭着五万分之一的地图标定位置。[1] 事关城市存亡的防御工事,成了名副其实的纸上谈兵。

还有——谭道平叹口气,心中列数着险象环生的危机:残缺的部队,拙劣的装备,纸上谈兵的阵地编制和火力配置,仓促修筑的工事,司令部情况不明。还没打,已经先乱了。

蒋介石和唐生智也明白这些,只是箭在弦上,不得不发。

蒋介石知道,英美没指望了,他们在布鲁塞尔会议上为了自己的私利,不愿站出来主持公道。如今,就看德国大使陶德曼的中日调停了。德国希望中国参加反共反苏阵线,当然不愿中日间的战争演变为长期性的。日本对中国的政策也不希望进行长期战争,而采取逐步吞并的策略。因而,和平谈判的可能性很大。[2]现在,关键是要设法造成一个态势,以战求和,迫使日本停战,南京就有救了。

27日傍晚,唐生智以卫戍司令长官的身份,召开了中外记者招待会,进行舆论造势。中英文化协会礼堂内,灯火通明,唐生智面对中外记者的镁光灯,侃侃而谈:"本人奉命保卫南京,有两件事是有把握的:一,本人及所属部队,誓当寸土必争,不惜牺牲,愿与南京共存亡;二,这种牺牲必将使敌人付出莫大之代价。"[3]

担任翻译的杭立武不敢翻了。他提醒唐生智说:"唐先生,你这话

---

① 程奎朗回忆录:《南京复廓阵地的构筑及守城战斗》,载《南京保卫战》.中国文史出版社1987年版,第37页。

② 宋希濂回忆录:《南京守城战》,载《南京保卫战》,中国文史出版社1987年版,第233页。

③ 唐生智:《从1931至1949年概括回忆几件事》,载《文史资料选辑》,第15辑第43页。

是要负责任的!"

唐生智扭头责问他:"你不相信我?"

既如此,杭立武就理直气壮地翻译了。① 中外记者纷纷鼓掌,场面热烈,而唐生智却大汗淋漓地在镁光灯下不停地用热毛巾擦拭,与凛冽的气温形成鲜明的反差。

罗森把拉贝等留在南京的德国人都请了去吃饭。

罗森尽心竭力照顾留在南京的德国侨民,他已为大家联系好了最后的退路,英国怡和洋行准备了一艘三桅帆船,准备在南京沦陷前逆流而上。很多人估计日军会在下关江面向南京炮击,为此罗森忧虑重重,十分担心大家能否及时乘三桅帆船逃离南京。

听着他们的议论,拉贝心中有一种说不出的滋味。他知道,他们的打算无可非议,也合乎情理,人人有保护自己、选择生存的权利,但如果始终想着逃跑,或是听别人谈论逃跑,使人颇感沮丧。罗森一开始就不愿意留下,现在他能如此尽心尽职,令人感动,也算忠于职守了。拉贝认为,自己无论如何必须在这里坚持到底。相比之下,他周围的中国人,包括他的雇员、佣人,现在都十分镇静、沉着。自己好比是只母鸡,带领着一群小鸡,因为有母鸡翅膀的庇护,这些小鸡们不管面对的是多么凶狠的敌人,也显得从容不迫。尽管这双翅膀的力量是那么有限,但最关键的是,他们的庇护者没有逃跑,没有丢下他们不管。他们认为,只要主人在,其他一切问题都会逐步解决。

罗森甚至在他离开前,为拉贝搞来了一张英国领事的证明,凭它可以在最后关头登上怡和洋行的三桅帆船。

---

① 杭立武:《筹建南京沦陷后难民区的经过》,载《南京保卫战》,中国文史出版社1987年版,第303页。

外国人一心想离开，似乎无可非议，他们并没有义务一定要留下来。但政府有保护人民的义务，中国的一些官员们置职责和义务于不顾，视几十万最贫穷、最需要帮助的老百姓如蚁似蜂，一心只想着自己的安全、自己的财产，这让拉贝十分反感。

中国的最高层，甚至最高统帅蒋介石，在谈话中也毫无顾忌地透露出这一点。拉贝从罗森那里得知，罗森和英国领事普里多-布龙、美国大使馆秘书艾奇逊一起，在11月27日下午去了蒋介石那里，了解城市防卫方面的真实情况。当时在场的还有卫戍司令长官唐生智。各国大使馆最关心的问题之一是："未来的防御战是只限制在城外打，还是在城内也继续打？"外国人要凭此判断决定自己的去留。

蒋介石沉吟半晌，回答说："哦！这个嘛，我们对两种情况都有准备。"

根据以往战事的经验，他们又提出另一个问题："如果出现了最坏的情况，谁来维持秩序？也就是说，谁将作为最后一位行政长官留在城里，动用警察的力量来制止不法民众引发的骚乱？"

唐生智赶紧接过话题："在这种情况下，日本有责任维持秩序。"

罗森等向蒋介石提出建议："即使南京被占领，也应当保留包括警察在内的南京文职市政管理机构，这对保持城市的稳定是有益的。"①

当时的情景，除拉贝在日记中作了转述外，罗森本人也向德国政府作了报告，该报告在原德意志民主共和国解体后得以公布，1992年被译成中文。报告内容如下：

原来委员会是要让交战双方同意建立安全区的想法，然

---

① 《拉贝日记》，江苏人民出版社1997年版，第113页。

后让中国当局去实际执行这个计划。由于可以做这方面工作的中国人缺乏勇气，他们宁愿逃往汉口而不留在首都，所以委员会最后不得不自己管理安全区……在这段时间里，我同一位英国同事和一位美国同事一起，对蒋介石做了工作，让他明白，就是在被占领的情况下，保留包括警察局在内的文职市政管理机构也是有益的。[①]

听完罗森的介绍，拉贝明白了。他接过话头："换句话说，南京将没有行政长官留下来，没有人为成千上万市民的公众利益牺牲自己！"他气愤而无奈地叹息道，"多么'美好'的前景！！"

他仿佛已看到了即将出现的一幕：日军的军舰呈一字形封锁了下关江面，远程大炮有恃无恐地向城内猛轰；整个城市火光冲天；一些不法歹徒和撤退的士兵正乘乱四处流窜，抢劫、杀人、强奸，古城在可怕的骚乱中挣扎。

上帝啊！他不寒而栗，他不愿再继续想象这座城市将面临的景象，他喃喃自语："安全区！安全区！现在只有安全区能帮助这些可怜的人。但愿希特勒愿意帮忙！"

得知蒋介石国民政府的真实态度后，拉贝心中无法释怀，他抱着一丝希望，向警察厅长王固磐打听："您作为警察厅长，是否准备留在南京维持秩序？"

他的回答不出拉贝所料："能留多久就留多久。"

这么说，这名理应对城市秩序负责的人也作好了开溜的准备！

---

① 据 1937 年 12 月 24 日《德国驻华大使馆留守南京办事处政务秘书罗森给德国外交部的报告》，转引自《德国档案中有关侵华日军南京大屠杀的档案资料》，载《抗日战争研究》，1992 年第 2 期。

蒋介石在美、英、德几国大使馆人员提出这一问题后,曾有意让王固磐留守难民区负责此项工作,因为他与拉贝等德侨关系密切,且德语说得很好,本身又是警察厅长,留下来配合国际委员会的工作再合适不过。但王固磐竟拒绝接受,声称他不是军人,不能胜任这一工作。王因此而被解除职务。①

既如此,那卫戍司令长官唐生智又何必信誓旦旦呢?就在罗森等大使馆人员面见蒋介石的当天晚上,唐生智在中英文化协会向中外记者慷慨激昂地宣布:"本人和所属部队誓与南京共存亡!"

西方人士也十分清楚这种局势。拉贝对此作了一个形象的比喻:位于长江夹角地区的南京,正坐在捕鼠器上。而唐生智坚守南京的豪言,无疑使得他们想在捕鼠器上寻找一个缓冲点的计划更为艰难。日本当局为此疑心重重,随后就作出了反应。东京一家新闻机构声称,日本当局还在考虑是否要接受西方人在南京建立安全区的建议。拉贝为此忧心忡忡,他在日记中写道:

> 类似唐先生这样的讲话必定对我们有害而无利。然而也不能因为唐先生的观点而指责他,他本是一位将军,以这种身份讲起话来,自然有点火药味。但就目前的情况来看,这种做法的确不妥。更何况根本不可能对这座城市进行有效的防御。②

如此情况下,拉贝只有义无反顾地走下去,当好他的"执行市长"。

---

① 见罗森给德国外交部的报告,载章开沅《南京大屠杀的历史见证》,湖北人民出版社1995年版,第27页。

② 《拉贝日记》,江苏人民出版社1997年版,第116页。

12月1日,市长把安全区行政职权交给国际委员会,委员会决定不管日本当局是否承认,安全区都开始启动。只是他们把安全区翻译成中文时,谨慎地用了"难民区"。

粮食、住房、卫生、运输等主任都走马上任,紧张地开展工作。难民区的标记决定采用和上海南市相同的白底红圈红十字。

难民区虽未正式宣布开放,已有难民陆续搬进来。

随后,国际委员会收到了上海日本当局和东京的答复:日本政府已获悉你们提出建立安全区的申请,却不得不遗憾地对此予以否决。若中国军队对平民及(或)其财产处理失当,日本政府方面对此不能承担任何责任。但是,只要与日方必要的军事措施不相冲突,日本政府将努力尊重此区域。①

之后,雅坎诺神父又来信,告知上海的日军司令长官"知道了这件事",也接受了地图。后来,在进入南京城的日本兵身上就发现有画着难民区的地图。拉贝等从日本否决安全区的措辞中找到了一条希望的尾巴,日本当局称:"但是,只要与日方必要的军事措施不相冲突,日本政府将努力尊重此区域。"②东京的正式答复称:"可以把下列情况看成是一种表态,日本军队无意对未被中国军队使用的地点或不存在军事设施或没有部署中国军队的区域发动进攻。"③上海的日军司令长官也对雅坎诺神父口头表示:"倘难民区不驻扎军队或军事机关,则日军不故意加以袭击。"④

伦敦把这个答复视为断然拒绝,南京的西方人则比较乐观,拉贝和

① 《拉贝日记》,江苏人民出版社1997年版,第124页。
② 《拉贝日记》,江苏人民出版社1997年版,第124页。
③ 《拉贝日记》,江苏人民出版社1997年版,第135页。
④ 据南京市档案馆馆藏档案。

其他委员讨论后认为,从外交角度来看,这个答复措辞巧妙,留了一条后路,总体上看还是有利的。拉贝坚信,只要安全区中没有军事设施,日军将没有理由袭击安全区。看来,这群基督徒只是用常识来作出了如此善良的判断,他们把政治和许诺混为了一谈。

而且,要做到这一点也太难了。唐生智将军早就向拉贝保证过,从安全区中撤出全部军事人员和军事指挥所。可拉贝得到报告,安全区中还在修筑新的工事。1月3日,拉贝实地巡视一圈,证实安全区中有3处地方新挖了战壕和高射炮阵地。

拉贝怒气冲冲地威胁唐将军的特使龙应钦上校说:"唐将军的许诺在哪里?你听着,如果不立即停止修筑工事,清理军人出安全区,我就辞职不干,解散国际委员会。"

龙应钦上校向拉贝保证说:"主席先生,请放心,我们马上颁布命令。"

军人们马上以南京战区卫戍司令长官唐生智的名义立下了书面保证,答应满足拉贝的所有要求。只是提出,必须考虑实际执行有一定困难。

拉贝手携盖有卫戍司令部大印的命令满意而去。

第二天,拉贝吃惊地发现,军人并没有如唐将军许诺的那样撤出,反而看到一群士兵正在安全区内开挖新的战壕,另一群士兵在架设军用电话设施。

拉贝来到卫戍司令部,提出严厉抗议说:"如果再这样下去,委员会只能听其自然了。"

军人们向拉贝不断保证:"拉贝先生,三天,请给我们三天时间,我们保证在三天之内撤出全部军人。"

这时外面谣传纷纷,说日军再过两天就会兵临城下。拉贝甚至觉得已听到了隐隐的炮火声。

拉贝感到,必须面见唐将军,当面说清楚。

12月5日,拉贝和贝德士、史波林一起到卫戍司令部拜访了唐生智。司令部设于百子亭唐生智公馆内,这几名西方人受到了热情友好的接见,几杯热茶随即端了上来。拉贝无心品茗,直奔主题:"我们希望得到唐将军的保证,立即将所有军事人员和军事指挥所撤出安全区。"

唐生智手捧香茗,安详地抽着三炮台香烟回答说:"主席先生,我已下达命令,根据您的愿望执行。但事情有轻重缓急,有些事情必须予以考虑。因此,立即撤出所有军事设施和人员是不可能的。"

"那要多长时间呢?"

"至少要过两周,军队才能撤离安全区。"

"两周?到那时恐怕南京早已陷落!"听闻此言,几名西方人惊讶地面面相觑,不啻当头挨了一棒。

史波林有些生气地说:"不知唐将军必须要考虑的是什么事情?"

唐生智一支接一支地抽烟,说:"委员会的愿望具体实施面临很大的困难。现在城市的防卫如此紧张,我们无法抽出许多人力从事撤除军事设施的工作。"

贝德士婉转地反驳他说:"唐先生,可是安全区内还有士兵在修筑新的工事。"

"士兵们无法确认安全区的范围。如果安全区有清楚明晰的标记,中国军方将考虑不在区内设置新的军事设施。"

拉贝回答得十分爽快:"我们可以在两天时间内将安全区用旗子围起来,以便居民和军人能熟悉安全区边界。希望唐将军能下令军队不再设立和使用军事堡垒,当然还包括高射炮。同时,还应从区内撤出其他全部武器和武装部队。这些并不需要太多的人力,至于其他军事服务性设施,希望能在必要的情况下撤出安全区。"

唐生智回答说:"这些我都可以保证。"

贝德士随即掏出纸笔,沙沙记录在案,要求唐生智过目:

> 1. 如果安全区有清楚明晰的标记,中国军方将考虑不在区内设置新的军事设施。
>
> 2. 此外在区内不应再继续设立或使用军事堡垒设施,包括高射炮(抵御飞机用的火炮),从区内撤出其他全部武器和武装部队。
>
> 3. 其他不包含武装部队或常备军的服务性设施,在必要情况下撤出安全区。①

唐生智阅后表示认可。

几名西方人回到总部,拉贝马上召集全体委员开会,经过长时间的讨论,他们决定向新闻界披露事实真相。日本飞机很容易就能确认安全区内有军队,那么,日本提出的区内不得部署中国军队的条件就没有得到满足,就有可能进攻安全区。这种由中国军事当局造成的严重后果,有可能让委员会背黑锅,必须让新闻界了解到全部事实,否则他们会自己毁了自己。

怎样披露?要讲究外交艺术,最后他们斟字酌句拟定了新闻稿,披露了唐将军的两次保证,声明只有在所有商定的条件得到满足之后,向交战双方发出正式声明后,委员会才对外宣布安全区正式启用。

---

① 1937 年 12 月 5 日中国新闻发布会。见《拉贝日记》,江苏人民出版社 1997 年版,第 136 页。

拉贝在与中国高层,特别是与军方的交往中,深深感到了中国穷人的可怜与悲哀,没有人为他们着想,他们的生命根本没有被考虑。他们必须作出牺牲。

在国际委员会的会议上,米尔斯牧师提出建议:"我们应以国际委员会的名义,提请中国最高领导人注意,从军事角度看,固守南京是荒唐的,是否请最高统帅蒋介石和唐将军考虑,和平让出这座城市。"

有些外国人认为,中国的所有抵抗只是做做样子,他们只想打一场给别人看的战役,为的是不丢面子。

拉贝对此看法不同。中国的抵抗并非在做样子,而为了不丢面子倒也是真的。要求一个将军拱手交出首都,面子上确实难以做到。拉贝在中国生活了 30 年,十分清楚中国人是很讲究面子的。

在日常生活中,个人间的争端常常由第三者出面调停,妥协是公认的原则,因为必须顾全双方的面子,这就减少了许多暴力冲突。人们因为爱面子,就必须约束、检点自己的行为,因而中国人含蓄、温雅、有礼。英国大哲学家罗素说:"虽然外国人讥笑中国人的顾全面子,那却是一种最有价值的东西,它使政治生活和社会生活更富有人情味,而我们的政治生活却是更残忍的。"[①]

拉贝曾以欣赏、理解的眼光看待这一点,他在与中国人的交往中,自己也变得十分爱面子起来。但是现在,他却感到了面子的可怕与残忍。他担心,守城的唐将军可能会毫不留情地献出他手下的士兵和平民百姓的生命,来给所谓的"面子"围上染血的花环。在中国,几个人,甚至几十万人的性命又算得了什么! 中国每年都大约有 100 万人死于

---

① [法]罗素:《中国问题》,转引自许苏民:《比较文化研究史》,云南人民出版社1992 年版,第 334 页。

饥荒或洪水。①

　　拉贝并非凭主观臆测,这是中国一些上层人士的普遍看法。

　　守城的部队把城郊的所有房屋都放火烧了,为的是不让日军攻城有掩体,流离失所的难民只好到安全区来。中山门附近马路两旁许多美丽的白杨树全被砍倒,堆在马路上用来做路障。这些对于保卫城市是毫无用处的,路障对坦克来说如同儿戏,却给平民百姓的生活带来了巨大的灾难,而中国的当政者却从未考虑过这一点。

　　那天,拉贝拜访了住在小粉桥旁边"军官道德修养协会"的军官黄上校。拉贝同他打过几次交道,想向他打听一下安全区的军事设施何时能撤除。

　　他颇有军人的豪爽,开门见山地说:"拉贝先生,我坚决反对设立安全区。"

　　"这是为什么?"拉贝闻言惊讶地盯着他。

　　"建立一个这样的区,会瓦解南京部队的士气!"

　　"哦? 会影响士气?"

　　黄上校侃侃而谈,向拉贝仔细解释:"我们是因为自己的过错才输掉了这场战争,我们应当能守卫得更好一些。我们应当用自己的热血来保卫祖国,不让日本占领一寸土地,但是我们退却了。"他的嗓门开始提高,语调激昂起来,"南京应当守卫到直至最后一个人,如果你们不建立安全区,那些现在搬进区内的人们本来是可以帮助我们士兵的。我们人手奇缺,他们可以帮助士兵筑工事、跑运输、救护伤员。"

　　真是奇谈怪论。这个人竟然是蒋介石最高统帅部的高级官员,他的宏论是否有着广阔的市场? 拉贝心中愤愤然,也开始激动起来。他

---

　　① 《拉贝日记》,江苏人民出版社1997年版,第151页。

毫不客气地反驳说："尊敬的黄先生，留下的人之所以留下，是因为他们没有钱带着自己的家人和一点点财产逃走，他们是穷人中最穷的人，难道应由他们以生命来弥补军方所犯的错误吗?! 尊敬的黄先生，你为什么不命令那些富有的市民，那些逃走的有钱的80万市民留下来? 为什么总是要那些社会最底层的人来献出他们的生命呢?"

黄上校仍然振振有词，坚持自己的观点："保家卫国，人人有责，有国才有家。设立安全区是种心理暗示，意味着城市是守不住的!"

"那么请问，安全区该在何时能真正启动呢? 南京的军事人员和军事指挥所何时能离开安全区呢?"

"那要到最后一刻，一分钟也不能提前。"

"这最后一刻究竟是什么概念?"

"日军攻进城来，将在南京城内街道发生巷战时，才能撤出来，否则会影响士气。士兵们会受到暗示，这仗是迟早要打败的。况且，上海南市也是如此——"

拉贝打断黄上校说："你说得很对，南市的确是在最后一刻才撤走军队的。雅坎诺神父面临如此大的困难，仍然设法设立了安全区，并且取得了巨大的成功。但是，黄先生，你忘了一点，那是上海，而我们是在南京!"

"上海能做到的，为什么南京就做不到呢?"黄上校也咄咄反问。

"南市与外国租界毗邻，随时可以从租界得到食物，得到所有的必需品。要想准备得充分，就必须在日军来之前，在安全区内备好米面、盐、燃料、药品、炊具和其他一切我说不上来的东西，到了最后关头我们就什么也筹集不到了，因为那时我们就与外界断了联系。我们要考虑有医生、护理人员、警察，要安排粪便的清运，要考虑安葬，必要的话还要考虑后备警察，因为警察极有可能会和退下来的士兵一起撤退，如果这个时候出现了暴徒闹事，那问题就严重了。难道这些准备工作要到最后一刻才能做吗?"拉贝激动地连珠炮似的向上校责问。

说到这里,焦虑似潮水涌上拉贝的心怀,他喃喃叹息:"这些情况我甚至想都不敢想!"

"拉贝先生,公民的利益必须服从国家的利益。"上校的语调是冰冷的。

拉贝还是竭力想说服上校,他说:"为什么不放弃无谓的牺牲呢?法尔肯豪森将军和所有的德国顾问都指出,守卫城市是毫无希望的,既然不会有结果,为什么要牺牲生命?"

"难道要我们拱手交出中国的首都!"

"当然设立一道外围防线是必要的,也不能要求一个要面子的将军拱手交出城市,但是展开城墙战斗,展开巷战,这是地地道道的胡闹,是残忍的大屠杀!"

"荣誉要求我们战斗到流尽最后一滴血!"

拉贝气呼呼地说:"战斗到流尽最后一滴血?啊!那我们就等着瞧吧!"南京发电厂厂长白先生和总工程师陆先生也说过,为了保证电厂的运转,要在南京坚持到最后一刻。现在电厂仍然在运转,但是谁在负责拉贝还不知道,反正白先生和陆先生早已走了。

一个半小时的交谈,拉贝根本无法说动黄上校。两人不欢而散。①

拉贝无言以对。是的,黄上校是中国人,对他来讲,几十万同胞算得了什么?他们贫穷,没有任何用处,只有去死!

那一刻,拉贝觉得很累。他回到自己的家,只想坐下来好好歇一下。他闭上眼,想认真思索一下,国家的荣誉、前途固然重要,可是人的价值、人的生命呢?就要无条件服从当权者,做哪怕是无谓的牺牲?穷

---

① 拉贝与黄上校的争论见《拉贝日记》,江苏人民出版社1997年版,第139—140页。

人的生命难道就贱如草芥吗?

现在,他的责任已不只是围在身边的职员、佣人、邻居、朋友,而是扩展到了整个城市。

他不能放弃任何一线希望,他要与一些见义勇为的中外人士一起,把数十万难民的安全责任担在自己肩上。

五　背信与绝望的时刻

盼星星,盼月亮,终于盼来了"救星"陶德曼。12 月 2 日,蒋介石迫不及待地在中山陵四方城接见了手捧橄榄枝的陶德曼。只是,这是一束带有铁刺的橄榄枝。

日本提出:1. 承认伪满、内蒙独立;2. 扩大《何梅协定》,规定华北为不驻兵区域;3. 扩大《淞沪协定》,设非武装区,上海由国际共管;4. 中、日经济合作,减低日货进口关税;5. 中、日共同防共;6. 根绝反日运动。①

蒋介石也不敢贸然应允,他已征询过幕僚的意见,都认为除了第一条苛刻些外,其余五条都能接受。在这种形势下,也顾不上铁刺棘手了,他必须当机立断。再说,谈判谈判,还可以再谈嘛。他当即向陶德曼表示,可以将以上条件作谈判基础,并提出了反馈的五点意见。他握着陶德曼的手说:"日本说话不算数,德国是我们的好朋友,我相信德

---

① 宋希濂:《南京守城战》,载《南京保卫战》,中国文史出版社 1987 年版,第 233 页。

国,希望您始终担任调停人到底。"①

蒋介石的预言言中了一半。

12月4日,德国外交部将中日调停备忘录送交日本外务省,却如泥牛入海,再无音讯。随后,帝国大本营发表了《解决支那事变的建议草案》,条件更强硬、更苛刻了,目的是要用武力让中国屈服。松井石根恶狠狠地叫道:"一定要叫中国丢尽脸!"

12月6日,外交部报告蒋介石,德、意、日三国在罗马签订了共同防守条约。蒋介石仰天喟然长叹:"天不助我也!"和谈成了美丽的氢气球,渐去渐远。

当天傍晚,蒋介石来到唐公馆。他一身戎装,臂上挽着雍容华贵的宋美龄,侍从室主任钱大钧随侍一侧。少将以上守城将领静心敛气,听蒋介石训话。最鼓舞人心的是,蒋介石说:"我在外面,自会调动部队前来策应首都。云南等几方面的部队已经在向南京开进了。"②

唐生智接着发言,他悲壮地再次表态,与大家共负守城责任,誓与南京共存亡。

会后,唐生智送蒋介石夫妇上汽车,蒋介石紧紧握着唐生智的手说:"孟潇兄,你身体还没有康复,却肩负保卫南京的重任,这叫患难见交情吧!你一定要保重身体。"

唐生智冷静地说:"我还是重复以前对你说过的话,我可以做到'临危不乱,临难不苟',没有你的命令,我决不撤退!"③

---

① 宋希濂:《南京守城战》,载《南京保卫战》,中国文史出版社 1987 年版,第 233 页。

② 宋希濂:《南京守城战》,载《南京保卫战》,中国文史出版社 1987 年版,第 234 页。

③ 谭道平:《南京卫戍战》,载《南京保卫战》,中国文史出版社 1987 年版,第 20 页。

"孟潇兄,那就辛苦你了。"蒋介石说完,汽车绝尘而去。

次日一大早,数十辆高级小轿车从黄埔路官邸开出,碾着一地的梧桐树叶,向中山陵驶去,向总理孙中山辞别。沿途没有行人,只有荷枪实弹的士兵匆匆通过。车出中山门,没有直趋中山陵,而是绕道陵园新村、灵谷寺。汽车放慢速度,缓缓行进在中山门外绵延的山坡上,放眼望去,漫山遍野的铁丝网、鹿砦和防御工事纵横交错,高级军政要员的豪华别墅星罗棋布,点缀其间,显得那么地不协调。此时,别墅都已人去楼空,只有枯叶随风飞舞。蒋介石神情怅惘,满面郁悒,久久没有说话。

清晨 5 时 45 分,蒋介石乘坐的"美龄号"专机腾空而起,在古城上空盘旋几圈后,向庐山飞去。

与此同时,蒋介石卫士队队长俞洁民率领两班穿军装卫士,来到下关码头,登上停泊的小兵舰。他受命稳定军心,让守城的官兵看到委员长的卫士还在看守着兵舰,委员长还没有离开南京。[①] 有委员长坐阵,官兵们士气旺盛,斗志昂扬,每个人都决心为保卫首都,要与日寇拼到只剩最后一个人。

一大早,大批飞机从低空掠过小粉桥的房顶。轰鸣声惊动了拉贝,他冲到院子里,天空灰蒙蒙的,他的"蔡司牌"望远镜无法分清飞机是敌是友。事后,他才知道了事情的真相。

他边叹息边在日记本上写道:"12 月 7 日,昨天夜里可以听到热闹的来往汽车声。清晨 5 时许,大批飞机从低空掠过我们的房顶,这是最高统帅蒋介石的告别仪式。我昨天拜访的黄上校也走了,这是奉了最

---

① 俞洁民:《警卫蒋介石飞离南京》,载《南京保卫战》,中国文史出版社 1987 年版,第 51 页。

高统帅的命令！留下来的全部是穷苦的人民和我们几个决心要和最穷苦的人们在我们所谓的'安全区'共患难的欧美人。"

最高统帅蒋介石、马超俊市长、杭立武、黄上校，不管是反对还是支持建安全区的，一个个都走了。拉贝在日记里，只是客观而冷静地提了这么一句，没有再多做评论。他的素养决定了他不会随便对人妄加评判，可是，这里分明感受到了其言语间的无奈和悲哀。

安全区的困难太大了，粮食只运进了四分之一。本来运输工具就不够，军方还不断征用他们的卡车，这天，又有两辆卡车被军方拖走了，一辆车上还装了他们急需的两吨盐，他们正派人四处寻找这辆车。军方许诺的 10 万元钱，分两次才拿到了 4 万元。拉贝自我解嘲说："该对这个数字满意了，许诺和守信根本就是两回事！"

因为没有指责别人的习惯，所以拉贝又不安地作了补充："对这种分期交付赠款的方式，最高统帅似乎一点也不知道，不能因此而去责备他。"

拉贝需要鼓励自己。他对自己说，困难很大，可是委员会这个集体是沉着的、充满勇气的！首先大家要健康地活下去，他不断给自己打气："也许情况没有想象的那么糟。"他在心中不断地祈祷：上帝保佑！上帝保佑！上帝保佑！

日历翻到了 1937 年 12 月 9 日。

最险恶的时刻来到了，南京的外围阵地尽失，部队退守到了复廓阵地，日军兵临城下，发动了对南京城的猛攻。飞机在俯冲，炮火在轰鸣，机枪扫射声炒豆子般响个不停，南京保卫战拉开了悲壮的最后帷幕。

凌晨,飞机一拨一拨地飞来,炸弹不断在唐公馆周围爆炸。唐生智照常安详地在庭前散步,思考问题,侍从背着大热水瓶,捧着小茶壶和三炮台香烟跟在后面。他不时品上几口香茗,用热毛巾擦一擦老出汗的额头,香烟一支接一支地抽。

爆炸声持续不断,唐公馆的院子里一片狼藉,玻璃窗被气浪震得粉碎,桌上的物品、文件在乱飞。谭道平觉得有点不对劲,轰炸机飞走了,侦察机又来了,老鹰般在唐公馆上空盘旋了一圈又一圈。昨天,一颗炸弹不偏不倚落在公馆内,把一间办公室一角炸飞了,幸亏没有人员伤亡。当时,大家认为是日本飞机盲点投弹,谁也没在意。现在看来,敌军已发现了唐生智在此办公。

谭道平立即向唐生智报告:"长官,敌人已发现了我们。"

唐生智若无其事地回答说:"我不能因为日本的几颗炸弹搬出这房子。"他抬眼望望四周凌乱的一切,又补充说:"如嫌办公室狭窄,你们可以迁移到铁道部地下室去办公。我不能离开这里。罗、刘(罗卓英、刘兴)两位副长官和我留在这里。"

天亮后,参谋们便迁入铁道部地下室,唐生智一直在他的公馆内,直到撤离南京。

表面上,唐生智镇定自若。实际上,他的内心焦灼若焚。

南京的外围阵地被敌人突破了,复廓战事开始了,现在只剩下了乌龙山炮台、紫金山和雨花台三处高地,这意味着短兵相接的肉搏战来临了! 唐生智下令:"在城内修筑工事,准备巷战!"

新街口、大行宫、鼓楼、山西路的十字路口,尘土飞扬,一包包沙袋高高堆起,拉上铁丝网,架上机枪、高射机关枪。所有的城门都关闭,只有三个城门为军队运输留下一条狭窄的通道,其余的地方都用六米多的沙袋挡住,再用木料和角铁加固。其中一个城门还用混凝土浇铸成一面墙。

午餐时，一架日本飞机在南京上空盘旋几圈后，天空飘下了许多雪花般的白纸，那是日军指挥官松井石根的劝降书。有人给唐生智送来了一张。

唐生智看罢冷笑一声，把劝降书撕了，在屋子里急速转了几圈，皱眉思索了一阵。形势出乎预料之外，他走了一着臭棋，现在已无退路，只有破釜沉舟、背水一战了。古代名将韩信曾用兵法"背水阵"，置之死地而后生。他把作战参谋叫来，口授命令：

> 一、敌军已迫近南京，我军目下占领的复廓阵地，为固守南京之最后战线。各部队官兵应以与阵地共存亡之决心，尽力固守，决不许轻弃寸土，动摇全军。若有不遵命令，擅自后移者，定遵委座命令按连坐法从严办理。
>
> 二、各军所有船只，一律交本部运输司令部负责保管，不准私自扣留。着派 78 军军长宋希濂负责指挥沿江宪、警，严禁部队散兵私自乘船渡江，违者即行拘捕严办，倘敢抗拒，准以武力制止。①

宋希濂命令 36 师："关上挹江门，禁止部队出城！"

下午，参谋龙应钦忧心忡忡地来报告："报告长官，安全区主席拉贝不同意在安全区西南线筑工事，事情可能会闹到希特勒那里去。"龙应钦专门负责与安全区的外国人打交道。

---

① 宋希濂：《南京守城战》，载《南京保卫战》，中国文史出版社 1987 年版，第236 页。

唐生智听完详情报告，不由皱起眉头来，这个德国人真够顶真的！说老实话，军方能尽力的已尽力了。也不看看都什么时候了。中国人向来以国家利益为先，先天下之忧而忧，后天下之乐而乐。没有国，家将不家，人将不人。他要对委员长负责，但闹到德国希特勒那里，就麻烦了，弄不好，就成了国际事件。他真的很头疼。他对龙应钦说："适当让步，尽量不要把事情闹大。"

一会儿，拉贝和几个美国人竟找上门来了。让他松口气的是，他们不是来兴师问罪的，他们愿意出面调停，双方停火三天，中方撤军交城。

唐生智未多思索就一口答应，这正合他希望通过谈判停战的心意。但他提出："你们必须征得委员长的同意！"这是个机会，由国际委员会出面，可以体面地收场。形势与他当初估计的完全不一样，与城市共存亡，说起来容易，做起来就难啦，城是守不住了，不如顺水推舟，就势下坡，与各方都能有所交待。

谁知委员长很不高兴，拒绝了国际委员会的建议。唐生智庆幸自己躲在外国人背后，那帮等着看他笑话的家伙没法找他的茬，他能想象到，他们一定会说："唐生智不是要与南京共存亡的吗？"

参谋们牢骚满腹："外交部的老爷们躲在汉口，根本不知道南京的形势，说话不牙疼。"

唐生智明白，他现在是骑虎难下，只有拼死一搏了。10日中午，日本劝降的最后时限到了，他下令："开炮答复！"

更猛烈的进攻开始了，各地告急电话此起彼伏。

紫金山频频告急！

紫金山历来是南京的屏障，守卫紫金山制高点的，是号称蒋介石"铁卫军"的由桂永清指挥的教导总队，全部德式装备，虽参加过淞沪会战但元气未伤。

日军在空中放了一个巨大的氢气球,高约 500 米,气球上倒映出东线中国守军整个阵地的状况。日军据此对阵地发射炸弹、烧夷弹、烟幕弹。中国守军的高射炮射程不够,又没有飞机,只能看着高悬半空的侦察气球干着急。

紫金山前,弹声震耳,烟火冲天,漫山遍野的日军潮水一样涌来,防守的教导总队像一道坚固的闸门,死死抵挡着日军一浪高于一浪的进攻。教导总队伤亡惨重。前线指挥官电话告急,要求撤退,桂永清厉声喝道:"坚决抵抗,不得后退,如有闪失,提头来见!"紫金山前,日军损兵折将,横尸遍野,始终难以突破。

光华门屡屡告急! 反复争夺达 20 多次。

日军精锐 16 师团见啃不动紫金山,转而进攻侧翼 87 师防守的工兵学校,一下突破到了光华门前。坦克开道,步兵随后,山炮一阵猛轰,城门被掀开了一角,高垒的沙包"哗"地一下倾泻下来,百余名日军端着刺刀爬了进来。守军士兵冲过去,尘土飞扬,刀刃闪烁,鲜血飞洒,尸体横陈,终于夺回了阵地,缺口被堵上了。

10 日下午 3 时许,又有日军敢死队十余人突入城门外门洞内。桂永清神情紧张,亲率卫兵到午朝门督战。团长谢承瑞曾留学德国,是个不可多得的将才。他向桂永清建议说:"进入城门洞下的敌人不多,不如先倒汽油下去烧,明天拂晓,我率敢死队冲出再全部歼灭他们。"

桂永清略一思索,说:"好!"立即致电参谋长送汽油来。

半夜,谢承瑞亲率战士把汽油桶松口,丢在城门洞口,投下一颗手榴弹,顿时,烈火熊熊,大火把城门内的日本兵烧得"哇哇"直叫。

拂晓,谢团长又率一排敢死队员,每人一挺轻机枪,猛地把城门打开,十几挺机枪齐扫,消灭了大部分日军。

雨花台阵阵告急!

雨花台是南京城外前沿重地,日军的坦克、飞机、大炮配合精锐部队猛攻,防守阵地的88师官兵,外无援兵,内无粮弹,与日军反复肉搏,奋勇冲杀,屡进屡退。激战8日,日军在阵地上遗尸数千具。88师也损失惨重,6000余名官兵壮烈殉国。

11日中午12时,电话铃又急促响起,这次不是告急电话,副官来叫:"顾长官电话。"唐生智又惊又喜,顾祝同转达蒋介石的命令,要他渡江向津浦路撤退,部队除少数渡江外,主力应相机突围。

撤退!部队全线出击,短兵相接,怎么撤呢? 他低头烦躁地踱着步。

午后,通讯参谋接连送来两份急电,内容相同,都是蒋介石签发的撤退令。

9日一大早,拉贝就被持续不断的爆炸声惊醒。日军为掩护地面部队攻城,出动了六七十架飞机反复轰炸。他来到院子里,空气中弥漫着一股怪味,那是硫磺、碳酸、火药、焦炭的混合气味,他连连打了几个喷嚏。天空灰蒙蒙的,东方刚刚露出了一点鱼肚白,只见南面一片耀眼的火光蔓延开来那是中国人为了扫清射界、开辟阵地,不给敌人有进攻的掩体,实行了焦土政策。城墙四周火光冲天,各军事要点的营房、城门外的民房都被放火烧了。

火光中,巨大的烟柱不时腾空而起,日机在城南投下了大批炸弹,中国和苏联的飞机已不再来首都上空迎战,只有高射炮还在顽强地对着日机射击。

拉贝匆匆驱车向宁海路5号总部赶去。

晨曦中,一排白色三角形小旗似竹篱笆,将安全区围了起来,旗帜上的红圈红十字在寒风中时隐时现。这是总稽查史波林的功劳。他带领一帮人,整整忙碌了两天,终于制作了一批旗帜,列出了这条军事与非军事区的分界线,也是安全与生命的希冀线。

昨天,国际委员会在报纸上公布了《告南京市民书》,并在大街小巷广为张贴,热烈地发出吁请:市民请进来吧!

进入这个3.85平方公里的狭长领地,拉贝的心情且喜且忧。难民们从四面八方涌了进来,表明人们最终默认了安全区。街道上比平时活跃了许多,扛着大包小包的难民在街上漫无目的地流浪,寻找他们的容身之处。房屋角落里,有许多人一家老小蜷缩在一起睡觉;还有些人就躺在露天的大马路旁,寒风掀起他们薄薄的被褥,肆无忌惮地侵袭着这些一贫如洗的身躯。真是催人泪下啊!他的心酸酸的。他暗暗思忖:该如何加快行动,安置这些最贫穷的无家可归者。

划定安全区范围的文件1

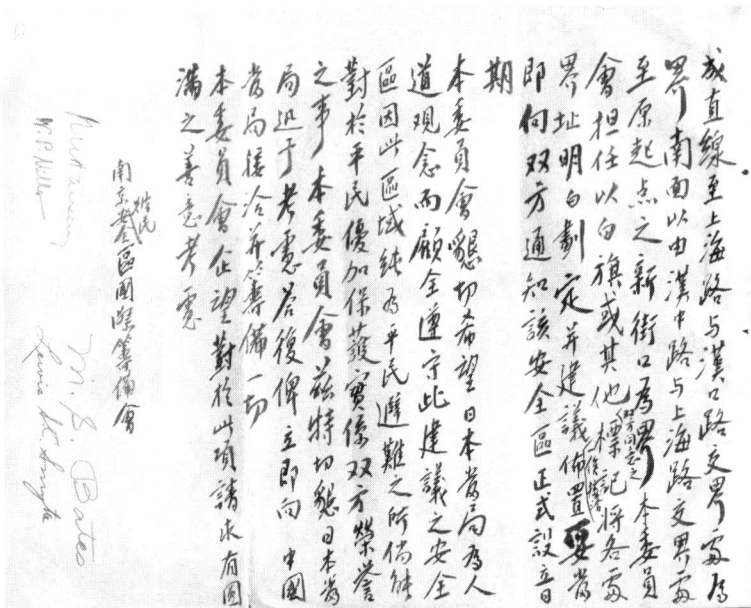

划定安全区范围的文件 2

最近的工作在他脑海中翻来覆去地盘旋：安全区中的公共建筑、学校正在腾空，建立了 94 个难民收容所，在关键时刻宣布开放。

韩湘琳领导下的粮食委员会，正在紧张地从城外运进市政府拨发的粮食；拉贝的这位助手是第一次担任这么高的职务，接到任命，兴奋得有些不知所措。事实证明，他干得很出色，为了将储存在城外的米、面运进来，必须要有一支机动的车队，所有的车辆都用于政府撤退离开了，在目前的情况下找到一辆车都很困难，但他筹集到了 12 辆车，已运进了 6300 袋大米、粥厂用的煤、500 袋盐等等。

红"卍"字会和红十字会已经自告奋勇地设立了粥厂，分设于五台山、金陵大学附近和山西路交叉路口。

鼓楼医院将负责伤病员的救治和护理工作。目前只有几名美国医生留了下来,为此,卫生委员会正在呼吁请留在城内的医生来医院服务。

拉贝来到总部,开始了他一天紧张的工作。

一辆运粮卡车呼啸而至,未等车停稳,几名搬运工就跳下车,扶下一名满脸是血的司机,他的一只眼睛在运粮时被弹片炸瞎了。

拉贝忙派人送他去鼓楼医院,让委员会负责照料他。

运粮委员会每天都在争分夺秒,冒着炮火运回一车车粮食,这在今后的艰难岁月中,将起到很大的作用。事实也确实如此,正是这些粮食,后来挽救了无数的生命。

不一会,另一辆运粮卡车从城南回来了。押车员脸色苍白,用变了调的声音,颤抖着向拉贝诉说他们的经历。他们经过中华门时,日机正在城南轰炸,城门守军不让他们出城,后来通过协商还是同意了。当他们的运粮车从城外返回时,看到了一幕血淋淋的场面:支离破碎的肢体满目狼藉,散落在城门附近,全体城门守军 40 人都被炸死了。

拉贝连忙好言安抚,让他们喝水休息,平复一下极度恐惧的心情。

史波林急匆匆前来报告:"中国士兵把刚刚竖起的安全区界旗拿走了不少,主要在西南界线,安全区要缩小,他们需要空出来的地方构筑火炮阵地和防御工事。"

拉贝马上电话和卫戍司令部联系,唐将军的助理龙上校回答:"现在形势很危急,守城部队需要在那里修筑工事,准备巷战,抵御攻进城来的敌军。"他答应拉贝,下午一起去实地视察一下。

下午 2 时,拉贝和他的委员贝德士、史波林、米尔斯一起,在五台山神学院后的小山上和龙应钦上校以及参谋部的另一名上校会合。

站在山顶极目远眺，城郊笼罩在火光和浓烟之中。燃烧的民房无奈地发出一两声炸响，应和着高射炮的射击声。

拉贝他们一下子发现，位于安全区西南界线内的五台山下，有一排高射炮阵地。就在这时，3架日本轰炸机呼啸着掠过上空，高射炮阵地马上就开始猛烈开炮射击。拉贝他们距高射炮阵地不过10米远，大家随即都卧倒在地，扬起脸朝上观察着。俯冲，好！射击？曳光弹迅速追捕着日机的银光。嘿，打偏了！反复多次，日机终于越过长江朝浦口飞去了。

大家从地上爬起来，史波林拍拍土说："真可惜！炮火都打偏了。"

拉贝沉下脸来："应当说，幸运的是炮火总是打偏了！"要是让日机发现安全区内有高射炮阵地，就会对人口密集的安全区进行炮击和轰炸，这无异于一场血腥的大屠杀啊！

拉贝随即与两名上校展开了激烈的争论。

拉贝要求上校撤走高射炮阵地，停止修筑工事。上校强调，他们对于市政官员同意的西南界线并不清楚，坚持要安全区的西南界线向北移。他说，士兵为保卫内城，必须把这里辟作战场。

拉贝质问龙上校："中国方面早在11月22日就已经正式承认了安全区，我们是在中方接受了安全区后，才将这方面情况通知日方的。这样一来，我们原来的计划就会告吹，如果日方听到了风声，就会毫不留情地对我们进行轰炸，安全区就变成了一个巨大的危险区。"

龙上校在安全区的界线问题上不肯让步。作为卫戍司令部的军官，他清楚城市保卫战到了千钧一发的境地。

拉贝说得口干舌燥，也说服不了他们。他忍无可忍，冲动地说："我不干了，这个主席我没法当！我将致电希特勒元首，由于唐将军的不守信用,安全区无法继续存在!"

这下击中了要害,龙上校他们忧心忡忡地回去了。

拉贝与大家商量后,觉得这样争来争去不可能解决实际问题,决定走出关键的一着棋:面见唐将军,力争说服他放弃对内城的保卫。利用日军劝降、有意减少伤亡的机会,由国际委员会出面调停。

龙上校作为中间人,竭力在内穿针引线。令人感到意外的是,唐将军干脆地表示了同意。他作为城防司令官,十分清楚这座城市是守不住的,但条件是必须征得最高统帅蒋介石的同意。

拉贝和米尔斯、贝德士在龙上校和一名士兵的保护下,凭借特别通行证出了城。下关早已付之一炬,为的是不留下任何日军可利用来攻城的掩体。汽车不可思议地穿过大火熊熊的街道,他们来到下关江面的美国炮艇"帕奈"号上,通过美国驻南京大使代办艾奇逊先生发出电报,请求美国大使馆转发安全区国际委员会分别致日本当局和中国当局的两份电报。

> 出于人道主义的考虑,委员会建议,南京附近的所有武装力量停火 3 天,在这 3 天内,日军在现有阵地按兵不动,中国军队则从城内撤出。考虑到大量受到危害的平民的困境,委员会请求立即对此建议表态。

然而蒋介石坚决地拒绝了这项建议。10 日上午 11 时,安全委员会收到了答复。可以想像,蒋介石得知电报内容是经唐生智同意时,他是多么恼怒!交城!投降!唐生智不是一再表示要与南京共存亡的吗?他为什么不再顶一阵?他怒气冲冲地宣布,他不会接受这类建议!

他宁愿相信是安全区国际委员会错误理解了唐生智的态度,他要外交部通知中间人美国大使馆:"国际委员会认为唐生智将军已经同意停火3天,并将中国军队撤出南京城的估计是错误的。"①

拉贝深感沮丧,但他还想再做努力。他向龙上校等再次核实,确信没有弄错唐将军的意思,一切属实。龙上校说:"委员长肯定会同意这件事的,可能是汉口外交部的某一个高官在从中作梗,对建议提出了刁难。"

拉贝又反复向蒋介石发电报,证明这确实是唐将军的意思。

> 致最高统帅蒋介石:
>
> 国际委员会在此诚挚地请示将此消息转达给蒋介石将军:卫戍司令唐生智将军出于人道主义的考虑,欢迎停火建议。但由于唐将军必须奉命保卫城市,因此关于中国军队撤退的问题须交最高统帅决定。南京成千上万的平民百姓因为军事行动已经流离失所,还有20万人的生命正处于危险之中。在此紧要关头,国际委员会冒昧地再次重申自己的建议,望迅即接纳该建议。
>
> 签名:拉贝 主席②

同时他又给德国大使陶德曼、美国大使约翰逊发电报,请求他们的支持,认为蒋介石元帅如果了解这里的战况,就会考虑停火的建议。正是一分钟都不能耽误了啊!

---

① 《拉贝日记》,江苏人民出版社1997年版,第162页。
② 同上。

德国领事馆

美国大使馆

但一切努力都是竹篮打水一场空。蒋介石对这泣血的呼救充耳不闻，他的目光在西方国家间游移不定，他还没有放弃最后的幻想。事实证明，蒋介石再一次犯了战略性错误，又一次丧失了保存实力的机会。

拉贝对中国的官员真是感到绝望，平民百姓的生命在他们眼中是如此一文不值！

城东也在准备战斗，沉重的火炮声中夹杂着飞机的轰鸣声，五台山上的高射炮仍在向日本飞机射击，阵地确实位于安全区内。这实在是让人感到绝望！安全区完全将会因此而遭到炮击，这无疑于一场可怕的血腥大屠杀，因为区内的街道上挤满了人。

拉贝铁青着脸，盯着龙上校一字一顿地说："我是考虑到唐将军的面子，才没有把全部真相告诉留在这里的欧洲战地记者们。我不愿意就这些事情讨价还价，更不愿意拿中国人的名誉当儿戏！"

唐生智在拉贝的威胁、咆哮声中作出了让步，双方达成了以下协议：

1. 唐将军明确承认安全区的五台山界线（西南线）；

2. 龙上校负责粥厂的建设工作不会受到士兵的干扰;

3. 卫戍司令部的 3 名代表和委员会的 3 名成员共同巡视安全区,沿路遇到的每个士兵都将被逐出安全区。唐将军的 3 名代表中的任何一个人都拥有全权将士兵逐出安全区。[①]

但是拉贝很快就悲哀地发现,中国当局只是在玩文字游戏,他们根本没有打算兑现到行动上。在安全区内,不时能看到佩戴黄袖标的中国军人进进出出,他们全副武装,带着步枪、手枪和手榴弹,就连警察佩戴的也不再是手枪,而是违反规定带上了步枪。清理安全区成了不可能的事。鼓楼医院前,靠安全区一侧正在修筑工事。拉贝和马吉开车赶去,准备心平气和地调解此事。他们与鼓楼医院前执行这项任务的军官交涉,他客气但坚决地拒绝了他们。他拒绝在街道的另一侧施工,他认为医院一侧的沙质土丘更合适修筑工事。在山西路广场,他们看到满脸硝烟的士兵正在挖壕沟;几名士兵挥舞铁锤,把广场边形成一个尖角的房子砸开;士兵们在中山路上堆起沙袋、树木、铁丝网等路障。拉贝马上与龙上校联系,要求唐将军出面制止。但是所有努力都是徒劳的。可悲呀! 所有的西方人都认为,中国当局以牺牲百姓的利益付出的沉重代价,对于保卫城市毫无用处且愚不可及。拉贝痛惜地写道:"现在无法像原来计划的那样通知日方:安全区内已没有军队。"[②]

日本哪怕只给一个不轰炸安全区的肯定答复也好啊! 拉贝心急如焚。

10 日中午,日军没有等到交城的答复,大规模的进攻开始了,炸弹

---

① 《拉贝日记》,江苏人民出版社 1997 年版,第 159 页。

② 《拉贝日记》,江苏人民出版社 1997 年版,第 165 页。

冰雹般掉下来。城郊外仍在熊熊燃烧。相反,安全区内的人们显得那么安全和保险,街道上挤满了人,人们从容地忙着自己的事情,没有人去理会大炮的呼啸、飞机的狂轰,他们是那么相信安全区。但是"安全区"并不安全啊,只有清楚真相的人知道,安全区犹如一个随时可能被引爆的定时炸弹。拉贝写道:"上帝啊,如果哪一天人们发现自己的感觉错了,那么安全区必定是遭到了毁灭性的屠杀。"

这天晚上,拉贝和衣而眠,他根本睡不着,只是打个盹。半夜,机枪声一阵紧似一阵。突然,炮弹呼啸着一颗颗从房顶掠过,建筑物像打摆子一样,在炮弹爆炸的轰鸣声中有规律地几秒钟颤抖一下,所有的玻璃窗不停地发出"铮铮"的响声。他侧耳倾听,判断出是五台山的高射炮阵地遭到了日军的炮击,双方正在猛烈地对轰。他的家——小粉桥1号就处在这个炮击区内。他让韩湘琳一家和佣人都进了防空洞,自己则戴上钢盔。东南面起火了,火光将四周照得明如白昼,几小时后,火光才开始减弱。事后他听说,那是光华门在进行激烈的争夺战。

南面和西面也开始炮击了,拉贝对这震耳欲聋的爆炸声稍微有些适应后,又躺到了床上,头脑却是异常清醒。如果安全区遭到轰炸,他作为主席,首当其冲难辞其咎。但他现在已不再担忧背黑锅,面对无数鲜活的生命,个人的荣辱得失实在算不了什么。

他的预见得到了可怕的证实。11日上午9时,一批炸弹落在安全区内,地点在福昌饭店和世界剧场附近;另一枚炸弹落在安全区内的一所中学内,炸死了33人,12人受伤。饭店负责人史波林被玻璃碎片击中受了轻伤。

福昌饭店本是中德合办的专为外国人和高级华人服务的旅馆,南京危急前被委托给德国人、上海保险公司的代表史波林代管。史波林也是一个"中国通",在第一次世界大战时应征入伍,被派往中国的青岛,驻守德国在当地的阵地。日本加入对德作战后,攻战青岛,史波林被俘,在日军战俘营里度过了 4 年战俘生活,懂得日本军人的野蛮、残暴,所以十分同情中国人在日军铁蹄下的困苦,毅然参加到南京安全区国际委员会的工作。

许多人抱怨,遭到轰炸是因为中国军队没有退出安全区。

拉贝感到万分的悲哀,又感到万分的绝望。他与中国军方的思维似乎总是两条平行线,虽然方向一致,却始终无法相交。即使偶然相碰,撞出火花,也是转瞬即逝。

拉贝认为有些人必须受到谴责,他们没有服从唐生智将军的命令。看来中国将军的话没有权威。实际上,拉贝没有意识到,唐生智从一开始就没有打算实践清理安全区的诺言。在这位顶真的、顽固的德国人面前,唐生智采取的是拖延战术,被逼急了,就在嘴上、纸上安抚一下,蒙蒙这些外国人。对他来说,守卫城市是他的职责,他要对此有所交待,至于人的生命,是战争,就会死人,没有人能指责他。

中国善良的百姓似乎已经习惯了种种牺牲,哀哀无告的人们常常用无奈的眼泪来认可这种安排,因为这一切都是在一个神圣、不得不屈从的光环下进行的。

拉贝,这名普通的商人,却有着深谙历史、悲天悯人的思想,他的这种情感,升腾到了善良、美好与深邃的极致。他在观察一切问题时,都要衡量它究竟是符合还是损害人民的利益,将这作为根本的标准来进行评价。正如鲁迅在《长城》中吟咏"伟大而可诅咒的长城",竟远远超越了当时许多人们的认识。拉贝的这种认识,又何尝不远远超出当时人们的认识呢?

当年许多参加过这场保卫战的将领们以及历史学家在研究这段历史时,只是对守卫城市的战略提出了质疑,而很少有人对战术上采用焦土政策以及不组织老百姓撤退对他们造成的伤害提出质疑和研究。而在几十年后的回忆录中，还有人把战争失败的一个原因归于焦土政策的不彻底。人的生命、人的价值在东方的文化中，是不值一提的。当政者因此常常利用传统文化的弱点，来达到自己的目的。

六　首都坠落深渊

12月12日，从拂晓起，日军的飞机、大炮，呈密集型向各城门狂轰。坚固的城墙被炸得砖石乱飞，四周的房屋纷纷倒塌，城墙被炸开了许多缺口，城里的士兵可以看到城外的敌人。30余架日机盘旋在天空，边投炸弹，边投宣传品，劝告守城将领们投降。

一大早，唐生智把副长官罗卓英、刘兴，参谋长周斓、副参谋长佘念慈等都召来，把蒋介石的电报给他们看了一遍，令谭道平等参谋起草撤退命令。

卫戍司令部内，告急电话不断。大势已去，情急中，唐生智想到了国际委员会的外国人，他硬着头皮，叫龙应钦速去联系，请他们再与日方交涉。

12日上午9时许，龙上校和周先生来到宁海路5号，他们是奉唐生智将军之命，来与国际委员会商量，能否接收受伤的士兵。

拉贝和几名美国人的目光一相碰，就明白，大家都想到了同一个问题。拉贝向后一仰，靠在椅背上，不容置疑地回答说："除非中国士兵全部离开安全区，否则我们无法保证任何人的安全。"

史密斯也语气坚定地补充说："如果你们能做到这一点，我们就尽力帮助伤员。"

龙上校迟疑地说:"我得请示唐将军。"临走,他从公文包中掏出 3 万元钱,交到拉贝手上,说:"这是救护伤兵的经费,先存在贵会保险柜中吧。"

龙和周走后,拉贝和几名委员商量了一会儿,感到组织一个国际红十字会组织迫在眉睫,否则无法开展伤兵的救护工作。马吉几个星期前就开始筹划,要成立南京红十字分会,而且黄上校给了他 2.3 万元经费,但没有得到红十字会总部的答复,他不敢贸然办此事。拉贝曾在私下说:"多么可惜!要是换了我,我是不会犹豫不决的。如果好事能成,何必要请示来请示去呢?反正到最后总会同意的。"

米尔斯提议把马吉找来,马上着手此事。

就在此时,他们惊讶地发现,龙和周又回来了。委员们全都期待地望着两名中国军人。拉贝看看表,11 时多一点,他们才离开了十几分钟,不知唐将军这么快做出了什么样的决定。

这次龙上校是奉唐将军的新指令,请国际委员会直接派人,与日方签订停火 3 天的协议。在这 3 天内,守城部队撤退,把城市交给日方。

这不是与原来的想法是一样的吗?拉贝不喜欢这种尽最后努力的做法,好在现在还来得及。拉贝与史密斯、贝德士等商量后,当即决定马上行动。他们都是有着很强组织能力的人,史密斯立即动手,起草了一份新的致美国大使的电报和一份和谈规则,规则内容为:和谈代表在白旗的保护下,在阵地前沿向日军最高指挥官递交停火协议。史波林毛遂自荐愿意充当和谈代表。

拉贝吸取了上次口说无凭的教训,他提出,这一行动,须有唐生智将军的委托信件,唐将军的信件一到,就立即行动。史密斯又起草了一份唐生智给国际委员会的委托信件,只需将军在信上签名。下午 2 时前,所有的电文、信件、规则都已拟好,用打字机打印成文,并得到了龙上校的认可。龙上校拿着那份急需唐将军签名的信件回去了。

回到司令部，龙上校将这封信要求签名的信件交给唐生智。唐生智忙抽出信来，匆匆一扫，就把信丢在一边。这名他能签吗？信的内容是：他，唐将军，委托国际委员会与日军接洽停火。委员长会怎么看？外交部会怎么看？他们会指责他向敌人交城投降！他看看手表，已是午后2时了，他对龙应钦说："等一等，看情况再决定。"这些外国人都是基督徒，他们维护人道，尊重生命，哪能干等着一个签名见死不救！

中午12时，传来消息：雨花台被日军占领；紫金山第二峰失守；守卫乌龙山的第二军团被逼到了吉祥庵的江边，已无退路。南京城外所有的制高点都丧失了，这意味着城市如绝壁上的水珠只有坠落深渊。

战至下午，中华门、水西门和中山门告急！城垣多处被炮毁，日军乘隙钻进，士兵们冲上去，用血肉之躯拼死阻挡，与企图长驱直入的敌人展开了肉搏。

危城已成破城。只有紫金山主峰还在教导总队手中，驻守下关的36师已奉调进城，准备巷战。

下午4时，南京城内已多处响起了枪声，看来国际委员会没有采取行动。

极度危急！唐生智只能硬着头皮撤退了。他心烦意乱，叫来参谋通知师以上的将领来司令部开会。

5时正，南京保卫战中的最后一次会议开始，将军们喘着气在唐公馆大厅内坐下，唐生智首先问大家："南京现已十分危急，少数敌人已冲入城内，在各位看来，有无把握再行守卫？"

大家彼此面面相觑，不知唐生智什么意思，空气冷寂到使人不寒而栗。

沉默几分钟，唐生智向大家宣读蒋介石的一句话电文："如情势不能久守时,可相机撤退,以图后策。"

参谋长周斓捧着早已印好的突围计划,一张张发到每个人手上。顷刻间,10万守军的神圣使命烟消云散。军长、师长魂不守舍,仓皇各奔东西。

唐生智在卫兵护卫下,走出他漂亮的公馆,文件来不及收拾了,他默默把500元钱和20瓶汽油交给卫士,让他们把公馆烧毁,头也不回地钻进了汽车向下关码头开去,坐上小火轮率先过了江。

各部队长官接到撤退命令后,有的匆匆赶回指挥部,传达完命令后,丢下成千上万的官兵,自顾逃命去了;有的根本没回部队传达,时间就是生命,抢先找生路去了。

这边国际委员会的外国人午餐也没吃成,紧张地做着接洽停火的准备工作。米尔斯牧师从屋里拿来几条白色床单,史密斯在其中一条上写上了标语:"请不要射击!我们有口信给你们。"另一条床单被撕下一块,绑在竹竿上,制成了一面白旗。下午3时,一切准备工作就绪。

整整一个下午,拉贝和几名委员都在心绪不宁的等待中度过。龙上校直到晚上近6时才来,他没有送来这封必要的信件,他说:"各位的努力已经没有用处了。对停火来讲,一切已经太晚了,日军已经到了城门边上。"

这时候,拉贝已不再悲哀。他写道:"事情很明显,唐将军想不经过最高统帅的批准便签订停火协议。在通知日方时,'投降交城'这四个字是无论如何不能提到的。在起草停火请求时,一定要让人觉得这个动议仿佛是由国际委员会提出的。换句话说,唐将军打算躲在委员会的背后,因为他预料到最高统帅蒋介石和外交部会有严厉的指责,他害怕受到这个指责。他想把全部的责任都推到委员会及其主席拉贝身上。"

拉贝生气地对其他委员说:"这是我很不喜欢的!"①

兵败如山倒!撤退的部队大多没有按照规定的路线突围,而是一窝蜂朝下关码头涌去。通往下关码头的中山路,好几里路上随地丢弃着枪支、弹药、皮带、军装,各种各样的军事辎重被弃置路上。车辆挤压、倾翻、燃烧;挹江门紧紧关闭,士兵们没有接到撤退通知,在城门上高高架起了机枪。许多人爬上城墙,用绳索、绑腿和皮带,用衣服撕成的布条把自己吊下城外,许多人跌死了。城门被汹涌的人流冲开了,被挤倒踩死的尸身堆积逾尺。谢承瑞,这位在光华门战斗中建奇功的英雄,因身负重伤,体力不支,过挹江门时,竟也被活活踩死。

沿江码头上,成千上万的人在寻找过江的工具。渡船只有两三只,长江这时成了生和死的分界线。一只船靠近,便有一群人跃上去,冒失的坠入江中,也无人来理会。几百只手紧拖住渡船的船沿不放,随着渡船驶到江中,一个浪头涌来,有的跌在水中随着江流漂去,一眨眼就不见了。

没有船,人们纷纷自找生路,有的蹲在木盆里,有的趴在门板上,所有的漂浮物都成为渡江工具。江面上,人头点点,像野鸭子一样,敌人的飞机低空掠过,一阵扫射,江面上人头沉浮,咕咕咕,鲜血冒出水面,然后晕染开去,仿佛是一朵朵红色的莲花。

许多士兵走了另一条路,他们脱掉军装,扔掉武器,换上高价买来的,或从死人身上扒下的便衣,混进了安全区。

长官们早早过了长江,到了安全地带。开往徐州的列车上,老态龙钟的佘念慈副参谋长和俞济时军长坐在指挥室的条椅上,各自悠闲地抽着纸烟,谈论着那些军长、师长是否过江。王敬久师长穿着黄呢子军

---

① 《拉贝日记》,江苏人民出版社1997年版,第167页。

服，外罩青毛哔叽披氅，斜靠在软卧车座上，眯起眼打瞌睡。

车到滁州停下，唐生智嘴上叼着香烟，由车站内慢步走出。他身披一件黄呢子军大衣，内着呢军服，衣领以下的几个钮扣都没有扣上，头上戴了一顶红绿相间的鸭绒睡帽，顶上还有一个彩色帽结。

这时，罗卓英、桂永清带了一群卫士、副官也赶来了。桂永清接到撤退命令后，回到富贵山地下室，向参谋长邱清泉传达命令后，就带着10万元基金和全教导总队12月份的军饷过江逃命了。

败将们聚集在滁州琅琊山醉翁亭开会。欧阳修曾在这里留下了名篇《醉翁亭记》。唐生智叹口气，痛心地说："我打了一辈子仗，从来没有打过这样糟的仗。"他悲愤交加地低下头，半晌又说："我对不起国人，也对不起自己。"

他一抬头，一眼看到了运输司令周鳌山，突然想起了什么。他把桌子一拍，桌上的茶杯跳了起来，厉声喝道："你干什么的，你把我的几千伤兵都丢在江那边被日本人杀了！"

周鳌山低头弯腰，双腿发软，支支吾吾地说："我有什么办法呢？情况变得太快了，我有什么办法！"

唐生智大喝一声："枪毙你！"

周鳌山呆若木鸡，惊骇地睥一眼唐生智，见并没有来真格的，这才低头走了。

唐生智哪里知道，岂止是几千人没过江，10万守军过江成功逃生者不及半数。

这时候，南京城内的拉贝反倒异常镇静，庆幸着安全区没有遭到大规模的轰炸。他甚至希望日军快些破城，晚破不如早破，只要日军一进城，完成交接，一切危险就过去了。因为他的一个中国同事曾告诉他：

"你不用害怕日本人。他们一接管城市,和平秩序就将恢复,通往上海的铁路将重建,商店会恢复正常营业。"

拉贝要大家早些回家,特别是总部的中国工作人员,免得家里人操心。

拉贝和韩湘琳在回家的路上看到整营的中国士兵在上海路、宁海路上行进。拉贝不由地苦笑,刚才新闻发布会上,费奇还强调,撤退部队如果解除武装,就允许其穿越安全区。拉贝摇头打趣说:"让他们解除武装?他们是全副武装!"

傍晚6时半,紫金山上的火炮开始不停地轰击着,山的周围仿佛都在电闪雷鸣。突然,整座山骤然间置身火海之中,不知哪里的房子和弹药库被点着了。

"紫金山焚则金陵亡!"拉贝喃喃自语着。他深深叹了口气,爬上家中的小阁楼,在这里极目远眺,能一览无余地观察到紫金山的全貌。火光中,成群的中国人从城南奔过来。他知道,这句民谚是一个古老的关于南京陷落的象征。

中国古代有个叫诸葛亮的,他被中国人看作是智慧的化身,他在一千七百多年前来到当时叫做"秣陵"的南京,惊叹造物主"虎踞龙蟠"的点化,紫金山脉蟠绕在东面,宛如一条巨龙,石头山像猛虎雄踞西面江边,形成了险要的地形。此后历次战争都证实了这点,谁抢占了紫金山,就能夺取南京城。

南京历史上曾有过多次毁城的记录,现在,古老的城市又一次在劫难逃!

晚上8时,龙上校和周上校气喘吁吁地闯了进来,请求拉贝的保护。拉贝同意了,把他们送到二楼的一个房间。

这时,炮火更猛烈了,火光映红了整个南面的天空。防空洞里,难民一直挤到了洞口边上。

有人在用力拍打院子里的两扇院门，拉贝趴在楼上的窗口，探出头去，听到妇女在苦苦哀求着："行行好，让我们进来吧！"儿童们惊恐地哭叫着。

有大胆的男人翻过院墙，进入院子内寻求保护。

拉贝对这种苦苦哀求实在听不下去，他"登登登"跑下楼来，把两扇大门全打开，把所有想进来的人都放了进来。防空洞再也挤不进去人了，连厕所里也安排进了8个妇女和孩子，储藏煤的地下室里安置了3个人，办公室里安置了30个人，拉贝把其余的人安置在房子之间和房屋的旮旯里。大部分人带来了自己的被褥，在露天席地而卧。一些机灵鬼把他们的床铺安置在水平悬挂的德国国旗下面。这旗是为了防止日军轰炸而备的，这个地方被看作是"防弹地带"。

炮弹和炸弹在不停地呼啸着，越来越密集，越来越近。南面的整个地平线变成了火的海洋，到处是山崩地裂的声响。拉贝戴上钢盔，给他的中国助手韩湘琳也戴上了一顶，因为他们俩是不进防空洞的，那里早已没有地方了。

他像一只猎狗在院子里跑来跑去，在人群之间穿梭，在这儿训斥一下，在那儿安抚一下。最后，人群渐渐安静下来，信赖地听从拉贝的调遣。

好不容易把一切安置妥当，拉贝又来到二楼。因为龙和周两名军官在楼上，为避人耳目，拉贝没有在二楼安置难民，免得人多嘴杂，走漏了风声。龙上校抬腕看看手表，他悄悄告诉拉贝："唐将军命令，部队在晚上9至10时撤退。"他和周上校奉命留下来负责照顾伤病员。下午存放在委员会的3万元钱就是用于此的经费，他请求拉贝在这方面提供帮助。拉贝一口答应了。

突然，院子里响起了可怕、沉闷的擂门声。都半夜了，会是什么人？难道是日本兵！拉贝警觉地打开院门，原来是安全区的财务主管、礼和洋行的克勒格尔。"克里斯蒂安，我的天，你来这儿干什么？"拉贝惊叫起来。

34 岁的克勒格尔与拉贝是汉堡同乡，1928 年，他被德国贸易公司礼和洋行委派来到中国，起初在太原，1936 年他在南京认识了布瑟小姐，就申请调到南京工作。南京遭到轰炸，他把在德国大使馆担任秘书的未婚妻布瑟小姐送走，自己留了下来。拉贝被选为南京安全区国际委员会主席，他提议由克勒格尔担任财务总管，很快克勒格尔就成为了拉贝的得力助手。

克勒格尔说道："只是来看看你怎么样！"他告诉拉贝，中山路上遍布中国军人扔下的军服、手榴弹和各式各样的军用物资。"还有一件事。"他又说，"刚才有人出手一辆公共汽车，还能用，只要 20 元，你说要不要？"

"克里斯蒂安，都什么时候了！"

克勒格尔强调说："我已经与他约好，让他明天到我们办公室来。"

拉贝目送克勒格尔上车，才要返身关上院门，一个念头警觉地在他脑际闪过：安全区沿线的军用物资必叫日军生疑，中国军人大量藏匿于安全区内。他忙叫住正在发动汽车的克勒格尔，也跳上汽车，向宁海路5 号总部疾驶而去。

安全区的所有出入口都设置了路障，标有警戒线，有臂戴安全区标记、手握手枪的警察在站岗。傍晚前后，暴雨般的难民和部分军人首先在上海路口冲破警察把守的路障，涌进了安全区。总干事费奇下令：开放所有的路口，让所有想进来的难民都自由进入。黄昏后，挹江门方向响起一阵枪声，又有一大批中国军人涌向安全区北边和西面的路口，要强行入界,请求安全区的保护。他们与警察发生了对峙,委员会决定,解除武装的中国军人方可进入安全区。

刹那间,中国军人像雨点一样融化到人海中,他们随手扔下枪支、弹药、军衣、绑腿、水壶、钢盔和其他军用品,狼藉遍地。拉贝和费奇商量,决定组织人手清除各进出口附近的军用品。夜已深了,到哪去找人呢? 史波林领导下的保卫部人员较集中,现全部在入口现场,费奇手下一批"青年会"的小伙子,都在抢救战地医院的伤员,拉贝急得团团转。他猛一下想到了一个人。

这是个外号叫"袁大个"的小伙子,他叫袁存荣,长得人高马大,手下有一帮小兄弟。他原来住在高楼门,日军开始攻打南京后就住到宁海路 19 号朋友家,在安全委员会做杂工。前段时间他带了一帮人插小旗子、砌炉灶,干得十分卖力。

袁大个叫来一帮热情奔放的小伙子,风卷残云般把军衣和枪、皮带、子弹都收起来,背到山西路,枪和子弹都丢到塘里,军衣等物品堆在一起,放火烧了。

处理了这件迫在眉睫的事,拉贝有些支持不住了,他感到浑身的筋骨都在疼痛,他已经 48 个小时没有合眼了。毕竟是 50 多岁的人了,他又有糖尿病,到哪儿都随身携带着胰岛素和注射器,行走很不方便,他自嘲地说自己像个圣诞老人。在费奇的劝告下,拉贝决定回去休息。

夜深了,炮火渐渐弱下来了,全城最漂亮、最豪华的建筑——交通部大楼还在熊熊燃烧,那是花费了三百万银洋建造的,是南京首屈一指的大型建筑物。它的火焰一直延续了四五天。

所有的客人都睡了,拉贝也躺下来,他在临睡前的最后一个念头是:谢天谢地,最困难的时刻终于过去了。

第八章　南京的毁灭

一　目击中国军民的死亡之旅

13 日一大清早，炸弹又像冰雹般落下。拉贝被此起彼伏的爆炸声惊醒，他一骨碌爬起来，感到十分失望："怎么回事？"显然，日军还没有推进到城内。原来，昨晚他们只攻占了几座城门，掩护撤退的中国士兵与他们展开了激烈的巷战。

拉贝赶往总部，忙乱的枪声突然低落下去，四周出现了令人欣喜的寂静。拉贝很高兴，最困难的时刻终于过去了。昨晚中国士兵经过安全区时，行为良好，很守秩序，没有出现令人担忧的骚乱局面。他对接下来局势的发展充满了信心，相信自己能与日方打好交道。

马吉睁着布满血丝的双眼迎上来，他无限忧虑地向拉贝描述了几所军医院的惨况：士兵开始撤退后，他不放心外交部、军政部、铁道部几所军医院的伤兵，首先赶到外交部，只见院子里横七竖八躺满了伤员，即将死去的重伤员夹杂其间，死去的和活着的都处于无人问津状态。医护人员在极度恐慌中逃之夭夭，撇下了满院痛不欲生的伤兵，也撇下了满院无人问津的武器装备。伤兵们睁着悲伤绝望的双眼,挣扎着向外爬去,他们清楚等待他们的是什么。突然,"呼!"人群中传来一声枪响。马吉正在循声搜索,"呼"又一声枪响。他找到了,他看到了震撼人心、催人泪下的一幕:两名中国军人大睁着悲愤的双眼,歪向一边的头颅正在汩汩流出鲜血;旁边几名重伤员正用尽力气,去争夺那把解脱绝望的手枪。他们用这种方式表达对成为日军俘虏的抗拒。马吉的泪水夺眶而出,他跳跃几步从人缝中穿过去,一把夺下了手枪,向几百双绝望的眼睛宣布:"国际红十字会能接收你们!"话虽这么说,但马吉心里清楚,上海国际红十字会至今还没有批准南京红十字分会的组建。

马吉难过得几乎说不下去。他后来又去了军政部、铁道部,情形都差不多。

拉贝拍拍马吉的肩膀,安慰他说:"别担心,龙上校给了我们 3 万元经费,专门用于救助伤员。我们先组建红十字会,把三所军医院接收为红十字医院,再争取国际红十字会总部的承认。一切会好起来的。"他知道这三所军医院,它们都属于中国野战救护处金诵盘处长管辖。三天前,金处长来找拉贝,他会讲德语,因而交流更见融洽。他表示可以为委员会提供 80 名军医,同时希望委员会能建立国际红十字医院,接收一些重伤员。拉贝让他去鼓楼医院与特里默大夫接洽。

史密斯在旁看看表,迫不及待地提出:"不能再犹豫了,一定要在 10 时之前完成红十字会的组建。"他拿出笔,沙沙沙在一张纸上列出了一串名单,几乎一手指定了人选,说:"你,马吉,理所当然的主席。福斯特,你担任秘书。"前后不到 10 分钟,南京红十字会组建了。拉贝也是成员之一。

拉贝随同马吉、福斯特立即前往三所军医院,接收它们为红十字医院。他们迅速弄来了一面红十字旗,挂了在外交部上空。据此,他们又招回了许多人,许多医护人员看到外交部上空的红十字会旗才敢回到医院。他们又组织人张贴国际红十字标志;让伤兵解除武装,脱下军装;把中校级以上的军官和轻伤员转移到鼓楼医院;把军政部和铁道部的伤员集中到外交部的军医院,以便于管理。

拉贝临行前关照史密斯:"日军恐怕会用机枪扫射街道,你要告诫人们在关键时刻的注意事项。"

史密斯和米尔斯立即带了几个人印刷传单,列出注意事项,紧急呼吁人们不得在街上逗留。传单通过住房委员会委员们广泛地散发出去。

11时许,有人来报告,日军进城了。拉贝和史密斯坐上汽车,打着安全区旗帜,带上懂日语的克拉做翻译,寻找日军先头部队交涉。他们在中山路上小心翼翼地前进,沿途撒满了武器装备,得时刻防备碾过散落在地的手榴弹,否则有被炸飞上天的危险。

史密斯突然惊呼起来:"看! 日本旗。"远远地,他们看到鼓楼顶上的四角,飘扬着5面白色的旗帜,拉贝也吃惊地倾身观察。近了,原来仍是安全委员会的会旗。鼓楼附近的日本大使馆尚未插上日本旗。

汽车转弯开进汉中路,街道上到处躺着尸体。迎面碰上了一队日本兵,队伍中一名会讲德语的医生说,军队指挥官要过两天才来。他们在汉中路上又找到了一队约100人的先遣队,史密斯掏出地图,向一名大佐军官解释安全区的概念。日本军官也掏出军用地图,拉贝发现他的地图上并未标出安全区。史密斯吃惊得嘴巴张成了一个圆,头发都要竖起来了,因为一个多月来,他一直睡在床上,确信日军不会轰炸安全区。拉贝也很吃惊,他一直担心安全区内的军事设施会引来日军的报复,谁知日军根本没把安全区当回事,看来没有轰炸安全区完全是因为这里没什么重要的军事设施。真险!

史密斯用钢笔在地图上把安全区作上记号，又提醒他们："请注意三所红十字医院。"

军官平静地回答说："请放心，只要没人向日军射击，医院就会确保无恙。"

拉贝又告诉他们："有一些解除了武装的中国士兵进了安全区，希望贵军站在人道主义的立场上宽恕他们，准予重过平民生活。"

军官又说："请放心。"

拉贝和史密斯高兴地对视一眼，日本军官表现出的配合和平静增强了他们的信心，他们满意地带着这个好消息回去。沿途，他们每碰到一队中方士兵，就让他们缴械，有些士兵不愿意，但看到不远处日军正在逼近，只好放下武器。他们被分别安排到外交部和最高法院的军医院。委员们在各处行动，劝说中国士兵放下武器。

在安全区山西路入口处，一群士兵涌来，拉贝和几名美国人拦住他们，劝说他们解除武装。几名广东兵坚决不肯放下武器，他们紧紧握住步枪把手，说："不！这绝对不行，我们为抗战而成为军人，军人怎能放下武器！"

双方僵持住了。拉贝劝说："你们这样做并没有什么不对，但是，日军会以此为借口，在安全区开战，一旦开战，安全区就成了战场，将会殃及许多老百姓。"

这时，"嗖！嗖！"几发子弹从外国人耳边呼啸而过，一名中国军官骑马冲过来，拿着一支卡宾枪四处扫射，对缴械表示强烈的抗议。汽车专家哈茨冲过去，夺下了他的枪。

几名西方人商量后劝说军人们："只要放下武器，我们就可以保证你们的生命安全。"几名广东兵很不情愿地放下了武器，脱下军装。其余的士兵也纷纷放下武器。

拉贝回到总部,只见这里几乎成了一个兵工厂,各种武器排放在院子一隅。

大门口涌来了一大群人,约有1300名无法渡江撤退的中国士兵,他们正在接受缴械的要求,然后被安排到安全区的各个地方。

施佩林站在大门口,脸色十分严峻,他手里拿着毛瑟手枪,监督武器是否排放整齐,并清点数目,准备把武器移交给日方。

下午4时多,总部的几名委员为缴械中国士兵武器一事发生了分歧。米尔斯焦急地说:"不能再这样做了。"因为城北仍有中国士兵在与日军对峙,日军未必会承认这些缴械的士兵。

马吉坚持说:"国际战争法中,对缴械的士兵都是宽大为怀的,让他们放下武器,是为了保全他们的生命。"

拉贝则比他们想得更多、更远,对于骑马军官开枪的行为,他说:

> 必须承认,从他的立场出发,这样做不是完全没有道理。但是尽管如此,我们仍然要坚持我们的做法,我们别无选择!如果在安全区的边上发生巷战,那么逃跑的中国士兵毫无疑问会撤进安全区,这样安全区就不是一个非军事化的区域。它即使不被日军摧毁,也会遭到日军的猛烈射击。因此我们一直希望这些完全解除武装的中国士兵除了被日军当作战俘之外,不会有其他危险。①

马吉不顾米尔斯的反对,带着懂日语的克拉仍去铁道部和军政部缴械、转移伤员。

---

① 《拉贝日记》,江苏人民出版社1997年版,第173页。

14 日，日军潮水一般涌入城内，坦克、炮队、卡车排着长龙隆隆开进城内，飞机在空中抛撒着宣传品，向平民百姓通告，他们在任何方面都会受到人道的待遇。

清晨 6 时，拉贝就与史密斯、福斯特奔波在路上，带着昨晚译成日文的公函，急于寻找日军指挥官，向他们解释安全区的概念。

他们在新街口找到了日本使馆的参赞福田，他见到拉贝的第二句话就是："军队可能要对南京施压，但我们会竭力阻止他们这样做。"①

拉贝将信将疑。他不太明白福田"施压"的概念究竟是什么。直到几天后，发现日军在有计划地烧毁整个城市，拉贝他们才算真正明白这句话的含义。

福田带着他们去重阳饭店见一名军官。饭店满地碎玻璃、沙土，他们小心地曲折前进，在一间卧室，他们见到了一名衣冠不整、胡子拉碴的军官。

军官铁青着脸，简单而生硬地拒绝接收安全区文件，他说："高级军官还未到。"对于拉贝等关于安全区和缴械士兵的解释，他回答说："为进入南京城区，我们也做出了牺牲，因为中国军队向我们开枪。"②

汽车穿越在城市的道路上，所见所闻触目惊心，城市的破坏程度完全出乎拉贝的意料，拉贝开始意识到，自己原先的想法是多么天真。

汽车每开 100 米到 200 米的距离，就会碰上好几具尸体。拉贝下车察看，这些尸体都穿着平民服装，子弹都从背后射入。看来这些人都是在逃跑途中，被人从后面击中死亡的。③

---

① 见史密斯给家人函，载章开源编译：《天理难容》，南京大学出版社 1999 年版，第 286 页。

② 见史密斯给家人函，载章开源编译：《天理难容》，南京大学出版社 1999 年版，第 286 页。

③ 《拉贝日记》，江苏人民出版社 1997 年版，第 176 页。

史密斯喃喃地说："我们的传单都发出去了，要求人们不要在外面逗留，看来并没有全部送到人们手上。"只要有人因惊慌逃跑，日军就向他们开枪。

一队队的日本兵，10人至20人不等，正在沿街穿行，一家家砸开店铺的门窗，把成箱成箱的物品拖走，把商店洗劫一空。还有的士兵征用人力车，有的竟然动用了儿童推车装运物品。

拉贝亲眼看着德国基斯林糕饼店被洗劫一空。黑姆佩尔的北方饭店也被砸开了。

福斯特想看看太平路上的圣公会教堂，那是他的任职处。圣公会教堂顶上被炸了个大窟窿，几个日本兵正在往外搬福斯特的自行车，见到几名西方人，愣了一下，丢下东西就溜走了。

拉贝拦住一个日本巡逻队，向他们提出："这是美国人的地盘，请你们叫抢劫的人离开。"巡逻队只是笑笑，并不理睬他们。

回来时，他们在汉口路迎面碰到一支队伍，约有200余名中国工人被捆绑着从安全区中拖出来，日本兵端着刺刀，吆喝着押走他们。

拉贝他们惊呆了，上前抗议，日本兵说是需要"夫役"。最后，留下福斯特，拉贝和史密斯又去重阳饭店。到了那儿，军官推说太忙，不肯见他们。

拉贝与史密斯商量了一下，又到新街口中央饭店，那里的军官说："我们与中国士兵打仗，但我们热爱普通人民。"拉贝和史密斯恨得牙痒痒的，真想把这句话扔回到他嘴里！

回到中山路，拉贝他们看到这批人已被押到广州路拐角处，开车赶上去又与他们争论。这时一辆车戛然停在他们身边，一个日本军官下车，问明情况后，带他们去新街口见另一个刚来的军官。但这个军官也拒绝接收有关文件，他说："等明天我们头儿来了再说。"他只是看了一下文件中有关缴械士兵的内容,对安全区和红十字会并不在意。

日军冲进安全区,殴打值勤的警察,在司法部和最高法院军医院抓走了一批人。

拉贝疲惫不堪,他充满绝望地回到总部。院子里草地上躺着 7 个重伤员,正痛苦地呻吟着,因为没有车,几小时后才送他们去了医院。

一个日本大佐带着两名随从,正在总部与总干事费奇争论,他一脸骄横,忽而操蹩脚的英语,忽而操生硬的汉语,对着费奇指手画脚。

费奇一见拉贝像见了救星,一把把他拉了过来。原来日本大佐硬说安全区藏有 6000 名士兵,要委员会交出这些士兵。因难民们分散在各收容所,日军一时也难以分清哪些是中国士兵。费奇已口干舌燥地解释了近 1 个小时。

拉贝也加入到会晤中来,尽力向日本大佐解释:中国士兵已放下武器,成为成千上万难民中的一员,希望日军按国际战争法来对待他们。拉贝指望日军不会从众多难民中找出那些士兵。

大佐不高兴地走了。

城市的许多地方出现了饥荒,拉贝随后用自己的汽车给司法部送去成袋的米,那里有几百人正在挨饿。外交部军医院被日本人控制起来了,不许红十字会的人进去,也不许中国医护人员出来。他们靠什么生存,都不得而知。

15 日,拉贝与史密斯、史波林一起,又赶到新街口交通银行大厦日本特务机关长所在地交涉。负责人原田少将接见了拉贝,日本大使馆的参赞福田担任翻译。原田少将盛气凌人地坐在椅子上,一只手撑着一把军刀,他骄横地说:"此次会晤是对你们的问题表态,而不是回答问题。"

原田的表态是:

必须搜查整座城市,看还有没有中国士兵;要在安全区入口处设置日本岗哨;居民应尽快重新回到自己的家中;如何处理已经解除武装的中国士兵,交给日军办理,要相信日军是有人道主义的;允许中国警察在安全区内巡视,但必须解除武装,仅携带警棍;安全委员会贮存在安全区的1万担大米可以用于救济难民;电话和水电供应必须恢复,今天下午和拉贝视察这些设施,他们将在视察后制定相应措施;从明天起将对城市进行清理,请委员会在这方面提供帮助。明天需要100—200个劳工,干活付酬;视察食物存放地和保安……①

但此后的事实证明,日军做到的只有:枪毙缴械士兵;允许警察进入;每天找委员会要求恢复水电,同时又枪毙电力工人;委员会调用贮存大米的同时,日本士兵从米店带走整袋整袋的大米。

当天分手时,拉贝和原田约定,下午去察看下关发电厂。但下午情况突变,拉贝脱不开身。

一队日本士兵又到安全区搜查。在司法部军医院,日本兵检查每个男性难民的手,看有没有使用枪支留下的老茧;检查他们的肩膀,看有没有扛枪的痕迹;检查他们的腰,看有无扎皮带的痕迹;检查他们是否光头,前额有无军帽的压痕,甚至还检查脚上是否有长途行军而起的水泡。之后日本兵要带走一批难民,其中有许多体力劳动者,如黄包车夫、木匠、挑夫等,他们不巧也有这些标记。

拉贝与他们争论了半天。

---

① 见《拉贝日记》,江苏人民出版社1997年版,第181页。

拉贝拍着胸脯向日方担保："我以德国人的身份为他们担保,这些士兵已放下武器,成为难民,他们已经不会再战斗了,应该放了他们。"[1]

一个军官许愿："如果将他们解散,第二天就可以释放他们。"好说歹说,日本兵留下中国人走了。

拉贝他们放心地回去了。半小时后,委员们正在总部开会,有人来报告,日方又回到了司令部,带来了许多士兵,要抓走下午那批人。拉贝急坏了,他立即带着史密斯、米尔斯赶去交涉。

日军正从司法部向外拖人,大约 100 名荷枪实弹的日本兵,将 1300 多名中国男性公民围了起来,每 100 人捆绑排成一行,戴帽子的都给一顶顶抓下来扔在地上,被依次押上卡车。有反抗不走的,被当场用刺刀戳死。

负责管理收容所的美侨李格斯拼死拦住日本兵,据理力争,被日本兵当胸几拳,打得嘴角出血,跌倒在地。

拉贝冲上去,大声质问为首的日本军官："他们中只有一部分是中国兵,他们已交出了武器。你们的原田将军答应过,可以保证他们的生命。"

日本军官恶狠狠地说："中国人在济南枪毙了 2000 名日本战俘!"几名日本兵气势汹汹,端着刺刀团团围住几名外国人。

他们只能眼睁睁地看着这一幕。拉贝脸色惨白,日本人欺骗了他,才不过几小时,就如此不顾国际信誉,他们亲口许诺的"人道主义"竟是戏言! 他心里痛苦极了,把人像动物一样拖走屠宰,这是多么残酷啊!

---

[1] 见《幸存者证言集》,南京大学出版社 1994 年版,第 1 页;同见《拉贝日记》,江苏人民出版社 1997 年版,第 205 页。

中国士兵默默地登上死亡之旅，没有一个人发出呜咽声，有的只是仇恨的火焰。借着汽车前灯的光亮，拉贝的目光与一名下级军官的目光相遇了。他来自北方，长得高大健壮，那凄楚与绝望、怨恨与幻灭交织的目光，让拉贝的心紧紧地缩在了一起。是的，他对他们说过，放下武器就能保全生命。还有那几名广东兵，他们从家乡跋涉而来，参加抗战，昨天缴械还露出很不情愿的神情，他们也被算在其中吗？

夜幕重重，血腥味扑面而来，拉贝感到喘不过气来。他和史密斯又开车去找日本大使馆的参赞福田，拉贝说："如果这样处决人的话，我很难为日军招募到劳工。"

福田表现得友好而礼貌，他点点头，安慰拉贝说："我明天去办，我一定尽自己的最大努力，保证不对他们开枪。"拉贝知道希望很渺茫，福田的答复不足以令人相信。

等到拉贝和史密斯赶回来，正好看到这批人中的最后一批被拉出去。这批人后来被枪杀是无疑的，拉贝觉得对不起他们。

史密斯和费奇也一直在喃喃自责："与其这样，不如让他们拼命到底啊！"

这种预估很快就得到了证实。10 天后，从司法部军医院一个幸存者嘴中，拉贝得知了这批人的悲惨结局。

这个幸存者叫伍长德，是南京警察部队的一名警察。15 日那天，他被当作士兵从司法部军医院被日本兵押到首都电影院附近时，后面开来了几辆卡车，车上是架着机枪的日本兵。卡车在他们前面开路，把他们押到了汉中门。拿着刺刀的日本兵展开了警戒线，厉声喝道："全体坐下！"接着，两个日本兵拿一根绳子，一人扯一头，在人群中一圈就是 100 多人，由周围大批日本兵押着，一批批带往汉中门外，有吓瘫在地不走的，当即一刀刺死。下午 5 时许，伍长德也被圈了进去，日本兵把他们带到护城河边,赶到河堤斜坡下面。他见到河堤两侧架着两挺机枪,再定神一看,眼前横七竖八全是倒卧着的尸体。他情急生智,向前走上几步,纵身一扑,倒在乱尸堆上。恰恰在这时,凄厉的机枪响了,纷纷倒下来的人压在他身上。刽子手仔细察看有没有活着的人,只要发现尚存一息的,就加上几刺刀。刺刀透过伍长德上面的人,戳到他的背上,他突然觉得一阵火辣辣的痛楚,只得咬紧牙关屏息不动。日本兵又在死尸上浇上汽油,焚火烧尸。伍长德趁浓烟掩护,爬下秦淮河,得以逃生。十天后,他化装成乞丐,才逃回了难民区,被送进了鼓楼医院。①

50多天后,伍长德的刀伤好了,要出院了。拉贝又去看他,为他拍了照,留作证据,向日方抗议。1946年5月,伍长德在远东国际军事法庭审判时,作为见证人,到东京出庭作证。

中国士兵的遭遇让拉贝心中一直忐忑不安,他自问,在那种情况下,究竟该不该在安全区收留中国士兵?这可是他在两难境地中想出的两全之策啊!谁知日军会不顾国际公认的战争法。他茫然写道:"难道我没有权利那样做吗?我那样处理不对吗?"他相信自己的判断是正确的,可是残忍的结局让他无法心安!让他怀疑自己的处事方式。回到德国后,他多次痛心疾首地对听他演讲的听众说:"我是大错特错了!我出于人道主义干了一件蠢事,这件事常常使我的良心受到谴责。"

其实,拉贝并没有做错什么。如果当时选择不让中国士兵进入安全区,这些士兵必死无疑,如果不要求中国士兵缴械,则安全区完全有

---

① 《幸存者证言集》,南京大学出版社1994年版,第1页;同见《拉贝日记》第205页。

可能成为战场,结果无疑会更惨烈,更残酷。该受到谴责的是日本侵略者,是他们不顾国际公认的战争法规。1929年7月17日日内瓦会议订立了《关于战俘待遇的公约》,简称《日内瓦公约》,公约明确规定:敌我双方对战俘生命的任何危害或对其人身的暴力行为均应严格禁止,尤其不得加以谋杀或消灭。日本是签署国之一,虽未予正式批准,但日本答应"在细节上做些修正"后,遵守此公约。另外,1929年7月27日,日内瓦红十字公约也得到了日本的签署和批准。

With best wishes for a bright and
prosperous New Year 1938
from
John H. Rabe
Chairman of the International Committee
for Nanking Safety Zone.

安全区标记

16日一早,金陵大学李格斯教授赶来报告,昨天夜里,金陵大学100多个妇女被劫走并强奸;法学院和最高法院的难民全部被抓走;50个警察也被拖走,当时有日本军官说:"拖去枪毙!"李格斯反复提出抗议,3次遭到这个军官用军刀威胁,还被当胸揍了几拳。午后,又有志愿警46人被捕。

拉贝和日本翻译菊池一起开车去下关,察看发电厂的情况。沿途的情景触目惊心,拉贝写道:"通往下关的中山路上横尸遍地,到处是遗弃的武器装备。挹江门被炮火打得千疮百孔,城门前到处是成堆的尸体。此处只有一个边门可以通过。城门洞一米多高的尸体,与修筑路障用的沙包结结实实地叠在一起,要想乘车去下关,都得从上面开过去。日本人不愿意动手清理，而且还禁止我们组织所属的红十字会进行清理。"①

拉贝明白，日军禁止处理尸体，是想让中国人明白，对抗日军会有什么下场。

屠杀、强奸、抢劫，暴行在步步升级，不断被报告到国际委员会总部。

16 日这一天，日军在安全区大规模搜捕青壮年，集中后在附近各地屠杀。难民谢宝金曾目睹日军在大方巷边屠杀的惨状。他说："下午 4 时，见日军将老百姓 5 人一捆，在五条巷行走。不久，闻枪声，余不敢前往视察。约 6 时左右去大方巷，眼见 3 个塘内被枪杀者约 200 余名。当时余不敢近前去看。第二天，余急移至宁海路 30 号避难。事隔 40 余日，余赴该处寻找，见此 200 余人均被水泡大，腐烂不堪，而且难以认辨。"②

周凤英当年住在鼓楼二条巷，一家 10 口就有 5 口死于阴阳营集体屠杀。2000 年时，她已是 73 岁的老太太，她说："冬月 14 日（公历 12 月 16 日），早上 8 点多钟，有七八个日本兵将我们院子里的难民约 100 多人都赶了出来，一个一个进行检查，看头上有帽箍的，手上、肩头上有老茧的，就拉出来，讲是'中央兵'，叫另站一旁。我家男人是止马营种菜的，他们弟兄和叔公手上抓钉耙，肩上挑担子，当然老茧是很厚的。日军叫我叔公周必富，夫兄永春、永寿、永才等 5 人都站出来，说他们是中央兵，'死了死了的'。太阳快落山时，用机枪扫射死了。几天以后，都

① 《拉贝日记》，江苏人民出版社 1997 年版，第 189 页。
② 见国民政府档案，中国第二历史档案馆藏。

无人敢收尸,十多天后才由红十字会将尸体掩埋了。"①

拉贝写道:

> 前段时间,我们所经历的狂轰滥炸和连续的炮击同我们
> 眼下所经历的可怕时期相比,简直算不了什么。我们欧洲人
> 简直被惊呆了,到处都是处决的场所,有一部分人是在军政部
> 对面的简易棚屋前被机关枪射杀的。②

得到消息后,拉贝悄悄前去察看。军政部对面是烧毁的交通部大
楼,大楼前有座挖了防空洞的小山丘。拉贝吃惊地发现,防空洞口躺着
许多横七竖八的尸体,尸体上千孔百疮,显然是被机枪扫射而死。拉贝
屏住呼吸,他凝视着这些年轻的面孔,内心痛楚极了。这些人恰恰都是
最优秀的军人,他们坚持与日军战斗到最后一刻,未及撤退,解除武装
后进入了安全区。1、2、3、4……他只觉得一阵眩晕,他数不下去。过了
好一会,他迫使自己冷静下来,又开始数,他数了一遍又一遍,30!整整
30!他呆立在那儿,脑海中却在翻江倒海,他们是那么年轻,30条青春
朝气的生命,转眼僵卧于地,他们只是千万被屠杀的士兵中的一批。他
的儿子奥托和这些年轻的士兵一样,风华正茂,正在服义务兵役,为祖
国履行自己的义务。如果这些士兵为保卫祖国战死疆场,倒也死得其
所。可是,他们的生命却毫无价值地毁在了某些当权者的错误决策上。
一个月前,他就忧心忡忡,唐将军要献出士兵和百姓的生命来为自己戴
上美丽的花环。不幸他的预言成真。而现在,最高统帅蒋介石、唐将

---

① 《侵华日军南京大屠杀史料》(纪实、证言专辑),江苏古籍出版社 1985 年版,
第 416 页。

② 《拉贝日记》,江苏人民出版社 1997 年版,第 190 页。

军,还有那位慷慨陈词的黄上校,他们不知会作何感想?尤其是唐将军,他曾经对多少人声称要和南京城共存亡,但是到了关键时刻却首先渡江逃跑。他默默拿出照相机,照下了这惨不忍睹的一幕。事后,拉贝发现,日军经常在防空洞口枪杀中国人,这样做是为了方便掩埋,把尸体往洞里一扔,洞口一封,就势掩盖了罪证。

拉贝发现,许多池塘也成为日军枪杀中国人的场所。他写道:

> 在清理安全区的过程中,我们在一些池塘里发现了许多被枪杀的平民尸体(其中有一个池塘里就有 30 具尸体),大部分被反绑着双手,其中有些人(在礼和洋行附近)的脖子上还挂着石块。①
>
> 处决后的中国士兵被日军扔进水塘。之所以判定其为处决,是因为受害者被反绑着。这很典型,因为日军处决数万名中国士兵和平民时,用的都是此种方式。②
>
> 除了前面提到的 30 具尸体外,离我们总部不远的池塘里,还躺着被杀害的约 50 名中国士兵的尸体。③

拉贝压制着他的愤怒,写信向日本大使馆抗议,请求与军方交涉,并附上几天来的暴行记录,要求大使馆转告军方。他明白,日军是占领军,是胜利者,是主宰,必须与他们搞好关系。作为一个欧洲人,要做到这一点并不难,但作为安全区的主席,代表了安全区难民的生存和利益,要做到这一点就不简单了。他的任何不慎都可能给安全区带来毁

---

① 《拉贝日记》,江苏人民出版社 1997 年版,第 252 页。
② 《拉贝日记》,江苏人民出版社 1997 年版,第 253 页。
③ 《拉贝日记》,江苏人民出版社 1997 年版,第 298 页。

灭性的灾难。他的经历决定了他在这方面比那些美国学者、教授们更具经验，因而，他在抗议信中，尽可能地使用礼貌的语言，他要求美国委员把给日方的信件给他看看，加一些"甜言蜜语"。他与日本大使馆官员的交往都保持友好的态度，希望能争取日本大使馆官员的帮助。他在给日本大使馆二等秘书福井的信件中说过：

> 日本军官在安全区执行搜查任务时，一直有一个基本的想法在左右着他们的情绪，就是他们认为安全区里到处都是穿着便服的中国士兵。我们向贵方说明过，安全区是曾有过中国士兵，他们在12月13日下午放下武器，然后进入安全区寻求保护。但是今天我们可以向贵方保证，安全区内已经没有解除武装的中国士兵了，贵方的搜查小分队已经将他们全部清理了出去，遗憾的是同时遭到清理的还有许多中国平民。①

拉贝把委员会汇集的日军暴行记录交到了日本大使馆，希望大使馆能尽快制止日军的暴行，约束士兵的行为。他写道："我急切地盼望着这段动荡不定的日子能早日过去，我们现在对生存的忧虑的确要大于南京沦陷前的那段时间。"但是，他万万没有想到，南京城还将继续坠向地狱的深处。

暴行源源不断被报告到南京安全区总部，经拉贝他们逐日逐事整理后送往日本大使馆，不断向日本当局提出抗议。拉贝等西方人，整天奔走在安全区各个角落，营救日军暴行下的中国人，而日方也处处防范

---

① 《拉贝日记》，江苏人民出版社1997年版，第203页。

着这些碍手碍脚的西方人。12月27日，拉贝在日记中记述了这样一件事："每天都还在发生无数起强奸、抢掠和谋杀事件。今天有一名被刺了5刀的男子被送进了鼓楼医院。他陈述说，他是被处决的200名中国士兵之一，这些前士兵作为难民被安置在金陵中学，所有这些人都被用刺刀刺死，而不是被枪杀。之所以要选择这种方法，是因为我们外国人听到机枪声就会竖起耳朵并且打听开枪的原因。"①

拉贝将有关的图片和案例收入了日记。他在日记中写道："这个19岁的女子在难民区的美国学校里避难。她怀第一胎已经7个月（准确时间是6个半月）。一个日本兵要强奸她，她进行反抗，因此被他用刺刀狠狠刺了一通。她的胸部和脸部被刺伤19处，腿上挨了8刀，下身挨的一刀有2英寸深，因此她在被送进鼓楼医院一天后就流产了。这期间她的伤口已经愈合。"②这名女子叫李秀英。

拉贝收入的另一惨案的案例与照片主人是夏淑琴，当时她才8岁，全家其余8人都被日军杀死，只有她和4岁的妹妹幸免。两个孩子在妈妈的尸体旁呆了14天，靠着炒米和在一口锅里找到的剩饭活命。拉贝得知后，将姐妹俩安置在自己家的西门子难民所内。拉贝在日记中详细记录了这件惨案的全过程：

> 12月13日，约有30个日本士兵出现在门东新路口5号房子前并想入内。姓哈的房主人是穆斯林，他刚刚打开门，立即就被左轮手枪打死。一位姓夏的先生在哈死后跪在士兵面前，恳求他们不要杀害其他居民，但他也遭到同样命运。哈太

---

① 《拉贝日记》，江苏人民出版社1997年版，第294页。
② 《拉贝日记》，江苏人民出版社1997年版，第617页。

太质问日本士兵为什么杀害她的丈夫,也同样被枪杀。先前抱着 1 岁的婴儿逃到客厅一张桌子下的夏太太,被日本兵从桌子下拖了出来,她的孩子被刺刀刺死,她的衣服被抢走,一个或几个士兵强奸了她,然后还在她阴道里塞进一个瓶子。后来几个士兵走进隔壁房间,那里有夏太太 76 岁的父亲和 74 岁的母亲及 16 岁和 14 岁的两个女儿。他们要强奸两个女孩时,祖母试图保护她们,立即就被左轮手枪打死了。祖父去扶祖母,也遭杀害。他们撕下了两个女孩身上的衣服。她们分别被两三个日本士兵轮奸。后来大女孩被匕首刺死,而且他们还用一根木棍插进了她的阴道。小女孩也被刺死,只是她没有像她母亲和姐姐那样遭受东西插入阴道那么残暴的恶行。后来,士兵们又用刺刀刺伤了也躲在房间的夏太太的另一个七八岁的女儿。最后还杀死了房间里哈先生 4 岁和 2 岁的两个孩子。4 岁孩子被刺刀刺死,2 岁孩子的脑壳被军刀劈开。

那个七八岁的小女孩受伤后爬进隔壁房间,那里躺着她母亲的尸体。她在那里同她没有受伤的 4 岁妹妹待了 14 天。两个孩子靠着炒米和她们在一只锅里找到的剩饭活命。摄影者从这位小姐姐的口中了解到了以上报告的一部分情况,将孩子的叙述与被杀害者的一个邻居和亲戚的叙述作比较,并在此基础上修正了一些细节。这孩子还说,士兵们每天都回到这房子里,以便把屋里的东西拖走,但没有发现她和她的妹妹,因为她们藏在旧被子下面。

在发生这些令人毛骨悚然的事件后,所有邻居都逃到了安全区。照片中的这个老太太 14 天后来到她的邻居家,发现了这两个孩子。就是这个老太太把摄影记者领到了摆放尸体的院子里。她、夏先生的兄弟和被救出来的大女孩对我们讲述了这个悲剧的详细情况。画面上也可以看到 16 岁和 14 岁两个女孩的尸体,他们和其他尸体排列在一起,这些人都是在同一时间被杀害的。夏太太和她的婴儿同样可在画面中看到。①

拉贝等国际委员会的西方人,能看到的只是非常有限的部分,大规模的屠杀正在安全区外进行。《芝加哥日报》记者斯蒂尔设法从下关出城被阻,他带来了令人震惊的消息。他说,下关海军码头的尸体堆得像一座座小山。收尸队有好几支,日本军人把尸体抛上车厢,用卡车朝江边运。江边有几十艘汽艇和几百条木船穿梭,从卡车上接过死尸,运往江流中心,推入水中。斯蒂尔问过一个日本军佐,得知这支收尸队是日军南京淀泊场司令部的士兵,800 人,30 艘汽船,10 辆卡车,还拉出2000 名中国夫役,大约每天得"处理"3 万到 4 万具死尸。

他还报告说,定淮门外,尸体从护城河堆叠到城根,又从城根堆叠到快接近城垛。有些地方的护城河都被尸体填满了。有的日本兵从尸体上走过护城河。

《纽约时报》记者德丁想出城,到了句容,又被日军阻拦。他也带来令人难以置信的消息。上午他从新街口到太平门的路上,他看到望不到尽头的中国战俘,估计不会少于 2 万人,被押解着朝太平门方向走去。等到他在句容被阻返回,于傍晚赶回路过太平门时,他看到太平门城外干枯的护城河已是一片尸海,日本军队正忙着在河的东岸运土

---

① 《拉贝日记》,江苏人民出版社 1997 年版,第 627 页。

掩埋。

在宁海路总部,拉贝认识了26岁的丹麦人辛德贝格,从他那里得知了南京郊外栖霞山一带的情形。辛德贝格说他从唐山来到南京还没几天,被丹麦史密斯公司派往栖霞山,与德国人卡尔·京特一道,代表丹麦和德国保护栖霞山江南水泥厂的设备。12月4日到达,9日晚,栖霞山就沦陷了。日军开始大肆屠杀,无数无辜平民和放下武器的中国官兵惨遭杀戮。江南水泥厂外侧有一道有刺的篱笆墙,宽一尺,还有一条约10米宽的护厂河,难民蜂拥而至,辛德贝格和京特决定把这些难民收容下来。11日,他与京特一起在栖霞山东麓设立了江南水泥厂难民营,面积甚至比南京城内的国际安全区还要大。

辛德贝格震惊地表示,南京的情形不比栖霞山好到哪里去,沿途到处是尸体与燃烧的焦糊味。可是他从收音机里听到,南京的局势已完全稳定了,发电厂、水厂和电话设施已全面正常运转。辛德贝格解释说,栖霞山有自己的电厂,所以有电还能听收音机。13日南京陷落,至今一个星期过去了,既然南京局势稳定,辛德贝格决定送几名受伤的危重病人到南京城里来医治。但是半路上,日本人不让这些伤员通行,他只好又让人把伤员重新运回栖霞山。见到南京城内如人间地狱的状况,他非常惊讶,无论如何也要来南京城内,与国际安全委员会接洽,整整一大段路,他是独自步行走过来的。[①]

与拉贝一番交谈后,辛德贝格提出,将江南水泥厂安全区纳入国际安全委员会领导之下,作为城外的一个特殊安全区,采用与城内安全区一样的管理模式。当晚,辛德贝格又来到拉贝小陶园的住宅,他要借拉贝的汽车才能回到栖霞山。而拉贝院子里硕大的纳粹党旗显然给了他

---

① 见《拉贝日记》,江苏人民出版社1997年版,第228页。

辛德贝格在江南水泥厂难民区

启发。为了防止日本飞机轰炸工厂，辛德贝格与卡尔·京特到达南京的当天夜里就让裁缝制作了巨大的德国国旗和丹麦国旗，悬挂在工厂上空。1938年3月，丹麦的一家报纸发表文章，题为"最大的丹麦国旗飘扬在中国南京"，文中引用辛德贝格这样一段话："我让人在厂房屋顶上用油漆绘出一面约1350平方米的丹麦国旗，从空中就能清楚地看到。我想这一定是有史以来最大的一面丹麦国旗。"这些举措使该厂免于被轰炸。

辛德贝格从拉贝家回去后，针对日军不断骚扰，他与京特在该厂难民区周围交叉插上德国和丹麦的国旗，在难民区的工厂悬挂各自国家的旗帜。遇有日本兵闯进来，京特都利用其"盟国"德国侨民的身份出面，使日本兵不敢胡作非为。

从威尔逊医生那里，拉贝也得知了日军的许多暴行。一名17岁男孩胸部中了一枪，他讲述了这样一起恐怖事件：

14 日大约有 1 万名年龄在 15 到 30 岁的中国人被带出南京,到靠近轮渡码头的长江边。在那里,日本兵用野战炮、手榴弹和机关枪向他们开火。大部分尸体被抛向江里,有一些被堆起来焚烧,有 3 个人想方设法逃跑了。这男孩估计 1 万人中大约有 6000 人是被俘的军人,而 4000 人则是平民。①

　　拉贝也终于明白,为什么一再到日本大使馆抗议没有任何效果,他写道:"日本大使馆的官员看来要把我们的处境变得可以忍受一点,但是他们似乎过不了他们自己的同胞(军界人士)这一关。我们已有耳闻,这里的军事指挥部不准备承认由大使馆成立的日中委员会(类似于我们的安全区国际委员会)。现在证实了福田先生在他到这里的第一天对我们所说的话是对的:'军界人士要把城里的情况搞得一团糟,而我们大使馆则设法避免这样!'遗憾的是,不论是福田先生,还是田中先生或福井先生,都没有能说服军队!!"②

　　日本外交官对日本军队的所做所为感到害羞,对这我已很有觉察了。③

　　日本军队的屠杀行动是在执行上级命令。日军上海派遣军司令官朝香宫,曾签署了"机密,阅后销毁"的命令:"杀掉全部俘虏。"④日军 16

---

　　① 见威尔逊日记,载章开沅编译:《天理难容》,南京大学出版社 1999 年版,第 455 页。

　　② 《拉贝日记》,江苏人民出版社 1997 年版,第 297 页。

　　③ 《拉贝日记》,江苏人民出版社 1997 年版,第 307 页。

　　④ [日] 田中隆吉:《审判始末:战败密录》,第 44—45 页,并见[美] 戴维·贝尔加末尼:《日本天皇的阴谋》(上册),商务印书馆 1984 年版,第 70 页。

师团师团长中岛今朝吾在 1937 年 12 月 13 日的日记中写道："由于方针是大体上不保存俘虏,故决定赶至一隅全部解决之。"①

从日本《读者新闻》随军记者小俣行男记载的他耳闻目睹的日军暴行中也能证实,这是一场得到上级命令的有组织的行动。他说:

> 俘虏有 10 万之多。刚进城的部队曾问军司令部:"这些俘虏怎么办?"回答是:"适当处分。"(这个命令是事实,山田旅团长当时在笔记中写到:"12 月 15 日就处理俘虏一事派本间少尉去师团,得到'收拾掉'的命令。"所谓适当处分,就是如无法处理就予以处决。这是军队里一开始就确定了的方针。)

> 因此,俘虏被日本兵带到长江边的下关排队斩首。第一排杀完,让第二排把尸体抛到江中,然后排成一排,同样杀头。就这样从早晨杀到晚上,一天不停地杀,也只杀了 2000 人……长江上漂满了中国士兵的尸体,鲜血染红了江水,真是惨不忍睹啊!……

> 不仅残杀战俘,还杀害无数的平民百姓。联络员说他们看见路上躺满了百姓的尸体。

> 究竟杀了多少人? 这个数字既未发表,也无法估计。总之是满目死尸。②

第二次世界大战后,远东国际军事法庭和南京军事法庭都对南京大屠杀行为进行了审判。南京军事法庭认定,被日军集体屠杀并毁尸

---

① [日]《历史与人物》增刊,1984 年,第 169 页。
② [日]小俣行男:《日本随军记者见闻录——南京大屠杀》,周晓萌译,世界知识出版社 1985 年版,第 4—5 页。

灭迹的有 19 万余人,被零星屠杀、尸体经慈善团体掩埋的有 15 万余人,被杀害总数共 30 余万人。远东国际军事法庭的判决是:被害者总数在 20 万以上……这个数字还没有将被日军所烧弃了的尸体、投入到长江或以其他方法处理的人们计算在内。①

据日军战俘、原日军南京碇泊场司令部少佐太田寿男供认,日军在 1937 年 12 月中旬焚埋和抛入长江的尸体达 15 万余具。② 据此,远东国际军事法庭实际上做了南京大屠杀被害者人数为 30 万以上的判定。

在这样险恶的环境下,拉贝和国际委员会仍保护了许多军人,特别对中国军队的将领给予了特殊照顾,将他们安顿在较为安全的地方。陆军野战救护处处长、代中国军队卫生部部长金诵盘,先住在美国大使馆,后被转移到金陵大学教授宿舍楼;第 71 军军长兼 87 师师长孙元良,被安排混在金陵女子文理学院女难民中;教导总队的参谋长邱清泉经贝德士安排,藏在金陵大学管理大楼的最顶层密室;王敬久部的刘启雄将军伪装成伤员躲进了鼓楼医院;第二旅中校参谋主任、抗日名将廖耀湘,搭一个农夫的马车躲过日军搜索,藏进栖霞寺。后来,栖霞寺的和尚与辛德贝格、京特取得联系,他们偷偷将廖耀湘用小船送到长江北岸。唐生智卫戍司令部的龙应钦和周上校两名高级军官则躲在拉贝家二楼,更有一名中国飞行员一直躺在拉贝家中养伤。1938 年 2 月底,拉贝让他装成自己的佣人,成功地带他越过封锁线,离开南京到了上海,最后去了香港。

---

① 见《远东军事法庭判决书》中文本,群众出版社 1986 年版。
② 原抚顺日本战犯管理所太田寿男供词,中央档案馆藏。

二　嗜血的"入城式"

1937年12月16日,南京汤山温泉别墅五步一岗,十步一哨,笼罩在肃杀的气氛中。上海派遣军司令官朝香宫、第10军司令官柳川平助、参谋长武藤等高级将领正恭立在别墅前,迎接日军华中方面军司令官松井石根大将。他将由苏州前来南京举行攻占中国首都的"入城式"。

几辆插着太阳旗的军用汽车在别墅前戛然停下,瘦小干瘪的松井从车上下来,骄横地昂着头,被众将簇拥着登上了附近的山包。松井举起望远镜观察,镜中出现一处处烟火,他摇头说:"遗憾!遗憾!不属惊人大火。"

柳川向松井报告:"据全城搜查,支那残敌经皇军扫荡,已大部被歼。"

松井顺着柳川所指方向移动望远镜,只见江边尸横遍野,层层叠叠。他不以为然地厉声喝道:"残敌甚众,紫金山附近残敌尤多,对南京城内外的扫荡不能停止。"

军司令官朝香宫迟疑地说:"那明天的入城式?"

"举行入城式虽为时过早,但推迟对我皇军无益。要断然采取措施,明天的入城式照常举行。"松井恶狠狠地打断他。

松井进入汤山别墅,他的参谋长家田功少将抓过电话,下令:"第13师团立即出动,马上从镇江开赴南京。"2万日军星夜兼程,向南京进发。

家田功少将又对朝香宫和柳川传达城内扫荡的进一步指示:"两军

（上海派遣军与第10军）在各自警备地区内，应扫荡战败残兵。"

朝香宫、柳川也摇通电话，下达一个个命令："严密搜查，继续镇压反日分子。""要对南京抽筋剔骨，全部扫除残敌。"

一支支车队风驰电掣，一队队步兵纷纷出动。一士兵问队长："扫荡残敌？怎么连夜出动？"

"明天要举行入城式，不许出一点差错，出现游击队可不行。"

"听说皇叔朝香宫也乘马参加入城式，如果有人掷石块，或者干脆开枪射击，那可不得了了。"

队长说："对，所以只要是男人，我们就要全部扫除，这是最高命令！"

30里外南京城内，暴行更加狂虐地通宵达旦，达旦通宵。

下关大屠杀日以继夜，夜以继日。

下关码头上，一片黑乎乎的尸体堆积如山。有50人到100人将尸体丢向江里去，他们不声不响忙个不停，就像在演哑剧。在朦胧中，渐渐可以看到长江的对岸，码头上到处闪烁着微微的光亮，那都是血。

过了一会儿，作业完毕，"苦力们"被日本兵吆喝着排列在江边，哒哒哒！一阵机枪声，只见这群人或仰面，或朝前，尽跌江中。

与此同时，松井在蒋介石的汤山专用浴室内，浸泡在温暖的泉水中，微闭双眼。侍从为他捏揉着肩胛骨。

侍从问："将军阁下感觉如何？"

松井笑答："十分舒畅。"

第二天下午1时30分，日军各师团率领受阅部队从中山门一直排列到长江路国民政府前。在日军仪仗队军号声中，松井石根骑着栗色大马，威武而又趾高气扬地进入中山门，后面的马上是两个集团军的司令官朝香宫鸠彦、柳川平助，以及随行参谋和警卫。

日军入城式

在国民政府前院,松井等向升起的日本国旗致敬。松井为自己指挥日军创立的"功业"感到十分激动,他刚刚收到陆军参谋长闲院宫的贺电,贺电说"战绩卓著,史无前例",天皇陛下对皇军占领南京异常满意。他面向东京皇宫高呼:"大元帅陛下万岁!"官兵们跟着齐呼"万岁",松井领喊第二声时,由于过分激动,语不成声。

对于攻占中国首都南京的入城式,日本新闻界作了连篇累牍的报道。日本《国际画报》作了如下报道:

（17日）下午1时半,攻占南京的部队以中山门到国民政府为中心,举行了意义深远的入城式。以总攻南京中身居第一线的朝香宫鸠彦中将为首,军司令官松井大将及其以下幕僚、陆军各部队长,在排列于中山路两侧的部队中间,步武堂堂开进敌都,进入国民政府。这时,从下关登陆的舰队司令长官谷川(海军第3舰队司令长官)也率领各幕僚参加入城式。然后,升起太阳旗,面向东方遥拜皇居,在松井大将的带领下,"圣寿万岁"的口号响彻紫金山。至此,激动人心的历史性的入城式结束了。①

夜晚,松井乘轿车前往山西路西流湾旁边的首都饭店入住。黑暗中,借着房屋燃烧的火光,可以看到沿途到处闪烁着微微的光亮,那都是一摊摊的血迹,两旁黑黝黝的梧桐树成排闪过,浓烈的血腥尸臭气味从半开的车窗外袭来。松井作屏息状,伸手推闭车窗。他靠在车厢沙发上,注视着前方,轿车大灯射出两支雪亮的光柱,照见一具具血肉模糊的尸体。

19日和20日,松井在南京视察两天。

半夜,松井从恶梦中惊醒。他白天在下关江边视察时见到的几万具尸体,突然一具具动了起来,怒目张口,向他逼来。这个杀人魔王心惊肉跳地擦拭着满头的冷汗,他跳下床,跪倒在床前的一尊观音佛像前。

他是个佛教徒,每次出征,都随身携带一尊观音佛像,保佑自己取得胜利。因为佛经上有文"杀生有罪,"他向观音许愿:"中国事变,友邻相争,扫灭众多生命,实乃千古惨事。我将采集江南各地战争染血之土,再建造一座大观音像,普渡众生。"

12月21日,松井乘车离宁赴沪。沿途,他不时停车,让侍卫把路上染血的泥土装入麻袋。

---

① 载日本《国际画报》,1938年2月1日。

一名侍卫对此感到很纳闷,忍不住向侍卫长询问:"带这么多血土回去干什么啊?"

侍卫长回答:"大将要造一座很大的血土观音,超度亡灵。"

三 全城烈焰中的外交抗争

滚滚浓烟像一条条带子,沿着地平线延伸,烟雾样的空气中弥漫着呛人焦味,一处处烈焰飞腾直上云霄,火光映红了半边天空,大量灰烬纷纷扬扬洒落下来。

从 12 月 19 日开始,南京全城火灾不断,毫无疑问,日军正在有计划地纵火焚烧城市。

另一方面,日军又不停地到国际委员会来纠缠,要求恢复水电、通讯。

12 月 21 日那天,日军又召集商业人员准备开会,表明他们试图恢复秩序。

这显然很矛盾。贝德士对日方说:"告诉我们,你们究竟是要恢复正常秩序,还是要毁掉整个城市? 我们可以据此行动,请不要愚弄我们!"

拉贝敏锐地意识到,日军焚烧城市,"可能仅仅是为了抹去他们洗劫掠夺的痕迹"。[①] 焚烧城市和恢复秩序,看似矛盾,实质并不矛盾。

20 日那天,拉贝观察到,城市有 6 处火灾,其中一处在珠江路上,距他小粉桥的住宅不远,站在花园中,只见烈焰在狂风中张牙舞爪,咄

---

① 《拉贝日记》,江苏人民出版社 1997 年版,第 235 页。

咄逼人。

克勒格尔和丹麦人辛德贝格来到拉贝家中,劝说拉贝注意安全。辛德贝格带来了17000名难民的请愿书,请求日本当局的怜悯和保护,以免受日军士兵的暴行侵扰。日军士兵在栖霞山的所作所为同在南京一样恶劣。江南水泥厂难民营附近有一个栖霞寺难民营,深受日军的骚扰和威胁,20多名和尚代表难民写了5封抗议信,请求辛德贝格把信翻译成德文和英文,进城分别转交给拉贝和德国使馆。

辛德贝格这次是骑着摩托车来南京城的。难民区一个五六岁的小孩被手榴弹炸伤,他带孩子进城,闯关成功,把孩子送到鼓楼医院的美国医生威尔逊手中。威尔逊不仅及时救治了孩子,还给了辛德贝格药品、绷带和两名护士。京特出生在中国,知道中国人信任中医,他想办法请了几位中医进厂。后来,辛德贝格和京特在江南水泥厂的单身宿舍办起了一个小医院,并请鼓楼医院轮派医生为难民义务诊疗。

拉贝这几天习惯了险象环生,他认为起火地点距离他的家还有相当一段距离,并不在意。夜里2时半,拉贝被一阵巨响惊醒,他起床来到窗口察看,大火已蔓延到了主要街道中山路上,院墙和屋顶正在一批批坍塌。大火离他的院子现在只隔了一排房子,火星四处飞舞,星星点点飘散到他家院子里,落在难民的茅草棚屋顶上。真是太危险了!火势随时会蔓延而来,他的院子里还存放了几百桶汽油。拉贝密切注意着,谢天谢地!好在火势渐渐弱下去了,他终于松了口气。

史密斯和费奇告诉拉贝,20日那天,他们出去在全城转了转。太平路的大部分已被烧毁;白下路的两边正在熊熊燃烧,一整条街上停满了日军军用卡车和汽车,数支由15名到20名士兵组成的日军小分队,在小头目的监督下观察着街道两边燃烧的房子,有些士兵从商店里向

汉西门外毁坏的情况

外搬商品到卡车上。他们看到一些士兵在商店里纵火取乐,在桌子板凳上浇油,嘻嘻哈哈燃起火堆烤火,烤完火,他们若无其事地走了,大火就这样蔓延开来。他们开车行驶在火花四溅和燃烧的木材中,中华路上,路的两边一片火焰,基督教青年会所在地正在燃烧,火也是从房子内部点燃的,房子的外部还没有着火。国府路几乎被烧成一片废墟。

刚开始发生火灾时,许多中国人还出来灭火,但日本兵乘机屠杀救火的人,就再也没有人敢轻举妄动了。

当时住在王府巷的左润德说:

> 日军在新街口丰富路卫生所放了火,火势很大,附近的居民都纷纷赶去救火。不料救火的人刚跑到跟前,早埋伏在隔壁军营的日本兵大批翻墙而出,端起刺刀就对救火的人捅,捅

死就摔进火堆里。有的还被日本兵活活推进火里烧死。在这场灾难中，王府巷居民被烧死的就有 20 多人。后来我曾到卫生所的废墟那里去过，只见一片焦黑的尸体，横七竖八地堆在那里，惨得很。①

现在，拉贝已经找到了这类火灾的前兆迹象了：

只要有大批卡车出现，那么稍过一会儿，房子就会燃起熊熊大火，也就是说，先抢劫，然后纵火。②

令人发指的是，日军用点燃汽油和化学药品作为纵火方式，根本没有办法救。贝德士在 1938 年 1 月 10 日给友人的信中写道："我们现在每天仍可看见几处起火。许多住宅区也被蓄意烧毁了。我们弄到了日本兵纵火用的化学剂片的几个样品，并已调查了这一过程的各个方面。"③

贝德士后来在东京国际军事法庭作证时提供了这些样品。④

拉贝决定，带领全体外侨去日本大使馆请愿。根据城内情况和辛德贝格提供的城外焚烧情况，他们起草了一封信，上有 22 名外侨的签名，要求停止焚烧整座城市，立即停止已持续一周的混乱状态，恢复老百姓的正常生活，允许运进食品、确保住房安全等。

---

① 《幸存者证言集》，南京大学出版社 1994 年版，第 408 页。
② 《拉贝日记》，江苏人民出版社 1997 年版，第 236 页。
③ 贝德士致朋友函，载章开沅编译：《天理难容》，南京大学出版社 1999 年版，第 18 页。原件藏耶鲁神学院图书馆。
④ 《远东国际军事法庭南京事件审判记录》，载[日]洞富雄：《日中战争史料》（八），第 51 页。

21 日下午 2 时,5 名德国人、14 名美国人、1 名奥地利人和 2 名俄罗斯人,也就是所有留在南京的外侨,在鼓楼医院门口集合,拉贝率领大家排队大步走向日本大使馆,向领事田中递交请愿书。

田中一见来了这么多外侨,立即迎了出来,客气地让他们进去。拉贝他们在这里意外地见到了日军最高指挥官松井石根。松井全然没有他们想像中叱咤风云的威风,瘦小干瘪,他笑容可掬地和外侨一一握手致意,然后就告辞了。田中接过拉贝递交的请愿信,朗读了一遍。田中读完信,拉贝在一旁担任了发言人的角色,他说:"贵国士兵正在有计划地纵火,我们与中国人的观点是一致的,就是这座城市将会被全部烧光。"

田中彬彬有礼,微笑着否认了这种看法,他说:"怎么会呢?"不过,他又补充说:"我将尽力而为,同军事当局讨论您提出的制止纵火和破坏秩序两个问题。至于第三点,即为安全区补充粮食和燃料储备,恐怕不便与军方讨论,因为日军自己也缺乏食品。"

会晤中,一名日本海军军官交给拉贝一张便条,便条是德国大使馆罗森写的。他正在南京附近的一艘"蜜蜂"号英国炮艇上,"炮艇目前没有登陆许可证,所有人都不得上岸"。拉贝明白,这是日方不希望有更多的证人看到南京城的真实情况。罗森询问:"留在南京的外侨是否都好? 德国财产是否完好无损?"

拉贝看完便条,也微笑着告诉田中:"田中先生,德国大使馆的罗森博士来信,询问南京外籍人员和财产的情况,我将不得不回信告诉他,除了两座房屋外,其他所有的德国房屋都被日军损坏了。"

一切都是那么文质彬彬,礼貌有加。然而温文尔雅的礼节背后,是针锋相对,是斗智斗勇,这就是外交。

拉贝清楚,必须很小心,不让日方抓到把柄,才能使事情进展顺利。他与十几名委员赤手空拳,有的只是正义和爱心,面对的却是 5 万名武

装到牙齿、失去控制的占领军。战争使他们的兽性不可抑制地膨胀,稍有不慎,就可能给中国的难民们带来更大的灾难。他写道:

> 昨天史密斯博士的问题提得很好,即目前我们尚能控制局面的"假象"还能维持多长时间? 如果难民收容所中的一个中国人打死了一个正在强奸他的妻子或女儿的日本士兵,那么局面就会失控,日本人就会对他们曾经慷慨许诺要予以尊重的安全区进行血腥的大屠杀。[①]

目前,他的纳粹身份还能管些用,他们不得不有所顾忌。他写道:

> 到目前为止,我很有派头地指一下我的"卐"字袖标、我的党徽以及我房子和汽车上的德国国旗,还能起到相应的作用,还能奏效(太棒了),但是日本人对美国国旗却丝毫不予理会。我的车今天早上被日本士兵拦住的时候,我大发雷霆。看见我指着我的旗子,日本人立即给我放行,但是特里默大夫和麦卡勒姆博士在鼓楼医院却遭到了枪击,幸好子弹打歪了。但是朝我们开枪这个事实让人感到可怕,因此就不难理解那些在自己的大学给成千上万的妇女提供庇护的美国人为何忍无可忍了。[②]

日本人使馆的官员们无数次地保证,要阻止军方的无控制状态,但情况丝毫无好转迹象。拉贝和他的委员们慢慢地明白了,日本大使馆

---

① 《拉贝日记》,江苏人民出版社1997年版,第236页。
② 《拉贝日记》,江苏人民出版社1997年版,第236页。

也无能为力,他们也无力控制军方,甚至他们也受到军方的恐吓,他们除了同东京联络以外,一事无成。福田表示知道火灾是有目的的,他说:"我希望远离这个乱糟糟的地方回东京去。"

拉贝清楚,如果忍不住,冲动地和这帮强盗土匪动武,就揭破了他们最后一层遮羞布,虽然一时会很痛快,很解气,但日军很可能会恼羞成怒,把他们强制遣送出城,这对任何人都没有好处。日军现在根本无视国际法规,美国负责接送大使馆官员的炮艇"帕奈"号在芜湖江面被炸就是一例。几天前,拉贝从日本海军处得知,日机由于判断失误,炸沉了"帕奈"号,造成多人伤亡。然而,栖霞山江南水泥厂的丹麦小伙子辛德贝格带来的消息却大相径庭,他那儿有收音机可以收到新闻。"帕奈"号事件完全不是日方所说的误炸,而是有意轰炸,炮艇还遭到了机关枪扫射、登船搜查等明目张胆的挑衅行为。美国方面反应强烈,要求天皇亲自道歉。香港也闹得沸沸扬扬。福田说,德国大使馆罗森等三人被转移到了英国炮艇"蜜蜂"号上,很可能是怡和洋行的三桅帆船也因轰炸而沉没了。委员会经过初步统计,南京城中有 38 所德国房子被抢劫和破坏,其中一所——黑姆佩尔饭店被烧毁。美国人的损失更惨重,共有 158 所房子被抢劫和破坏。美国、德国、英国、意大利各国大使馆都有日军进入洗劫,美国大使馆的 4 个看门人被杀,意大利大使馆的汽车被抢走。因此,在这种情况下,拉贝尽量采取克制的态度,送交日本大使馆的公函避免使用过激的语言,用语礼貌含蓄,抗议换成了恳请,请愿代替了谴责。

1 月 16 日,在日本大使馆的便宴上,拉贝作了一场违心的演讲。他说:

> 我们向日本人的崇高感情呼吁,向武士道精神呼吁。关
> 于武士道精神,我们外国人听得很多,读到很多。武士们在无

数的战役中为自己的国家英勇战斗,同时也对一个失去抵抗力的敌手表示出他们的宽容精神。[①]

为了南京难民的安危,为了中国人的生存,拉贝强忍克制着他的愤怒,在当天的日记中,他写道:

> 我不知道美国人对我的讲话作何评价。我意识到我讲得违心,但从我们慈善事业的利益出发,我认为这是有利的,并且也符合耶稣的原则:'为了目的,可以不择手段。'不可否认,日本大使馆的官员们是对我们有过一些帮助的'唯一'的人们,正是这些'唯一'的人们,帮助向日本当局转递过我们的报告,或是说过几句好话。他们之所以未能达到我们所希望的结果,原因可能在于日本的外交官们必须听从军方,今天在日本政府中只有军方才有发言权和决定权。[②]

拉贝没有从事过外交工作,但他的经历锻炼了他的外交才干。史密斯、贝德士等都赞扬拉贝说:"他比我们老练多了。"

拉贝给罗森的回信措辞巧妙地通报了南京的情况。因为城内没有任何通讯工具,电报只能通过日本大使馆,由日本海军发出。他写道:"如果您能和我们一起在这里欢度圣诞节,我们将感到非常的高兴。到那时我们也许就有照明、水和电话了。两所德国的房子,即大使先生和我的房子没有受损,陶德曼博士先生的汽车正在为军事当局效劳,您的汽车以及其他的德国汽车也同样如此。"

---

① 《拉贝日记》,江苏人民出版社 1997 年版,第 417 页。
② 《拉贝日记》,江苏人民出版社 1997 年版,第 417—418 页。

拉贝的机智得到了美国人的赞赏和钦佩,史密斯说:"这简直是个杰作!"因为美国人给美国驻上海总领事馆的一封电报被日本大使馆拒绝转发,他们在电报中请求说:"问题严重,急需在南京派驻美国外交代表。局势日益严峻。"他们在餐桌上反复讨论,修改了 6 遍,直到他们自认为用语比较含蓄、能发出去为止。但是日方还是找到了毛病,他们说"局势正一天天好转"。

拉贝所能做的,也就是在赤手空拳的情况下与武装到牙齿的敌人斗智斗勇,率安全区国际委员会向日本大使馆竭力交涉、呼吁。他在 1938 年 1 月 8 日的日记中说:

> 今天城里又有 4 处燃起了大火,我们欧洲人对于纵火的看法,日本军事当局好像根本无所谓。

他在 1 月 17 日的日记中说:

> 昨天下午,我和罗森博士坐汽车在城里看了很多地方,我非常沮丧地回到家里。日军在这里造成的破坏真是罄竹难书。我认为这个城市完全不可能在短时间内恢复繁荣。

他在 1 月 18 日日记中记载:

> 四面八方都可以看到烟柱冲天,纵火取乐还在继续。

暴行步步升级,拉贝信件的语气逐渐地变得越来越充满敌意,他的克制正在逐渐地按捺不住。

日军的纵火行动整整持续了 6 个多星期。南京城房屋总数的百分之八九十都由于纵火、抢劫、掠夺各种原因被破坏了。

然而拉贝和他的朋友们在如此的情况下,创造了一个奇迹。南京城中有一块绿岛,成为唯一得以幸免火灾的地区,那就是面积占全城总面积八分之一的安全区。史密斯的调查报告认为,安全区没有火灾发生,而且与外面的破坏和暴力比较起来,安全区里的待遇要优厚得多。这完全是拉贝领导的委员会的一大功绩。

安全区位于南京城的西北角,是南京城内环境最幽雅的地区。金陵女子文理学院(今南京师范大学)、金陵大学(今南京大学)、鼓楼医院等近代优秀建筑得以幸免于大火,宁海路、颐和路一带几百幢私人小洋楼得以保留下来,也完全是因为在安全区内的缘故。其中有许多在今天被列为文物保护单位,宁海路、颐和路一带成为最有特色的民国建筑群。作为历史文化遗产,其价值是无法用金钱估量的。

金陵大学社会学教授史密斯是安全区国际委员会的秘书。他于1938年6月完成了对1937年12月南京城郊在日军暴行中受祸情况的调查。从中可以看出,拉贝和安全区国际委员会仅对安全区房屋的保护一项,就避免了南京人民财产的多么巨大的损失。

史密斯的调查认为:

除了安全区为10%和门西区为78%外,城内各区房屋遭破坏都超过90%。城外地区,通济门达到99.7%,下关是98%,水西门算是侥幸,只有70%。在城外,62%的房屋被烧毁了。通济门被烧的房屋则达78%。安全区是0.6%[①]。

---

① 见南京图书馆编:《侵华日军南京大屠杀史料》,江苏古籍出版社1997年版,第273页。

调查表明:"所有地区的房屋和房内财产损失总计 24600 万元。在这个巨大的损失中,其中 67%(16500 万元)是由于纵火。"如果没有拉贝和他领导下的安全区国际委员会的强烈抗议,通过国际舆论对日军施加压力,由于纵火引起的财产损失数额恐怕将会更大。

四 20 多万难民面临断炊

拉贝作为安全区的最高长官,他面对的困难像千万座大山,除了要防止日军的恣意侵扰和屠杀外,难民区的衣食药品也是个大难题。总面积只有 3.85 平方公里的难民区这块领地上,拥挤着 20 多万难民,每幢房子里都挤满了人,人们只能一个挨一个勉强躺下。所有的空地上都搭满了芦席棚子。天寒地冻,这么多人要吃、要穿,粮食、煤炭、水、药品,少了哪一样,几十万人都将难以生存下去。

当年守军营长郭岐被困南京城内,他描述当年的情景说:"兽兵进城之后,断绝行人,各城门不准进出,只顾烧杀奸淫。你想,30 余万难民,每天必须消费,外间的粮食进不来,市面的存粮又无几,人心惶惶,不死于枪刀之下,也得变为饿殍。正在危险不分的当儿,国际委员会出来救济了,真正无法维持之难民,每日准领稀饭充饥,每人可买一升米。如你有钱,也不卖给。难民们得此救济,每天各人皆拿了洗面盆,前往粥厂领稀饭。手无分文之难民,当能延续他们的生命,不致饿死……在那严寒深冬,大雪纷飞、寒风凛冽的时候,一般难民既饥且寒,而且多住在席棚里,又无门窗,那种儿啼女哭之声与慈母痛子之声气;蓬头垢面,真是惨绝人寰! 国际友人见有及此,为各难民营妥备收容所之住宅,并筹集棉衣,发给难民御寒,难民只有感激流涕而接受了。"①

日军刚进城时,难民区内有部分难民自带粮食,部分难民靠粥厂救济。难民们冒着刺骨的寒风,端着脸盆,从粥厂领回滚烫的稀粥,一路上,小心翼翼地走着。他们捧着的,是冰天雪地中的一抹阳光啊!在这群魔横行的人间地狱,还有正义、关爱存在。自己的家人喝下这烫烫的粥,温暖的不光是身体,还有一颗企盼的心。谁也料不到,突然一阵枪声响起,一个个难民应声倒下,鲜红的血染红了雪白的粥,女难民扔下脸盆,尖叫着奔逃,终究被膀粗腰圆的日本兵强行掳走。

恐怖使难民不敢再赴附近粥厂,只能由国际委员会把米粥送到各收容所。因为没有苦力装取米煤,12 月 16 日早晨,有数千人空腹挨饿。国际委员会出动卡车,由外国人坐镇,通过了日本兵的岗哨,暂时解决了难民的粮食问题。拉贝手下的西方人仅十多名,不仅要对付日军的无数暴行,还要负责向各收容所分米、分煤、送粥这些工作,他们面临的困难由此可见一斑。

难民们生活上的更大难题还在后头。日军占领南京后,封存了城内所有的米和煤。其中马超俊和唐生智留下的粮食有相当部分被日军所扣,未及运入难民区的"米 10933 袋及面粉 1 万袋被日方没收"。至1938 年 12 月底,国际委员会手中的存粮已十分有限。难民家庭自带的米粮大多告罄,大批难民已经面临饿毙境地。

12 月 21 日,拉贝率外侨 22 人向日本大使馆提出 20 万难民的食宿问题,请求日本大使馆出面应付危局。

12 月 26 日,拉贝在日记中忧心忡忡地写道:

---

① 郭岐:《陷都血泪录》,载《侵华日军南京大屠杀史料》,江苏古籍出版社 1997年版,第 18 页。

在安全区内养活 20 万人的问题变得日益棘手……我们向日本当局提出的在城内寻找其他粮食储备并运到安全区来的申请始终没有得到答复。日本人是想让中国人走出安全区,回到自己的家中。如果日本兵不再抢劫、破坏和焚烧民宅,那当然再好不过了。如果再不恢复秩序,那么就有三分之一的人不知道该靠什么活下去了。

辛德贝格每天都来南京城内,他说,江南水泥厂的难民也面临断炊,难民已增至近 2 万人,食物极为短缺,他们又不敢外出。卡尔·京特命手下打着德国旗去村民家收购粮食,回来再分发给难民。

12 月 27 日,拉贝致函日本大使馆的福井,请他同日本当局商洽。拉贝对福井的印象较其他日本人要好一些,看来他认为福井是日本人中较容易沟通的一位。他说:

福井是日本大使馆全体成员中我唯一寄赠西门子日历记事簿的人。在警官高玉先生的陪同下,福井先生送我一箱哈瓦那雪茄作为回赠……我和这两名日本人为庆祝圣诞夜干了一杯葡萄酒。他们见我这儿有圣诞树和花,感到非常惊奇。由于日本人非常喜欢花,所以我就把我库存的花分了一些给他们,他们看上去非常高兴。我希望能和这两位先生套套近乎,以使在我这儿的那么多难民的命运多少能好一些,因为他们现在掌握着大权。①

---

① 《拉贝日记》,江苏人民出版社 1997 年版,第 278 页。

同样,拉贝这次也希望福井能说服日本军方,他在致福井的函中说:"希望您能同贵军当局商定一个办法,使我们有可能立即运进大米、面粉和燃煤。"[1]

福井接信后,立即就向拉贝询问燃煤的储备情况,拉贝提出要为安全区的 4 个粥厂用卡车运煤,遭到了拒绝,福井不客气地说,必须告诉他们地址,才会把煤给安全区送来。

拉贝十分清楚,日方也急需煤,胳膊拧不过大腿,如果不告诉他们,安全区也休想运进煤来。所以拉贝委托李格斯进行了实地调查,然后制定了一份燃煤储备清单和一份贮藏图,送到了日本大使馆。

1938 年元旦,拉贝他们得到了通知,说日本当局把其中一处燃煤中的 550 吨分配给了自治委员会,自治委员会决定把这批煤提供给安全区的粥厂使用。

李格斯负责安排运输这批煤,但他吃惊地发现,位于慕兴会堂 1 号的储煤,他当初去查实时有 500 吨,而现在只剩下了 200 吨,其中还有几十吨劣质煤。看来,日本当局拿到贮藏图后已疾足先登。

很快,难民们自带的储备食品用完了。各收容所的存米也差不多告罄。拉贝和国际委员会多次和日本大使馆与日本当局联系,要求日本当局提供国民政府留下来的大米、面粉。

经反复交涉,日军军需处石田少佐答应出卖米 5000 袋、面粉 1 万袋。1 月 7 日,国际委员会向石田少佐订购米 3000 袋、面粉 5000 袋、煤 600 吨。可是,三天后,当安全区会计克鲁茨带着卡车前往取货时,石田少佐出尔反尔,称米、煤、面粉一概不能出让,要由自治委员会主持

---

① 《拉贝日记》,江苏人民出版社 1997 年版,第 291 页。

分配。①

1月12日,日军把持下的伪政权自治委员会又出花招,仅准安全区每隔 3 天装 1000 袋米。难民当时总数在 25 万至 30 万之间,每天需米 2000 担,约合 1600 袋。如果每隔 3 天始准取米 1000 袋,只及实际需要的三分之一。拉贝得知后大怒说,30 万人 1000 袋米吃 3 天? 问问日方,他们每天吃多少? 1 月 13 日,国际委员会发现 7 处煤栈的存煤 2000 多吨,要么被日军搬走,要么被日军焚毁。②

1月14日,拉贝致函日本大使馆福田参赞,斥责日军当局的不人道行为,同时提出,"目前必须设法使平民每天购米 1000 袋,并迅速增加到 1600 袋"。③ 此外,需解决燃料问题,以减少冬季难民的痛苦,要求日本大使馆速与日军当局洽商。拉贝他们为此事同日方谈判,就花去了两天时间。

拉贝发现,难民中普遍出现了脚气病,这是因为没有蔬菜等补充维生素的原因。他很担心,难民如此长期以米为生,没有维生素的补充,就缺乏抵抗力,再加上恶劣的卫生环境,引起疾病、产生瘟疫的可能性非常大。拉贝的妹妹和道拉的姐妹都曾在欧洲霍乱流行的年代丧生,所以他知道卫生的重要性和瘟疫的可怕。

拉贝又派员前去与石田少佐交涉,进一步提出,难民还应有补助食品,否则"如仅仅吃白米饭,数星期后,恐将疾病丛生"。如果市民在漫长的冬季只能以米为生,产生瘟疫的危险性就很大。要求日军出让花

---

① 南京图书馆编:《侵华日军南京大屠杀史料》,江苏古籍出版社 1997 年版,第 246 页。

② 南京图书馆编:《侵华日军南京大屠杀史料》,江苏古籍出版社 1997 年版,第 246 页。

③ 南京图书馆编:《侵华日军南京大屠杀史料》,江苏古籍出版社 1997 年版,第 246—247 页。

生、豆、油、菜蔬之类,供给难民。①

石田少佐答复说:"日本陆军已没有储备的豆子、花生、食油和新鲜蔬菜或有关代用品可以提交你们向南京市民出售。"

遭日军拒绝后,拉贝设法与上海联系,募集捐款,购买各项食品600吨。安全区档案中记载国际委员会曾设法向上海"购运'青豆'百吨"。拉贝日记中也提到向上海购买"青豆"。这种德文和英文中的青色豆类,究竟是中国的哪一种豆类? 笔者向当年居住在拉贝家中的难民丁永庆老人了解,他说,天气冷,潮气大,许多难民打地铺,没有蔬菜吃,都得了脚气病,拉贝在和难民交谈中得知,蚕豆能去湿气。中国民间也有用蚕豆壳煮水洗脚治脚气病的偏方。他向难民们许诺,要想方设法弄些蚕豆给他们吃,增加些营养和热量。后来,他们果然吃到了盐水煮蚕豆。但是,他们不知道,为了弄到这些豆类和其他粮食药品,拉贝和日方展开了怎样的一场较量。

对于从上海装运食品,日方是百般刁难。拉贝为此反复向日方交涉,又敦请英、美、德等国大使馆出面,给日军施加压力。他在 1938 年1 月 19 日致美国大使馆阿利逊、英国大使馆白鲁尼、德国大使馆罗森的公函中说:

> 按敝委员会史密斯君曾于 1 月 17 日致函阿利逊先生,提
> 及向日方所要求的三点:第一,自治委员会迅速发售米、煤、面
> 粉;第二,准许敝委员会向上海商业储蓄银行堆栈装取米
> 3000 袋、麦 9000 袋;第三,准许敝委员会由上海装运食品 600

---

① 《拉贝日记》,江苏人民出版社 1997 年版,第 414 页。

吨。史密斯君昨向日方作第三次交涉。①

国际红十字会主席马吉也是安全区国际委员会成员,他是美国时任总统罗斯福的童年好友,他也四处奔走,通过各种关系和国际舆论压力,终于迫使日军同意难民区每天可购米 1000 袋。

拉贝又亲自拜访美、英使馆负责官员,希望能向中国难民伸出援助之手。他在 1938 年 1 月 28 日致英使馆白鲁尼的公函中说:

> 函恳阁下设法从英国捐款中拨出一部分,交由敝委员会支配。美国咨询委员会已拨出捐款一部分,希英国方面亦能俯允所请为感。②

美国红十字会、英国伦敦市长基金会、中国银行家协会、上海救援南京委员会等从上海发来消息,共募得 21.5 万元。拉贝终于募得了捐款,并购买到了急需的粮食和药品。

拉贝在 1938 年 1 月 22 日的日记中写道:

> 预订的 1000 磅鱼肝油将用来增强肺病病人的体质,20 万单位抗毒血清用来治疗这里正蔓延的白喉。日本人直至现在仍然拒绝发给上海和香港的医生和护士入城许可证。不过我们希望依靠大使馆的帮助,不久即可得到,否则就对日本当

---

① 南京图书馆编:《侵华日军南京大屠杀史料》,江苏古籍出版社 1997 年版,第 248 页。

② 南京图书馆编:《侵华日军南京大屠杀史料》,江苏古籍出版社 1997 年版,第 251 页。

局的拒绝态度毫不留情地予以披露。

他在 2 月 5 日的日记中记载：

> 今天，鼓楼医院的医生传来消息说，已有两个患脚气病的病人送进医院。这对于以大米充饥的单一营养者来说是不足为奇的。

安全区国际委员会秘书长史密斯向上海基督教青年会的费奇紧急发函求救：

> 已发生多例脚气病病例，请尽快向医院寄发 10 加仑维生素 B 药水，另加 60 毫升白喉抗毒血清素——这两种药请优先供给卫生署。医生建议用大豆作预防食品，请用"瓦胡"号船运 100 袋蚕豆来。如缺货，请设法筹办一大部分。再寄 500 个带软瓶塞的 6 盎司瓶子，我们用来给缺乏营养的婴幼儿喂奶粉。①

100 吨蚕豆终于在 2 月 14 日由太古洋行的"万通"号轮船运到南京，上海的日本海军早已发给许可证准许船运这批蚕豆在下关靠岸，但南京的日本军队拒绝安全区国际委员会的请求，要求无条件地将豆子交给自治委员会，否则这批货物不许运入。

日本当局甚至厚颜无耻地提出，要没收各方捐助的款项物资，给日

---

① 《拉贝日记》，江苏人民出版社 1997 年版，第 589 页。

伪机关支配。拉贝予以坚决的拒绝,并报告美国大使馆。他说:

> 各方为救济南京难民起见,纷纷捐助款项物资⋯⋯伪日方欲没收委员会所保管的款项物资,将招致全世界舆论的责难。①

> 阿利逊先生目前正在(与英国大使馆)作出努力,促使日方改变态度,从而有利于我们。②

在拉贝和美国大使馆阿利逊等人的共同努力下,"蚕豆问题"终于解决——准许运进,既可以在安全区内,也可以在安全区外予以分发。

在拉贝领导下的国际委员会努力下,一度停炊的粥厂又升起了炊烟,为衣食无着的难民提供了一份活命的食物,为营养不良的人们提供了一份增加营养的蚕豆,为婴儿提供了一份养料。

在拉贝回国前,麦卡勒姆牧师为表达对拉贝先生的敬意,专门谱了一首《南京难民合唱曲》,歌词写得幽默中隐藏着辛酸:"我们要蚕豆做早饭,我们要蚕豆做午饭⋯⋯"

根据金陵大学社会学教授史密斯的《南京战祸写生》调查报告:"难民收容所内,平均82%的人从施粥棚里取得粮食,安全区里有17%的人依靠施粥棚。"③"其中10万以上的人身无半文,完全依靠救济度日。"④

---

① 南京图书馆编:《侵华日军南京大屠杀史料》,江苏古籍出版社1997年版,第257页。

② 《拉贝日记》,江苏人民出版社1997年版,第649页。

③ 南京图书馆编:《侵华日军南京大屠杀史料》,江苏古籍出版社1997年版,第284页。

④ 南京图书馆编:《侵华日军南京大屠杀史料》,江苏古籍出版社1997年版,第139页。

拉贝还试图恢复用电,为难民筹集棉衣、毛毯御寒,组织人掩埋尸体,救助伤员。

总之,在南京沦陷最初期间最危急的两个多月,受拉贝和国际安全委员会救济保护的难民达 20 多万人,受保护幸免于屠杀的难民达 10 万多人。妇女受庇护幸免于日本兽兵蹂躏的有数万人。①

据南京江南水泥厂历史档案记载,"(民国)廿六年(1937 年)冬,各地避难人民麇集于栖霞山者甚众……幸赖昆德(Dr.Karl Günther,今译"京特")博士设难民区于江南水泥厂,收容男女难民约四五万人","昆德博士于危难之中拯救吾同胞四五万人"。"出于正义、良知和人道,和德国京特一道保护中国难民的还有丹麦人辛波(今译"辛德贝格")。"从 1937 年末到 1938 年春,他们利用西方人的身份不断阻止日军对难民营的侵扰,保护和拯救了几万名中国人的生命。

五 西门子难民收容所无人伤亡

血,喷泉一样,源源不断地流,浸透了古城的每一寸土地,每一座山岗;染红了一个个池塘、一条条江河。美丽的古城沦为了腥浪滔天的恐怖大海,大海中漂浮着无数的尸体。25 个难民收容所成了死亡之海中的绿色小岛,挤满了惊恐的难民。

拉贝的家小粉桥 1 号,是 25 个难民收容所中的一个,被称为"西门子难民收容所"。拉贝派人拖来了稻草和芦席,在院子里搭起了一个个芦席棚,地上铺上厚厚的稻草和草垫子。随着日军暴行的升级,附近的

---

① 据南京市档案馆战后秘书处档案中记载战后调查统计。

居民不断地涌来，难民最高达 630 多人，把小楼和院子挤得满坑满谷。他们把生的希望寄托在这座绿色的小岛上，把身家性命都交给了小岛的主人——善良的德国人拉贝。

然而，小岛的绿色引来垂涎的目光，小岛的篱笆挡不住野兽的侵袭。拉贝则像牧羊人一般，守护着这些任人宰割的羔羊。拉贝在楼房四围插上了 4 面纳粹党党旗，院门上贴了禁止入内的日文布告，但是，只要拉贝不在家，日军就一批批地前来骚扰。

12 月 17 日一大早，就有两名日本兵爬过院墙，正打算闯进住房，拉贝闻声而出，大声斥责，日本兵声称看到了中国士兵进来。拉贝拿出他的纳粹党徽，伸到他们面前，两个日本兵悻悻地越墙而去。

下午，拉贝不在家。又有几名日本兵闯进来，强行开走了院子里的一辆汽车，韩湘琳无法阻拦，只好要求日本兵留下字据，一名日本兵嘻笑着抓起笔，用蹩脚的英文龙飞凤舞地涂道："感谢你的赠送！日本皇军，K 左藤。"写完后扔下笔，几人狂笑着开车离去。

晚上 6 时，拉贝刚回到家，又有 4 名日本兵翻越围墙，拉贝几步冲过去，把 3 名日本兵赶了回去。余下的一日本兵快步穿过一排排的难民，来到大铁门前，拉贝追上去，一把抓住他，把他推出大门。这些家伙刚到门外，就一溜烟跑了。

18 日一大早，天还没亮透，拉贝迷迷糊糊在睡梦中，被楼下院子里一片惊叫声吵醒，他伸头从窗户看去，一群日本兵正在翻越围墙。他披上衣服就冲下楼。

拉贝挥动手电筒照向日本兵，他用汉堡人的大嗓门叫道："滚！滚出去！"他上前一把将骑在围墙上的一名日本兵推了下去。几名翻下墙的日本兵恼怒地拔出刺刀，向拉贝逼来，一名日本兵则拔出手枪，向拉贝作射击状。拉贝毫不示弱，从口袋中一把掏出纳粹标记，用手电筒照着,向日本兵伸过去:"看清楚,这是什么!"

当明白他们面对的是一个德国人后,几名鬼子兵惊慌大叫:"德意志! 德意志!"迅速收起了刺刀,想去打开院门溜走。

拉贝挡住院门:"不行!"他用手电筒示意,他们必须从原路,也就是围墙上出去。鬼子们只好爬墙而去。

院子里的难民欢呼起来,拉贝为他们出了一口恶气。

拉贝去总部上班后,又有15名左右的日本兵闯入,有几个攀墙而入,韩湘琳出来阻止,几名日本兵刺刀出鞘,气势汹汹地逼向韩湘琳,抢走了他西装口袋中的钱和一些文件。

永井少佐来总部找拉贝,要求帮助恢复电厂供电。拉贝把日军的暴行记录交给他,说:"贵军如果任由这类恐怖活动继续发生,我们就不可能提供必要的工人,也无法恢复水、电、通讯这些机构的工作。"

永井不以为然地把暴行记录丢在桌上,说:"未免夸大其辞了吧!"

就在这时,拉贝发现停在总部门外的一辆汽车被日本兵抢走了。拉贝派人费了很大劲才把车弄回来。这时,一个中国人跟跄着冲进来,惊恐地大叫:"日本兵开枪打死了我的兄弟!"原因是他没能满足闯进他家的日本士兵一包烟的要求。拉贝对永井说:"连我的家也不断有贵军士兵光顾。"

永井说:"这好办。"他当即用日文开了一张住宅安全证,交给拉贝。

拉贝疲惫地坐上永井的车,出去寻找电厂工人。他们先回到小粉桥拉贝家。拉贝把永井开具的日语住宅安全告示交给韩湘琳,要他贴在大门上。然后转身上车准备离开。

这时,对门一位邻居冲了出来,气急地叫道:"拉贝先生,拉贝先生,快来救救我老婆!"门内传来一阵声嘶力竭的哭叫声。

拉贝和永井立即冲进对门房子,循声看去,眼前是不堪入目的一幕：一个日本兵正把一名哭泣的妇女压在床上，其余三个日本兵正拎着裤子，急不可待地等着轮到自己。

三个日本兵一看一位德国人和一名日本军官进来，立即像老鼠一样，窜得不见了踪影。永井一把抓住趴在床上的日本兵，左右开弓打了士兵两耳光，然后又踢了他一脚，用日语吼道："滚开！不识时务的东西。"日兵连滚带爬逃走了。

拉贝和永井又坐进汽车准备离开。韩湘琳跑过来报告说："拉贝先生，您不在的时候，日本兵把您交我的文件和钱抢走了。"

拉贝一听，真是吃不消了。他转身问永井："少佐先生，现在您都看到了，您还认为我们在夸大其辞吗？"

永井一脸尴尬，他说："对不起，今天在亲眼目睹了这些事实后，我已改变了看法，我将尽最大的努力立即结束目前的状况。"

拉贝打开车门下车，态度坚决地说："对不起，请贵军先维持军纪，然后才能恢复城市供电供水。"①永井只好悻悻开车走了。

晚上 6 时，几个日本兵爬过院墙，其中一个已脱下军装，解下了皮带，正企图强奸一个姑娘。拉贝正好回到家，他上前大声斥责，命令他从爬进来的地方再爬出去。另一个家伙正骑在墙上，拉贝上前，不客气地把他推了下去。

用德国纳粹党"卐"字标记对付兽性的日本兵，这方法果然屡试屡验，有意想不到的效力。于是拉贝和另两名德国人成为日本兵最奈何不得的人物，那些强奸妇女的兽兵一见到德国人，就会连声惊呼："德意志！德意志！"悻悻逃窜而去。

---

① 《魏特琳日记》1937 年 12 月 16 日记载："拉贝先生告诉日本司令官，他能够帮助恢复市内电、水和电话服务，但这只能在城市恢复正常秩序后才能办到。"江苏人民出版社 2000 年版，第 196 页。

而美国人和其他欧洲国家人，则经常遭到日本兵的暴力殴打。美国人李格斯、魏特琳女士为阻止日军暴行，多次遭日军拳击、打耳光。贝德士这个纳粹主义的反对者也诙谐地夸奖拉贝他们三名德国人：

国际委员会的帮助很得力，事迹堪称奇迹。3个德国人干得很出色。为了同他们保持伙伴关系，我几乎愿意佩带纳粹徽章。①

这枚黑白图案的勋章在日本是至高无上的，每个日本兵都望而生畏。与其说日本兵惧怕德国人，还不如说日本兵惧怕纳粹党，惧怕希特勒。

12月20日，拉贝开车到安全区总部去办公，路上一个日本兵横加阻拦，拉贝指着汽车上的德国国旗和胸前所佩国社党党徽，猛加斥责。日本兵不敢再阻止，只好退到一旁，让拉贝通过。

20日这天，当拉贝一身疲惫回到家时，他发现自己的宅院大门，包有厚厚铁皮的大门，留下了刺刀撬动的痕迹，一块铁皮板被撬起了一个角。显然日本兵没有得逞。他让人赶快把已经损坏的门尽可能修好。

12月23日，拉贝正在总部忙着统计一份外国人财产被损的报表交给日本大使馆，佣人张国珍跟跄着跑来总部，通知拉贝，家中来了日本兵。

一个日本兵闯到我们这里，把我的私人办公室翻了个底

① 贝德士致朋友函，载章开沅编译：《天理难容》，南京大学出版社1999年版，第19页。原件藏耶鲁神学院图书馆。

朝天,现在正在想方设法打开我存放着 2.3 万元的钱柜。我和克勒格尔迅速开车回家。闯入者刚刚离开,钱柜他一个人打不开。我们坐下来吃晚饭,这时又有 3 名士兵爬过院墙,我们厉声呵斥,又把他们从院墙上赶了回去。大门是绝对不能给这帮犯罪的歹徒打开的。克勒格尔自愿下午到我这儿来守卫。我正准备开车回总部,又有 6 个日本匪徒爬上了院墙。当然,他们也同样必须从墙上爬回去。到目前为止,这一类翻墙入院的事情我想怕已经经历了 20 起。[①]

拉贝为保护这些可怜的难民,常常脱不开身。12 月 24 日是圣诞日前夕,天气很好,环境似乎也略略安宁些了,街上行人渐众,出现了许多临时的货摊。美国人费奇和太太邀请拉贝和其他委员前去过圣诞节。十几天来,他们没有好好吃过一顿饭,每个人都在各自负责的难民所里,和难民们一起经受各种各样的苦难。拉贝脱不开身,作为主席,各种困难千头万绪,他每天都工作 20 小时以上,就是仅有用于睡觉的几小时,他也辗转难眠,后院 600 多名难民此起彼伏的鼾声似乎时时在提醒拉贝:有些人醒着,是为了让别人睡得更好;可有些人醒着,别人就睡不着。20 多万人生命的重托啊!拉贝太清楚肩上的责任了。

这天晚上,大家邀请拉贝去平仓巷参加圣诞晚会。拉贝说:"我不能放着我 602 名难民不管。"他不能前去参加晚会,但他们约好,在晚会过程中,由委员会的某位成员来替换拉贝,让拉贝和他的美国难兄难弟们共度片刻时光。他在这天的日记中记下了他一生中度过的最险恶的圣诞节:

---

① 《拉贝日记》,江苏人民出版社 1997 年版,第 267 页。

米尔斯先生来接替我的岗了,于是我开着他的车前往美国人那儿。夜色笼罩,一路上碰到好几具尸体。这些尸体已经连续 12 天横陈在我们周围的街道上,无人收殓。我还经过了被日本士兵纵火焚烧后剩下的废墟。在内心中我一方面为我们的未来担忧,另一方面也怀有一丝希望,我们很快就会渡过这个难关,群魔乱舞之后,安宁和秩序将会重新来临。美国人默默地、忧心忡忡地紧靠在一起,他们没有圣诞树,只有壁炉边上的几面小红旗表明他们的佣人想给主人带来一丝喜悦。我们大家讨论了最紧迫,同时也最使我们忧虑的问题:难民登记。日方命令每一个难民都必须登记,登记必须在会后的 10 天内完成。难民共有 20 余万人,这可不是一件容易的事。第一件麻烦事已经来了:已有一大批身强力壮的平民被挑选了出来,他们的命运不是被拉去做苦工就是被处决。还有一大批年轻的姑娘也被挑选了出来,为的是建一个大规模的士兵妓院。谈到这些残酷无情的做法,圣诞的快乐情绪是怎么也生长不起来的。半个小时以后,我又重新沿着弥漫着臭味的街道往回开。我的小小院内收容所充满了祥和与安宁,只有几个岗哨悄悄无声息地沿着院墙来回走动。换岗时,几个手势,断断续续的话语,谁都不想打搅患难兄弟姐妹的睡眠。米尔斯开车回去了,我也能去睡觉了,但是必须像往常那样和衣而眠,因为我必须时刻做好将闯入者驱赶出去的准备。谢天谢地,今天一切都是静悄悄的。我长时间地倾听着我周围的呼吸声和鼾声,偶尔被某些病人的咳嗽打断。[1]

---

[1] 《拉贝日记》,江苏人民出版社 1997 年版,第 279 页。

由于拉贝的得力呵护,他院子里的 600 多名难民没有一个伤亡。即使在日方的难民登记中,也没有人受到伤害。拉贝记载了当时的情形:

> 我得到了一份预料不到的再好不过的圣诞礼物,那就是 600 多个人的性命。新成立的日方委员会来到了这里,开始对我登记的难民进行调查。每名男子都被一个个叫到,登记按严格的顺序进行,妇女儿童站在左边,男人站右边。现场非常拥挤,但是进展顺利,没有人被拉出去。而在我旁边的金陵中学,今天得交出 20 多名男子,因为怀疑他们曾经是中国士兵,这些人都必须被枪决。我这里的中国人都很高兴,我也从心眼里感谢我的主,一切进展得非常顺利。[①]

当年受到拉贝庇护的难民宗有琴老人在 1997 年告诉笔者,她当年才 18 岁,她的哥哥与拉贝门口的鞋匠是好朋友,在鞋匠的引荐下,她和哥哥都躲到拉贝院子里。她的哥哥是卖鱼苗的,头上常年戴草帽或毡帽,额头上有一道明显的帽箍,肩上也有挑担的老茧。日本人开始也把她哥哥拉出来盘问,但在拉贝的竭力护卫下,终于平安无事。

李世珍老人是拉贝当年的邻居。笔者 1997 年寻访到她时,她已是一位 70 岁的老太太。1937 年她才 10 岁,还不记事。但她提到,除了她自己家,还有叔父家、姨妈家,整个家族 50 多口人,都躲在小粉桥 1 号,大屠杀期间无一人伤亡。在她和其他人的记忆中,小粉桥 1 号的难民也无人伤亡。这在整个难民区可以说是绝无仅有的情况。这不能不

---

① 《拉贝日记》,江苏人民出版社 1997 年版,第 280 页。

归功于拉贝的强有力保护。史料记载中，其余难民收容所都有日军暴行得逞的记录。

丁永庆老人是笔者寻访到的另一位见证人。丁永庆老人还提到，几个日本兵翻过院墙进来，偷拉贝的鸡，进行骚扰。拉贝接到佣人电话赶回来，日本兵想从大门溜走，拉贝要他们从哪儿进来还从哪儿出去。这些家伙只好悻悻地翻墙出去。这与档案记载及《拉贝日记》的记录如出一辙。

最危险的一次是，日军翻过围墙，企图强奸妇女，院子中的几名少妇和姑娘惊叫着一直逃向二楼，日军紧追不放。而二楼躲藏着国民党军队中的几名高级军官，秘密一旦败露，后果将不堪设想。难民区中曾因为几颗子弹壳、一件军衣被日军发现而殃及整幢房屋难民的性命。幸亏一位日语翻译制止了兽性大发的日军。

高级军官中，有一名名叫王光汉的飞行员。他与三名同伴是空军部队最后一批飞离南京的，起飞时恰是日军进城的时候。他们飞到上海以东的入海口水城阻击日本军舰，因为得到情报有许多运输船载着日军和供给从日本驶来。在离海岸不远处，他们发现了五六艘舰只，其中一艘最大的船正在他们视线之中。正当他下令投弹时，惊恐地发现甲板上漆有一面美国国旗。幸好他没有按下投弹钮。可是另一架已经投弹，命中了"胡佛总统"号（罗伯特·多拉尔公司在太平洋上的最大船只）。炸弹穿越甲板，在下面爆炸，幸好无人员伤亡，几架飞机飞回南京，紧急着陆于离下关江边只几英里的一块空地上。天已拂晓，到下关要越过一条水道。此刻恰遇一队日军，他和同机副驾驶沉入水中躲藏。他的水性好，潜泳游了过来，可是他的同伴在游渡时被射杀了。到达城墙时，他依靠腿布和前一天逃亡者丢下的绳子翻越进城，最后找到了安全委员会总部的办公室。

安全区副总干事费奇看到他时，他衣衫不整，浑身湿透了，牙齿格格打着冷战。

费奇马上替他借来一套衣服，领他到房间更换。

在委员会会议上，大家决定，让他藏到拉贝家中。在拉贝离开南京时，王光汉扮作拉贝的佣人，成功地逃离了南京。

快要过新年了。拉贝宅院中的草棚里，在 12 月 28 日、29 日两个夜晚，分别出生了一男一女两个婴儿。产妇在污泥、垃圾中生产，没有医生，没有接生婆帮助，也没有襁褓和包扎用品，只有几块肮脏的破布。拉贝因为不能为产妇提供好一点的住所感到内疚。他送给新生儿每人 10 元钱，为男婴取名"约翰尼"，为女婴取名"道拉"，这是拉贝夫妇俩的名字。如果这两名婴儿健在的话，到 1997 年也有 60 多岁了。

12 月 31 日是相对平静的一天，安全区国际委员会第一次在夜间没有接到暴力行动报告。或许是由于拉贝的全力呵护，或许是受到新年氛围的感染，拉贝家中的一些难民忘记了危险，忘记了日本兵的残暴，两个男性难民出去闲逛，被日本兵绑架了，被逼去为他们扛抢劫来的物品。其中一个难民的妻子痛哭流涕，跪下来求拉贝想办法领回她们的丈夫，否则他们会被杀害。拉贝带了这名衣衫褴褛的妇女，开车沿着中山路寻找，很费了一番周折，才搞清两名男子的去向。20 多名全副武装的日本兵不肯交人，经过拉贝反复交涉，才领回这两名男子。但拉贝明白，必须对难民加强管理，不能再发生类似的事情。他说：

> 当我完成这次出征之后，我是多么高兴。我在收容所当众训了这两个愚蠢的家伙一顿。如果不听劝告的人都愚蠢到跑出去让人抓的话，我总不能去追回我 630 个难民中的每一个人吧。那他们当初在我这儿藏身干什么呢？我发出警告，

类似这样的营救行动我不会干第二次,这样长期下去太危险。
日本士兵新年放假 3 天,有人虽然许诺不准闲荡的士兵进入
安全区,但我不相信和平,我们已经有过极其糟糕的经历。①

他想起了这两天日本兵对他住宅的所作所为,12 月 28 日晚 7 时
30 分,日本少佐冈派了两个强壮的日本士兵来到拉贝家担任保护安全
的警卫。这两名警卫开始在雨雪天气中巡逻。然而,一个多小时后,又
有两名日本兵前来骚扰,警卫却不见了踪影。他在当天的日记中写道:

> 晚上 9 时,正在用餐的时候(克勒格尔正在做客),两个日
> 本匪兵突然悄悄地爬越后面的院子围墙。当我准备出去时,
> 他们已经在食品间了。我让克勒格尔叫那两名警卫抓住他
> 们,但这两人不见了!! 而正当克勒格尔向我报告叫警卫的结
> 果时,这两个匪兵又灵活地从围墙上一跃而出。他们在我房
> 子里这样做太活跃了点。哈——哈——哈难道不应该笑吗?
> 冈少佐先生,请您转达我对德国大使陶德曼博士先生阁下的
> 问候。关于派警卫保护的想法,您得申请作为您的专利了。
> 这里没有别的什么保护物,只有党徽——"卐"字袖章和我汉
> 堡人的特大嗓门。我只要喝令:"滚——出——去! 你们这些
> 流氓! 你们这些无赖!!"谢天谢地,他们一般就会畏缩或逃
> 跑了!②

---

① 《拉贝日记》,江苏人民出版社 1997 年版,第 314 页。
② 《拉贝日记》,江苏人民出版社 1997 年版,第 300 页。

1938 年的元旦,一大早,拉贝送管家的妻子去医院治病。当他乘车回到他的宅院时,他一下愣住了,难民们组成了夹道欢迎的队列,放起了鞭炮,向拉贝表示敬意。而这些鞭炮,是日本人成立伪自治政府时发下来的。600 多个难民围着拉贝,向他献上用红墨水写在白纸上的新年贺信,大家向他三鞠躬。拉贝的中国朋友为拉贝翻译了贺信内容:

拉贝先生:

恭贺新年吉祥!

亿万滚滚而来!

您收容所的难民 1938 年

当拉贝从鞭炮的火星中走出来,全体佣人和职工排成隆重的队列,向拉贝行新年磕头礼!

在腥风血雨中,拉贝以他的特殊身份,保护西门子难民收容所的难民没有受到一丝一毫的伤害。难怪难民们要对他顶礼膜拜。

中国人的传统节日——春节快到了,纷纷扬扬的一场大雪整整下了两天。大雪过后,雪开始融化,西门子难民所成了一片沼泽地,屋檐上的雪水,像难民们悲伤的眼泪,成串地滚落下来。愁苦的情绪笼罩了整个院子。1 月 30 日,警察和士兵受日本特务机关的委托在各难民收容所发布通知:在 1938 年 2 月 4 日,所有难民必须迁出难民收容所,否则封存所有的财产,关闭大楼。

拉贝为了安慰这些可怜的人,在除夕日为其中最穷的 100 人举行了一次私人联欢会。拉贝让韩湘琳凑了 100 元钱,分给了他们每人 1 元,难民们高兴得不得了! 明天就是中国人最盛大的节日,国际委员会同意拨给西门子难民所一笔特别补助——5 元钱。5 元钱对 600 多人来说是太少了,只能用来买些做年夜饭的调味品,但可怜的难民们很知足,他们除了每天每人两茶杯的口粮外,还额外得到了满满一茶杯的米,因此,每个人都露出了开心的笑容。

1938年春节带着从未有过的悲怆来临了。

一大早,沉重的鞭炮声就响了起来,拉贝的佣人和雇员都隆重地向他鞠躬拜年。拉贝来到院子里,难民们早已在院子里排起了整齐的队伍,一齐向他三鞠躬。许多年轻姑娘将拉贝团团围住,由衷地感谢他保护了她们,救了她们。难民们献给拉贝一块红绸布,上面写着汉字。拉贝猜想是封感谢信。他把这块布交给了佣人,不料佣人恭敬地将这块长3米、宽2米的红布悬挂在了客厅里,不少中国客人围着观看。其中有个人把它翻成了英语:"你是几十万中国人的活菩萨。"拉贝起初没留心,但翻成英语的赞誉让他吃了一惊,他仔细地看了看这位说话的人,他是原中国政府的一位级别较高的官员,古文专家,拉贝说:"您能否再翻译一遍,但不要加任何恭维的修饰。"这位官员说,他所念的,字字准确,当然还可以翻译得更完整一些,大概是这样的:

> 你有一副菩萨心肠,
>
> 你有侠义的品质,
>
> 你拯救了千万不幸的人,
>
> 助人于危难之中,
>
> 愿上天赐福于你,
>
> 愿幸福常伴你,
>
> 愿神祇保佑你。
>
> 你难民收容所的难民

听了这样的赞美之辞,拉贝却兴奋不起来。因为2月4日一天天迫近了。这一天,这些可怜的难民将被赶出这里,自己能不能保护他们都很难说。他唯一的武器就是用德国国旗来防止最糟糕的事情发生。

日方限令的时间终于临近了最后期限。许多先前离开难民收容所回家的难民有的被日军枪杀,有的妻女被日军强奸。许多难民又哭着逃回收容所。韩湘琳对西门子难民所的600多难民进行了统计,共计135户中已有21户无家可归,他们的住房被烧毁了。

拉贝为此一再与日方交涉,但日方以种种借口不予理会。1938年1月29日,拉贝召集了委员会的所有成员开了个会,要求大家把真实情况通报本国大使馆,以取得各大使馆的支持。

拉贝写信给德国大使馆的罗森,在信中,拉贝焦虑地表达了安全委员会的忧虑,请求他和日本当局进行磋商。他说:

> 我们对能取得多大的进展不抱多少希望(因为罗森博士在日本人的眼里不是一个可爱的人,而是一个可恨的人),但我们必须试图让日本人放弃将中国难民强制赶出安全区的打算。在此事上,我只能选择罗森博士,因为我作为委员会的德国籍主席最好通过德国大使馆或它的代表行事。①

2月2日,拉贝与罗森一起,与日军上海参赞日高进行磋商。日高回答,据他所知,根本不存在强迫问题。此后拉贝多次敦促他与日本军事当局商谈此事。

每一所难民收容所里都在演出悲剧,西门子难民收容所的70个姑

---

① 《拉贝日记》,江苏人民出版社1997年版,第533页。

娘和妇女双膝跪在院子里，"咚咚"叩着响头，嚎啕大哭着对拉贝说："你就像我们的父母，你保护我们到现在，可不能把我们甩下不管啊！如果我们受到污辱不得不死，那我们宁愿死在这里！"

面对这悲惨的一幕，听着这些泣血的诉说，拉贝无法无动于衷。他伸手扶起姑娘们，对她们说："我答应你们，我会尽力的。但我不能保证一定能拯救你们。"

拉贝通知委员会的所有成员，明天都要坚守岗位，对将要发生的一切要做好思想准备，用本国国旗保护一大批难民。日本兵来了会感到惊讶的，如果这些强盗敢进犯收容所，就尽力阻止，但他担心不知由此会引起什么样的冲突。

2月4日这天，拉贝在日记中记载了这一天的情况：

今天我得亲自站岗，也就是说，我必须注视着自己的难民收容所，双眼盯着我家后面德国学校里的600名难民和我家前面中学里的5000名难民。如果日本兵强行闯入，我虽然阻挡不住，但我起码可以做一个目击者，观察事态发展以向世界通报。我一定想方设法保护好我自己的房子，我们倒要看看，他们敢不敢在我面前侮辱德国国旗！担惊受怕的2月4日过去了，一切都很平静。这意味着只要日本兵有所顾忌，我们就不会遇到麻烦。我们大家对此都感到非常高兴。今天是中国春节的最后一天假日，尽管天公不作美，下着雨雪，中国人仍是兴奋地在院子里燃放鞭炮。这些可怜的人如此知足：只要不被打死，他们就满意了。

日方又下达了最新消息：所有难民收容所必须在2月8日解散，难

民群中一片哗然,情绪安定不下来。2月8日,拉贝在日记中记录了他这一天的行为:

早上8时,所有妇女和姑娘一个紧挨着一个站立在我们院子中央的小路上,这是院子里唯一的一块空地。她们耐心等待着,直到我吃完早饭。我要动身去委员会总部,刚一出门,她们就双膝下跪,跪在潮湿冰冷的水泥地上不起来。我通过她们信赖的刘司机对她们说:"日本人和自治委员会公开宣布,你们今天必须离开难民收容所(即安全区),如果你们想留下,我个人也不反对,我不会赶你们出去的!但是,如果日本兵大队人马开进来,强迫你们离开我的屋子与院子,我一个外国人单枪匹马的又有什么办法呢?你们必须看到,我的权力太小,我不能长期保护你们!尽管如此,我还会想方设法阻止日本人闯进院里。请让我到德国大使馆去与使馆代表商谈一下。""他没办法!"刘喊道。这样,她们才站起来,让我走了。我曾想到今天上午与贝德士博士一起去日本大使馆,把一个日本官员带到百子亭的杀人现场。在我家附近的中山路上,我看到约200名日本士兵列队而来,我害怕这些军人(如宣称的那样)会强行清理安全区。因此,我疾速驶往平仓巷找美国人,动员所有外国人为难民收容所站好岗。然后,我又亲自来到德国大使馆,找到罗森博士,他很乐意与我一起返回小陶园,想亲眼看看,日本兵是如何侵犯我的领地和房屋的。谢天谢地,什么事也没发生!日本士兵列队是为了欢迎顺道来访的日本将军。在我家叙谈了一个小时后,我们来到美国大使馆与阿利逊先生商谈。然后,我们驱车前往总部,再次确认日方确实没有进犯安全区。

这个月底,拉贝应西门子总部的命令,离开南京回国。而西门子难民收容所的难民有相当部分仍滞留在拉贝家中,一直到局势稳定。

丁永庆老人一直在拉贝家中住到 1938 年 6 月,直到南京基本恢复秩序后才离开。

1997 年,当笔者找到当年住在拉贝家中的一批难民时,当年的年轻小伙子已成了耄耋老翁,稚气的小姑娘已成了白发婆婆,但他们对 60 年前的事仍记忆犹新,对拉贝充满了感激之情。

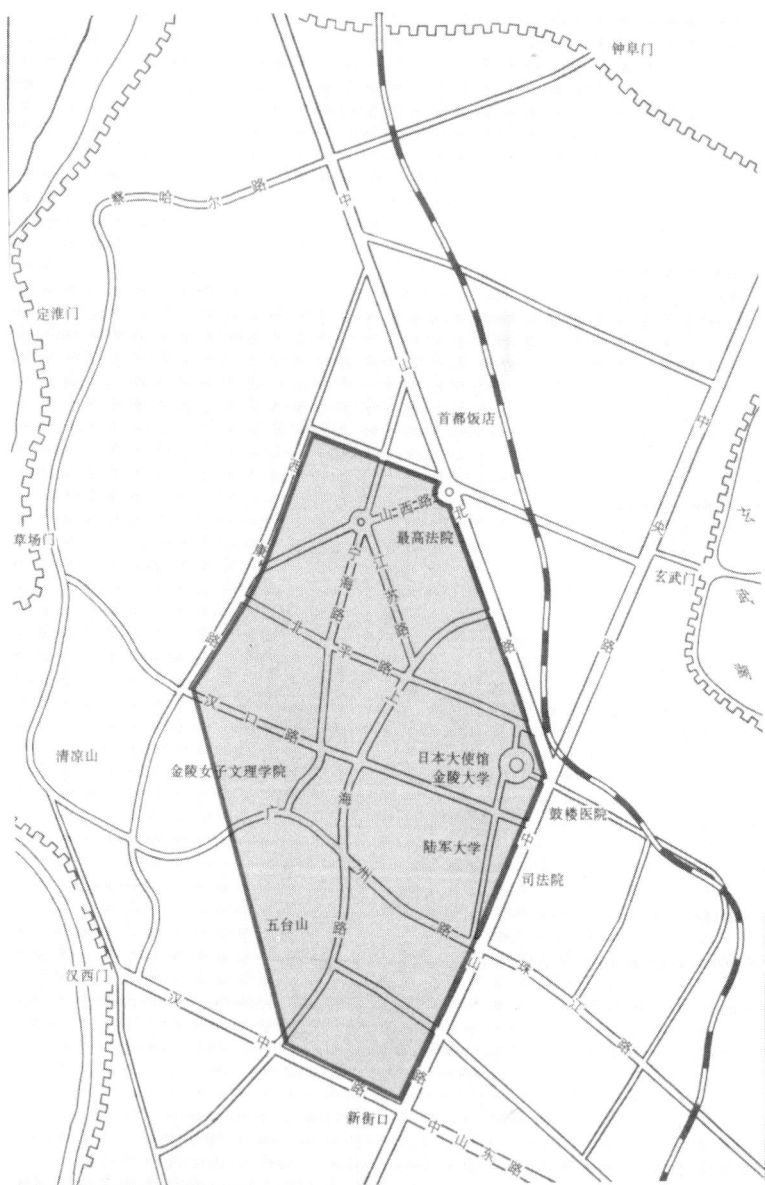

南京安全区示意图

第九章　来自祖国的困惑

一　难以割舍的中国情

　　1938年1月14日，拉贝接到了西门子上海总部的电报："结束商务事宜，同韩速来上海。""韩"是指拉贝的助理员韩湘琳。拉贝手拿电报，皱起了眉头。当时安全区正面临举步维艰的境地，日方正千方百计要搞垮安全区，粮食没了，燃煤没了，许多难民得了脚气病，20多万难民如何生存？空前严峻的形势摆在这位主席面前。他和委员会中的美国人正想尽办法从上海运粮食进来。

　　当晚，拉贝趴在煤油灯下，向上海理事会的迈尔经理写了一封长信，向总部解释说：

　　　　如果日本人以及新的自治政府能接管我们的工作，我们是不会有任何意见的，而且我们希望越早越好！一旦市区内恢复了秩序，当局准予我离开南京，我将前往上海。到目前为止,有关此事的所有申请都遭到了日本人的拒绝。①

他介绍了南京安全区的艰难处境,提出了他的恳求:

在此我补上个人的请求,请同意我在安全区委员会解散之前留在南京,因为几个欧洲人的去留实际上决定了许多人的命运。仅仅在我的房子和院子里就有 600 多名赤贫阶层的难民,自 12 月 12 日夜晚以来,他们纷纷逃到我这里躲避兽性大发的日本匪兵的污辱和杀害。他们中的大部分人住在院子的草棚里,靠每天的定量救济粮生活下去。我们委员会总共管理有 25 个难民收容所,约 7 万难民,其中的 5 万人必须要靠我们的救济过日子,因为他们已经一无所有了。②

从这封情真意切的信中能看出,拉贝非常担心自己离去后中国难民的命运。这时,中国难民除了面对日本兽兵的烧杀奸淫的威胁外,维护生机的粮食和燃煤成了最大的难题。他不落实这些难题,是不会离去的。

他在 1938 年 2 月 9 日的日记中写道:"据总部最后一封来信,我是决不可能再回到这里了。但是,现在我还不能让别人知道。"他不想让难民们再经受一次打击。

纳粹政府通过西门子总部对他下了最后通牒:离开南京,前往上海后回德国,不再允许回到南京。显然,德国政府认为他在南京的举动有

---

① 《拉贝日记》,江苏人民出版社 1997 年版,第 411 页。
② 《拉贝日记》,江苏人民出版社 1997 年版,第 412 页。

碍于德、日之间的外交政策。

日本大使馆的福井来到拉贝家，温和礼貌地来看望拉贝，同他商谈去上海的事宜。不一会，福井就忍不住撕下了假面具，威胁拉贝说："如果您在上海对报社记者说我们的坏话，您就是与日本军队为敌。"

他恶狠狠地补充说："克勒格尔在上海做的报告非常差劲，他的思想大大的坏。"

拉贝闻言就笑了。1月16日，克勒格尔要求离开南京，去上海结婚。克勒格尔在南京表现得勇敢而无畏，用自己的照相机拍摄了许多南京陷落前后的照片，拉贝评价他说："他的本职工作是安全区财务总管，但他却参与了多方面的工作……他在我们这些人中行程最远，跑遍了城里城外。""如果事关从日本兵手里解救出一个贫苦的平民，克勒格尔一定在场。"

1月23日，日本人允许克勒格尔和一群日本士兵一起，乘坐一节敞篷车厢去上海。克勒格尔一到上海就接连做了几场关于南京状况的报告，受到英雄般的欢迎。他说："众多来自德国和中国的采访让我感到十分疲惫。"克勒格尔在上海又做报告又接受采访，世界媒体广泛报道，引起很大反响。日本恼羞成怒，甚至连日本驻伦敦大使吉田茂都出面，公开予以"驳斥"。但是南京大屠杀的真相已经传遍世界。克勒格尔在上海只呆了一两周，随后就被公司派往香港，在那里他与布瑟小姐举行了婚礼。

拉贝心平气和地反问福井道："那么，请问允许我在上海说些什么？"

福井回答说："这就由您自己斟酌了。"

拉贝嘻笑着说："依我看，您期待着我对报界这样说：南京的局势日益好转，贵刊不要再刊登有关日本士兵罪恶行径的报道，这样做等于是火上加油,使日本人和欧洲人之间更增添不和的气氛。"

福井没有留意拉贝话语中的讥讽意味,也许是德语还不够熟练,他竟喜形于色地答道:"真是太棒了!"

拉贝说:"好吧,我亲爱的福井先生,现在请您给我机会与你们的麻生将军和本后少佐亲自谈谈此事,听说本后先生说得一口流利的德语。我认为,我和贵方之间,即委员会和日本军方之间总会取得谅解并进行友好合作。我们为鼓楼医院争取到几个外国医生和护理人员,您为什么还拒发他们来南京的通行证?为什么不允许我们从上海船运粮食来南京?为什么禁止我们进入外交部里面的红十字医院?这个医院还是由我们委员会提供食品的呢!"

拉贝发出一连串的诘问,语调也随之越来越高。

福井连连耸着肩膀,翻来覆去重复着一句话。"如果您说日本人的坏话,就要激怒日本军方,这样,您就回不了南京!"

拉贝又问:"我能否带一个佣人同往上海?"

福井回答得十分坚决:"可以,只是他决不能再回南京!"

拉贝心中即刻下定决心,要把家中藏着的中国飞行员扮作佣人带往上海。

2月13日,拉贝意外地收到了由美国大使馆转交的一份电报,电报是西门子洋行在1937年12月1日发出的。内容如下:

　　　　我们收到上海如下电报,应要求,将它转发给您:"不同意那些措施,请立即动身去汉口代表洋行利益。"①

──────────

　　① 《拉贝日记》,江苏人民出版社1997年版,第644页。

拉贝收到这份迟到的电报后,确认西门子总部对他留在南京组建安全区是不满意的。尽管他担心总部对他有看法,但他认为自己留下来是值得的。他在当天的日记中写道:

对于今天收到的、上面援引的洋行 1937 年 12 月 1 日电报确认必须说明,我从未收到过这份电报。尽管当时有人通过电报建议我,避开对我生命存在威胁的更大危险,若是德国大使馆离开南京,可以和他们一起走。最后,还要求我发一份电报,说明我的打算。我的回答是:"我已决定留在南京主持国际委员会工作,以建立中立区保护 20 多万平民。"据我现在从电报确认中看出,上海总部对此不同意。不过我从没有收到过这份电报。这确实是一件憾事。我真是个倒霉鬼!当时我的确是听话的,现在这事不中洋行的意!当然可以相信,洋行上述电报的意图只是为了使我避免任何生命危险。但从另一方面来看,我没有收到电报是好事。作为一位很守纪律的职员,也许我在最后一瞬间还会改变我的决定,并乘上怡和洋行的三桅帆船离去。众所周知,这条船遭到了日本人的猛烈轰炸。此外,我总是在怀疑,假如我跑了,西门子洋行(中国)在南京的其余雇员以及一些穷苦的可怜人今天是否还活着。①

中国人是很讲知恩图报的。拉贝要回国的消息尽管让他家中的难民心中很难过,尽管他们不愿意拉贝离开他们,但他们热情地帮助拉贝

①　《拉贝日记》,江苏人民出版社 1997 年版,第 645 页。

打包整理行李。木料在市面上几乎消失了，但拉贝家中的一个木匠帮拉贝弄到了 20 只木箱，几个难民冒着大雨从汉西门①外拖来了 3 车稻草。因而拉贝诙谐地说："与穷人的友谊是有价值的。"

拉贝要离开南京的消息在难民中迅速传了开来。2 月 17 日，魏特琳为拉贝在金陵女大难民营组织了一个告别茶会。茶会后，当拉贝走出会场时，3000 名女难民围住了大门，一下子跪了下来，哭叫声铺天盖地地压了过来，要求拉贝答应不要丢下她们不管。当拉贝要走时，她们一齐拉住拉贝西装的后摆不放。拉贝不得不留下汽车艰难地挤出一条路走出大门。身后的铁门立刻就被关上了。拉贝步行回家的路上，心情异常沉重，在日军的淫威下，她们上天无路，入地无门，唯一能提供保护的外国人又一个个地离去，怎能不叫她们感到绝望呢？

拉贝指定米尔斯牧师为自己的接班人。在日方强制撤销安全区后，为了在日军眼皮底下更好地救助难民，安全区国际委员会决定更名为"南京国际救济委员会"，以迫使日本当局无法否认他们的存在理由。

这一个多月地狱般的经历让拉贝身心倍感疲惫。从内心深处讲，他希望能离开南京，但道义和责任却让他希望能再回到南京继续行使使命。离开南京前夕，拉贝出席了各种告别会。人们依依不舍地向他道别。2 月 21 日下午 4 时，在宁海路 5 号总部召开了盛大的欢送会，人们向他递上中、英文两种文字的感谢信，热情地赞美了拉贝。拉贝在会上作了热情洋溢的答辞演说。

委员会的全体西方人对于他们主席的工作给予了高度的评价，他

---

① 五代杨吴天佑十二年(915)建为金陵府城大西门，南唐建都后为江宁府城大西门，并沿用至宋、元。明初筑城时重修，公元 1366 年明太祖朱元璋扩建金陵城，在此基础上加筑瓮城，称石城门，后称汉西门，俗称旱西门。

们为此作了一个专门的陈述词：

> 我们，南京安全区国际委员会（现在的南京国际救济委员会）的全体委员，谨向约翰 H·D·拉贝先生（他在过去危急的 3 个月内作为主席领导了我们的委员会）所做的工作表示最衷心的感谢！在艰苦的工作中，拉贝先生的领导是勇敢和善意的，这将会长久地留在全体南京居民的记忆里，绝大部分群众在这个时期经受了流血牺牲。委员会主席的优秀品质表现在：在重大行动中，一方面具有一往无前的工作作风，一方面对我们每一个处于困境中的难民表现出个人的同情和关心。他无私的工作受到了中国人的无比感激和赞赏，他以其对居民大众利益、对履行商人职责和对本国利益的献身精神，给外国侨民做出了一个光辉的榜样。西门子洋行（中国）由于它的代表担任了本委员会的主席，为南京居民做出了巨大的贡献。拉贝先生的成绩给在中国的全体德国侨民和德国洋行企业增添了新的荣誉。
>
> 南京 1938 年 2 月 21 日

中国人热情地要求拉贝把演讲稿留下来，要他在他们带来的白纸上签名留言。

1938 年 2 月 23 日上午 8 时，分别的时候到了，全体美国人依依不舍地同拉贝惜别。英国大使馆的杰弗里和威廉斯都亲自护送拉贝到下关英国"蜜蜂"号炮艇。9 时整，炮艇起航了，拉贝挥手向前来送行的施佩林、韩湘琳等人挥手作别。

江水簇拥着炮艇渐行渐远。哗哗的浪头撞击着船身，冲上船舷，又急涌而下,串串混浊的水珠就像难民苦涩的泪水,牵扯着拉贝的心。别了,苦难的南京! 灾难深重的南京!

艇长和大副把拉贝安置得十分周到,他受到了一流的服务。扮作拉贝佣人的王光汉机长举手投足间流露出军人的气质,怎么看也不像一个佣人。艇上的中国服务员窃窃私语,都在猜测他的真实身份。"蜜蜂"号上的军官们认为,他是拉贝的买办。

2月26日下午2时,拉贝顺利到达上海与妻子团聚。在上海,他如凯旋的英雄受到热烈的欢迎,上海的德文报纸刊登了题为《向约翰·拉贝先生致敬》的文章,纳粹党的机关报《东亚观察家》也做了报道,高度赞扬了拉贝的壮举。

3月16日,拉贝奉西门子总部之命启程返回德国。别了,中国! 别了,可爱的第二故乡! 在中国生活了30年,拉贝又回到了祖国,他不知道该喜还是该悲。

二 "进谏"希特勒元首

在中国生活了30年后,拉贝又回到了家。1938年4月15日,拉贝到达柏林。在西门子总厂出任远东人事部部长。

拉贝还在海上旅途中时,德国驻华大使陶德曼就向德国红十字会建议,授予拉贝一枚奖章。当他踏上祖国国土后,各种荣誉扑面而来。国务秘书、大区党部领导人伯勒授予了他一枚红十字功勋勋章。在斯图加特,德国城市议会也授予他国外德侨功勋银质奖章。中国政府授予他蓝白红绶带玉石勋章。

这些荣誉是否蒙蔽了他的双眼,让他浑然不觉鲜花簇拥着的是一个悲惨的结局？这是否也是他接下来一系列行动的动力呢？

5月2日,他在柏林的西门子小舒克尔特厂办公大楼电影院大厅做了报告,义愤填膺地报告了他耳闻目睹的南京大屠杀惨绝人寰的实况,他播放了约翰·马吉牧师拍摄的大屠杀影片,出示了一系列的日军暴行照片。接着,5月6日在外交政策局,5月12日在远东协会,5月19日在西门子城,5月25日在蒂尔皮茨河畔的国防部,拉贝马不停蹄分别做了报告。他呼吁,他希望德国出面阻止盟友日本的这种非人道暴行。他还于6月8日寄给希特勒本人一份揭露日军暴行的报告。报告全文如下:

元首:

我在中国的大多数朋友都认为,迄今为止还没有一份完整的有关南京真实情况的报告面呈给您。

在此附上的是我所做的报告的文稿,其目的不是为了公开发表,而是为了履行我对身在中国的朋友们许下的诺言,即向您通报南京的中国平民所遭受的苦难。如果您能让人知晓,此份文稿已面呈给您,我的使命也就此完成。

在此期间,我已被告知,不得再做此类报告以及展示相关的照片。我将谨遵此项规定,因为我并无意和德国的政策以及德国当局唱反调。

我保证坚定地追随并忠实于您。

签名:约翰·拉贝①

---

① 《拉贝日记》,江苏人民出版社1997年版,第704页。

JOHN H. D. RABE
NANKING
——

z.Zt. Ueberseeheim, Dihlmannstr. 20.
Siemensstadt, den 8. Juni 1938.

Mein Führer !

　　Die Mehrzahl meiner Freunde in China ist der Meinung, dass Ihnen über die tatsächlichen Ereignisse in Nanking kein ausführlicher Bericht erstattet wurde.

　　Durch die Uebersendung der hier beiliegenden Niederschrift eines von mir gehaltenen Vortrages, der nicht für die breite Oeffentlichkeit bestimmt ist, erfülle ich ein meinen Freunden in China gegebenes Versprechen , Ihnen von dem Leiden der chinesischen Bevölkerung in Nanking Kunde zu geben.

　　Meine Mission ist erfüllt, wenn Sie die Güte haben wollen mich wissen zu lassen, dass die anliegende Niederschrift Ihnen vorgelegt wurde.

　　Ich bin inzwischen verständigt worden, weitere Vorträge dieser Art zu unterlassen, sowie die dazugehörigen Aufnahmen nicht zu zeigen. Ich werde mich dieser Anordnung fügen, da ich nicht die Absicht habe der deutschen Politik und den deutschen Behörden entgegenzuarbeiten.

　　Ich versichere Sie meiner treuen Gefolgschaft und meiner aufrichtigen Ergebenheit

An
　den Führer und Reichskanzler
　Herrn Adolf Hitler ,
　Berlin.

拉贝写给希特勒的信

有人认为,拉贝在本质上毕竟只是一名商人,他有很强的经商能力和组织能力,也有人道主义精神和强烈的正义感、责任感,但他在政治上是一个天真的孩童,是个十足的"傻瓜"。他不了解他的所作所为触犯了德国的外交利益。①

拉贝在政治上有他幼稚的一面,他处于民众的中下层,对上层的政策不很了解,但他并非天真到不谙世事。他回国前夕的一段话可表明他对国内局势的思考和忧虑。

> 晚上 10 时,收音机里传来新闻:德国承认了"满洲国"。据收音机里说,正逗留在汉口的我国大使陶德曼先生在中国政府面前陷入了尴尬的境地。我们担心他可能会辞职,尽管报道丝毫没有提及。从这里我很难看清国内的局势。可是,是对还是错? 它毕竟是我的国家!②

"满洲国"是日本人在中国东北建立的傀儡政府。拉贝明白,此举意味着德国和日本的关系更进了一步。拉贝爱自己的祖国,是个爱国主义者,这是毫无疑问的。但是,作为一个正直的、有正义感、有思想的人,他不会把维护这种本国本民族的利益称为爱国主义。

这时,拉贝实际上已经面临着一个抉择艰难的矛盾境地,他当然同所有的爱国者一样,希望维护自己祖国的利益,不希望自己成为祖国的敌人。但是能判断是非、能勇敢面对的往往是少数人,面临与自己的祖国和大多数人为敌的选择,这不是轻易敢做到的,也不是轻易

---

① 蔡玉华、徐宗文:《走进拉贝的世界》,载《金陵晚报》1997 年 9 月 14 日。
② 《拉贝日记》,江苏人民出版社 1997 年版,第 685 页。

能做到的。拉贝是个平常人,他也有自己的局限。可贵的是,拉贝在已经意识到自己的行为与祖国政策、利益相悖时,他仍然答应中国政府,并向他的朋友许诺,回国将向希特勒元首,报告在南京发生的一切。

拉贝送给希特勒的报告附件共 259 页,主要包括对报告书的注释和图片《南京暴行》的摘录两部分,介绍了他留守南京的原因,南京安全区国际委员会成立的经过及其他主要工作。其余为 1937 年 12 月 9 日至 1938 年 2 月 22 日离开南京期间的部分日记,国际红十字会南京分会主席约翰·马吉拍摄的 58 张、22 张日军暴行照片,每张照片都有拍摄的时间、地点和拍摄对象的详细说明。拉贝在两组照片前写道:"下面展示的这些照片,只是 1937 年 12 月 13 日日军占领南京后所发生的无数事件中的极小部分。而拍摄这些照片的目的并非是要去煽动人们对日本进行报复,而只是希望让所有的人,包括日本人,对这场战争的可怕后果有所了解,并敦请他们利用一切法律手段终止这场由日本军队挑起的争端。"以下是附件的部分内容:

> 我想对我的报告作些注释:我无意在德国进行反日宣传或作公开性的报告会,以引起一种亲华的调子。虽然我十分同情遭受不幸的中国,但我首先是亲德的,我不但信赖我国政策的伟大方针的正确性,而且作为一名捍卫者百分之百地站在党的一边。这并不阻止我坚持原则向我们尊敬的元首和祖国的领导层报告在南京发生的真实情况。我有机会作为目击者亲眼目睹了一切。在此我面对的不是公开的而是秘密集会,我将把我所经历的一切告之于大家。
>
> ……

我留守在南京的最后一个也是最重要的原因：我是党员——特别是地方党组的副组长——但从心里讲，我非常不想做这个领导，因为我在生意上——每天 14 个小时——需要很多时间。

　　从这段话中可以看出，他对德国承认由日本扶持的中国伪"满洲国"政权是表示忧虑的，内心深处对此外交政策是充满疑惑的。他正是出于忧国忧民之心，而不计不顾个人得失，才做出以上举动的。

　　他回国后的一系列动作的动机十分明显，首先是基于一位正义之士对侵略战争的憎恶，对日军暴行的痛恨和对中国人民的同情。他在离开南京前，就得知先行回国的在南京的两名德国人，因为揭露日军暴行而遭盖世太保逮捕。但他一回国，仍然义无反顾，毫不考虑此举会给自己带来的后果。

　　其次，拉贝对希特勒仍抱有一丝幻想，他说："我无意于做有悖于德国政府和德国官方的事。"他多次演讲，向德国有关人士揭露日军南京大屠杀的真相，以期引起国际舆论对这种罪恶行径的谴责。在遭到盖世太保多次斥责和警告后，他毫不退缩，坚持道："我还是要说，我已经答应中国朋友和在南京的欧美人士，要将日军的野兽行径告诉我的同胞，通报政府当局。"他仍寄希望于元首希特勒，希望希特勒的观点有别于纳粹下层分子。希望希特勒在了解真实情况后出面干预日军在南京仍在继续着的屠杀暴行。他写道：

　　我内心期盼大区党领导人伯勒能带我去见元首，但这个希望没有实现，我便不假思索地在 6 月 8 日将我的报告寄给了元首。①

　　他"不假思索"一心要让希特勒知道真实情况,这可以看作他对德国外交政策、对希特勒的委婉规劝,希望德国警惕日本这样凶残的友邦,警惕日本在远东的行为是否会构成对欧洲的威胁,警惕日本作为德国的轴心国,其所作所为会给德国带来什么影响。正如他所说的:"虽然我十分同情遭受不幸的中国,但我首先是亲德的……这并不阻止我坚持原则……报告在南京发生的真实情况。"

　　此时,德国除了1938年3月侵占奥地利之外,其侵略扩张的长远计划还未充分实施,拉贝处于德国的中下层,是个普通公民,对德国纳粹政府侵略扩张的长远规划自然一无所知。其次,希特勒屠杀共产党人和犹太人还未达到日后的规模和程度,拉贝对此也没有足够的认识。因此,他对希特勒表示"我保证忠诚于您并听命于您"。希特勒当然不会因此而改变德国对外侵略扩张的政策。而拉贝的所作所为,显然是对德国的轴心国政策不利的。他丝毫没有考虑此举可能会给自己带来什么后果。

　　然后发生了拉贝意料不到的事,报告寄给希特勒没几天,他就被秘密警察逮捕了。拉贝的外孙女莱茵哈特夫人回忆说,1938年6月的一天,两个穿黑军服的纳粹党卫军冲进家门,搜走了拉贝的几本日记和日军暴行照片。拉贝连大衣也没来得及穿,帽子也没得及戴,就被带出了门,押上警车。那年莱茵哈特7岁,她当时正在门口马路旁的台阶上摆弄她的7岁生日礼物———一双新的旱冰鞋,她在系旱冰鞋鞋带时,见到了这一幕,她吓得呆那儿不敢上前。平时,外公出门她都要和他吻

---

① 《拉贝日记》,江苏人民出版社1997年版,第703页。

别,这一次,外公没顾得上同她讲一句话。

拉贝被带到位于阿尔布雷希特街的警察总局,被秘密审讯了好几个小时。他们让他坐在白墙前,经受各种折磨,被迫回答各种莫名其妙的问题。

很明显,此时,拉贝的行为已被希特勒政府看作"危害国家利益""企图改变德国的外交政策""破坏德国盟友日本的形象"。他的处境非常危险。幸亏拉贝在西门子公司的业务发展中立下了汗马功劳,公司总裁卡尔·弗雷德里希以拉贝在国际上享有声望为由,将他保释出狱。但拉贝被警告,从此以后,不得再做报告、不准出书,尤其是不许再放映约翰·马吉在南京拍摄的有关日本士兵暴行的影片,甚至不许他写信、打电话。

他被保释出来后,西门子公司为了他的安全,立即将他派往国外,后来的几个月,拉贝为国际红十字会在阿富汗工作,帮助那里的德国难民取道土耳其回国。

1938 年 10 月,拉贝拿回了他的六大本日记和部分照片,但影片被警方扣留了。与此同时,德国经济部通知拉贝说,他给该部寄去的给希特勒元首的报告副本已被最高层人士阅过,但拉贝不应期望德国对日本的外交政策会因此改变。拉贝回答说:"我没有期待过这点。我曾经答应过中国政府,将我在南京看到的和经历过的向元首报告。这样我就完成了我的使命。"

拉贝一直不能确认希特勒是否读了他的报告或是看过那些照片。如今,我们在德国联邦档案馆里查到了这份报告书原件。当年报告书的右下角盖有 4×5 厘米的长方形德国外交部收文印戳,戳内标明内容为"一封信",收文编号为"48",说明了这份报告确实曾递交给德国政府。

至此,拉贝对希特勒的幻想彻底破灭了。

三 1938——思想转折年

拉贝身上有着鲜明的人道主义精神和爱国主义精神,他的仁爱人格与他对恶魔希特勒的尊崇却一直是难以为人理解的一个矛盾体。对此,与他一起在安全区共事的美国人感触最深。威尔逊医生是位对纳粹主义深恶痛绝的人,他在给家人的信中赞扬拉贝说:

> 拉贝的确是个纳粹,但在过去的几周里,我们和他进行了亲切的接触后,发现他真是一个非常出色的男人,拥有一副菩萨心肠,这使我们很难将他的人格与他对希特勒的忠诚协调起来。①

德国南德意志电视台女记者蒂娜·门德尔松在1997年10月采访了30年代《纽约时报》驻中国记者都亭。都亭在1937年12月从中国发回一篇题为《暴行与救世主》的报道:"国际安全区的首脑是一位德国商人,叫拉贝。在南京每一个认识他的人都很尊敬他。"半个世纪后,他仍能回忆起南京沦陷前他与拉贝在一次宴会上见面的情景:当时,大家都在谈论着日军来后该怎么办。拉贝对他说:"我会留在南京的。"都亭对蒂娜·门德尔松说:"我没想到他会是一个纳粹,不,绝对没想到。他很坦率、真诚。如果不是他亲口告诉我,我怎么也不会相信。"

---

① 见章开沅编译:《天理难容》,南京大学出版社1999年版,第448页。

乔治·费奇回国后出版了回忆录《我在中国八十年》。他在《厄运降临南京》一章详细记叙了日军侵占南京后的暴行,他对拉贝和另两名德国人克勒格尔和史波林都有很高的评价。1997年10月,江苏电视台的记者在美国密歇根州采访了费奇的孙女塔尼娅·昆顿。昆顿回忆她弟弟告诉她的一件事:有一次,弟弟同祖父在一起谈天,谈到二战期间德国人所犯下的滔天罪行,费奇阻止他说:"并不是所有德国人都那样干。"

今天,人们在读了《拉贝日记》后也会产生如此疑问。拉贝这样一个心肠极其仁慈,见到别人有困难就会毫不犹豫、倾其全力伸出援手,读上几首伤感诗就会泪流满面的人,却对希特勒极其崇敬,赞成强权政治。

为此,笔者就影响了拉贝早期思想形成这一问题向拉贝的外孙女莱茵哈特夫人作过请教。夫人一直生活在她外公身边,与外公有过许多思想上的交流,她本人在外祖父母的帮助下,受过良好的高等教育。

她在回信中写道:"您将读到南京已对拉贝早期思想产生了影响,他多次被选为小组发言人与调停人,在船上他建立了银行,在汉堡和柏林他差点被作为共产主义革命者枪毙。未提及的是,他2岁的儿子病了多年,由此也表明了他的思念之情。德国又恢复了宁静与秩序,世界舆论界又建立起对德国的尊重。这里也蕴含着他为什么会在南京因创立德语学校而加入国家社会党的动机。最迟在1938年6月,他开始认识到了这一巨大的错误。他老是思念家乡,但是出门在外不断增长的爱国之情得不到道德上的完美回报。"①

莱茵哈特夫人还说:"您可能无法想象战败对德国人来说是多么沮

---

① 见1999年拉贝外孙女莱茵哈特夫人与作者黄慧英的通信。

丧。"夫人认为，她的外公拉贝身上的仁爱和爱国主义精神是他性格中最本质的部分，在这一点上，他始终如一。

如此，我们能找到拉贝思想行为上看似矛盾实则并不相悖的答案。

拉贝希望能有一个强者结束德国动荡的局面，领导德国走上正轨。而留在拉贝脑海中的，是早期拥有无数狂热崇拜者的希特勒形象，如此，拉贝把祖国和希特勒划上了等号，他把出门在外不断增长的爱国之情倾注到了代表祖国的希特勒身上。

特别是希特勒在恢复德国经济上的才能，蒙蔽了无数德国人民的眼睛。拉贝也是如此。希特勒不仅是个战争狂人、外交鬼才和天生的权谋家，而且是个经济奇人。1933年1月希特勒上台后，在短短的4年内奇迹般地解决了国内600万人的失业问题；6年内，德国经济在没有通货膨胀和工资、物价完全稳定的情况下，从萧条过渡到繁荣，并向战时经济过渡。希特勒统治下德国的经济发展速度之快，为英、法、美所望尘莫及。德国在世界上又重新赢得了尊重。然而，这一切都是在极端残酷手段下强制执行的战争经济，是为他称霸世界的狂妄野心服务的。当时的德国人评论道："这个人可能有他的错误，但是他给了我们工作与面包。"二战爆发，欧洲战场闪电般的胜利使得德国人民延续了对于希特勒"精神鸦片"般的依赖。

拉贝在南京大屠杀期间，对希特勒的崇敬表现得尤其鲜明。莱茵哈特夫人认为这是因为拉贝面临巨大压力祈求自己政府的帮助。她说："想象一下在南京大屠杀期间那些可怕的情况以及作为安全区国际委员会成员个人所面临的生命危险！在这种情况下，拉贝选择了祈祷的宗教形式，是一种失策，一种无法预见的无可奈何。人处于最最深的绝望之中，他没法再理解世界，而在此世界中他祈求得到他政府的帮助。他为自己向政府报告了痛苦的后果。"①

1938 年 4 月,拉贝在经历了南京大屠杀事件后回国,其时德国已与日本、意大利签订了《罗马议定书》,在政治上结成了轴心国。在对日本与中国的战争关系上,德国最终倾向了日本。其时希特勒正积极扩军备战,推行犹太种族灭绝政策。让人困惑、迷茫的另一个问题是:拉贝一方面向元首希特勒报告发生在南京的大屠杀事件,希望希特勒出面制止;另一方面却又表示坚信德国方针政策的正确,保证听命于希特勒,并表态,他首先是站在德国利益一边的。

为什么拉贝身上会呈现出对立的表现?

拉贝不是神,他只是普通人。他在中国的人道主义行为是他长期受西方自由、平等、博爱和民主思想熏陶的结果;他表示听命于希特勒,首先站在德国利益一边,是他自认为爱国的表现。

每个正直的人都会爱生他养他的祖国,都会以民族的振兴为荣,把维护民族利益作为自己的职责所在。战争狂人为了发动战争,总是先要把全体国民的爱和恨引向事先设计好的最佳点,并使之合理化。

纳粹把 8000 万德国人引向爱的目标是:

"你的祖国叫德国。爱她要胜过一切。不过要用行动,而不是用口头。"

"上帝把希特勒赐给了德国,同时也把德国赐给了希特勒。"

"爱希特勒,就是爱德国。"

拉贝其实只是受蛊惑的 8000 万德国人中的一个。他坚信纳粹政策的正确,表示听命于希特勒,一是他长期在国外,尚不清楚纳粹的暴行。他说:"如果我在中国听说过任何纳粹的暴行,我不会加入国社党。

---

① 见 1999 年拉贝外孙女莱茵哈特夫人与作者黄慧英的通信。

如果我作为一个德国人与任何在南京的外国人的观点不同,像英国人、美国人、丹麦人等等,我不可能当上安全区国际委员会的主席。"二是他以朴素的感情把德国的统治者希特勒当作了祖国的化身。

问题的症结所在是:爱国主义离不开民族精神,但是民族精神不等同于民族情结。爱国主义应服从世界范围内的人道主义,否则就是狭隘的民族主义。是否可以这样阐释——拉贝出于对祖国深深的爱,把由民族情结演变而成的军国主义也看作了爱国主义。

1938年可以说是拉贝思想的转折年,是他对希特勒及其纳粹党进行思考、思想发生重大变化的分水岭。

拉贝是个有丰富阅历的人,也是个正直善良的人,他相信自己的判断重于别人的传言。他在经历了遭纳粹逮捕的一系列遭遇后,经历了血的教训后,对希特勒及其政党的幻想才彻底破灭。纳粹在了解日军在南京大屠杀暴行后,不仅不对此有所认识,引以为戒,反而对拉贝进行迫害,不让外界知道南京大屠杀的真相。这只能说明纳粹和日本军国主义是一丘之貉。

有人认为拉贝在经历了这些遭遇后,认清了纳粹党的本质,曾勇敢地提出退党。但这一要求遭到了拒绝。就这一问题,笔者也曾向莱茵哈特夫人予以求证。

夫人说,1996年12月初,在纽约召开的记者招待会上,许多记者都曾向她提到了这方面的问题。1997年1月10日,中华人民共和国驻德国大使给她读了一份中国报纸的报道,称拉贝被盖世太保逮捕后争取过退党。为此,她向德国联邦档案馆提出如下问题,请求予以解答:

1. 拉贝发生过退党之事或拉贝力争了吗?

2. "已退(ausgetreten)"后面的大写字母C是什么意思?在第一个

"Ortsgr·Gan（区地方小组）"下面的其他数字表示什么意思？

3.为党所做的哪些活动有文献记录证明？

1997年1月23日，德国联邦档案馆在查阅有关材料后答复如下：

尊敬的莱茵哈特夫人：

今去函是针对您1997年1月10日的友好询问之事（予以回复）。

针对以前柏林文献中心有关个人所存资料的调查已结束，调查结果并未获得其他任何您不熟悉的情况。对柏林区国家社会党党员登记卡和党统计调查所所存资料所做调查的复印件这里完整寄给您，因资料不多，不要求您付费。

对您的问题，我可以答复如下：

1.您外祖父是否力争退出或根本就已退出国家社会党，凭这些资料无法证明。

2.所盖的章"C"是战后盖上的，是美国人管理下在柏林文献中心处理档案方面所作的相关标记，这一缩写字母表示"Party Census（党内统计调查）"，是党内统计调查所存资料的英文标记。这个章表明了本收藏资料中采用的一种相应的习惯方式。这里附上一份这种调查表的复印件。因此，这个"C"与退党可能性没有关系。

数字"A3340 MFOK—R040"在原件上并没有。然而我推断，您手头的复印件出自美国国家档案馆的缩微胶片资料。将柏林文献中心的档案材料收回归德国人自己管理，就需要对全部档案做完整的缩微拍摄。因此，这一缩写只表示复印件的出处。

3. 除国家社会党党员资格外,党内统计调查表上的党员资格是可以证明的。除这些以外的"活动"未记录在案。

请将这些信息(材料)作为一般参考之用,可能联邦档案馆所存有关实物档案中有其他说明,比如国家社会党外国组织所存材料中就有之。

致以友好的问候。

受委托签署

斯大赫(Stach)[①]

事实上,这是一段只能说"是",不能说半个"不"字的岁月。任何事情都不能越雷池一步。拉贝提出退党几乎是不可能的事。几十年后,拉贝的外孙女莱茵哈特夫人指出,拉贝这么做无疑会被杀害。人们必须学会对事情不要一概而论。

莱茵哈特夫人说:"在我们家里没人谈及党派和'反犹'言论,至少我在场时未听人谈到过。约翰·拉贝也有犹太朋友。"拉贝曾买下一名犹太人的住房,使他有路费逃到国外。这在当时是要冒很大风险的。

莱茵哈特夫人坚持认为,拉贝主要把纳粹党看作一个社会主义组织,他并不支持它在德国境内对犹太人和其他种族的迫害。有足够的理由说明这种看法是正确的。拉贝在南京各政府部门参观时,一再用社会主义的术语概述他的纳粹哲学:"我们是劳动者的士兵,我们是工人们的政府,我们是工人们的朋友,我们不会抛弃困境中的(工人)穷人。"[②]

这段时间,拉贝生活得无声无息。他爱自己的祖国,可是当爱国与

---

① 据莱茵哈特夫人提供德国联邦档案馆档案。

② 《拉贝日记》,江苏人民出版社1997年版,第13页。

人道发生冲突时,祖国的利益(当政者认为的祖国利益)与人道主义发生冲突时,他感到困惑,他无法回避这一矛盾。他被指责,只好用沉默来回避。

但他一直都在思考。1941年开始,拉贝开始整理他在南京的战时日记和资料。拉贝此举应当与当时希特勒的作为及世界形势有很大关系。

此时,希特勒已全面实施称霸欧洲、进而称霸世界的计划。吞并了奥地利,占领了捷克斯洛伐克,入侵波兰,挑起了第二次世界大战。之后,德国侵占了丹麦、荷兰、比利时、卢森堡、法国、南斯拉夫、希腊。1940年与日本、意大利结成了划分世界势力范围的法西斯同盟。1941年又进攻苏联。同时,希特勒屠杀共产党人、进步人士,特别是推行种族灭绝政策到了疯狂的程度。1940年建立的奥斯威辛集中营是大屠杀的大本营,希特勒纳粹屠杀了几百万犹太人和进步人士。这一切,与拉贝在南京亲眼目睹的南京大屠杀又何其相似!

拉贝没有在刚拿回日记的1938年,也没有在1945年希特勒倒台后整理日记。而是在1941年希特勒"全盛期"开始,花了一年多时间和精力来整理战时日记,应当是其深刻思考的结果。他意识到了这是一份历史文献,是记载侵略战争罪行的历史见证!此举表明,他不仅彻底看清了纳粹党的本质,而且对纳粹已十分厌恶、痛恨。

拉贝在一年多的时间里,花费了大量精力,誊清了自己1937—1938年在南京的全部战时日记,共计2100多页,记载了南京大屠杀的500多个案例。这部名为《敌机飞临南京》的日记经整理后定名为《轰炸南京》。书中附上了文件、自己起草的通告、致各大使馆的信函、布告、报刊文章、信件和照片等。盖世太保强迫他保持沉默,禁止他发表有关这方面的文章,因此,他为了保护自己不受迫害,为自己日记的誊清稿撰写了下面的前言：

> 这不是一本消遣性读物，虽然开头部分可能会给人以这样的印象。它是一本日记，是一个真实情况的报告。我写这本日记并且把它整理出来，不是为公众，只是为我的妻子和我的家人。假如有朝一日它适宜出版的话，必须事先取得德国政府的同意，但今天由于不言而喻的原因是绝对不可能的。

拉贝这段前言之所以说是保护自己和家人的违心之作，中国著名核物理学家何泽慧在 1997 年的一段证词就是最好的注释。当年 84 岁的中国科学院院士何泽慧，是已故著名科学家钱三强的夫人，供职于中国科学院高能物理研究所，在科技界，人们都称呼她"何先生"。

1997 年 3 月 16 日，很多报纸转发了新华社 15 日的电讯："中国著名高能物理学家何泽慧院士今天在北京中国科学院高能物理研究所，向中、日记者宣布：'我认识拉贝，我见过拉贝日记和他保存的照片。'"

中国科学院宣传处周豫在《"我认识拉贝……"——何泽慧院士和她的证词》一文中写道："1996 年 12 月中旬，'拉贝'这个姓名开始在中国传媒上频频出现，引起了中科院院士、高能所研究员冼鼎昌的注意。他想，会不会是何先生多次提到的那个德国人呢？他谈起这事，何泽慧说，不会吧？但不管怎样，何泽慧开始注意传媒动态了。一天夜里，冼鼎昌在电视上看见拉贝的照片，连忙打电话过来，何泽慧激动地说，我正在看，就是那个拉贝！50 多年了，但我一看照片就认识……"她说，"我一到西门子就结识了拉贝。他当时 60 岁左右，他与中国关系极好，非常喜欢中国人，因此也很喜欢我这个中国姑娘，常请我去他家，让我看南京大屠杀的照片本，向我讲述他所目睹的南京大屠杀惨状，诅咒日本军队灭绝人性……"

那是 1941 年,姣小清秀的中国姑娘何泽慧梳着两条小辫,跨进了柏林西门子公司的大门,参加磁性材料的研究工作。她 1914 年 3 月出生于江苏苏州,1932 年考入清华大学物理系。针对日本帝国主义侵略中国的严峻形势,当时主持清华大学物理学教学的周培源教授特意增设了"弹道学"课程,这门课程学得最好的是女学生何泽慧。1936 年何泽慧毕业后,选择了与军事密切相关的弹道学为研究方向,到德国柏林攻读博士学位。1940 年,她以运用光电管原理测量子弹飞行速度的全新方法获博士学位。第二次世界大战爆发后,她不得已滞留德国,进入西门子公司,参加电流计研制。她进入西门子公司时才 27 岁,因外表"不像间谍",德国工人和工程师们对她很友好,所有车间和实验室都对她开放,何泽慧一直寄住在德国人家里。在纳粹势力甚嚣尘上的德国,她在选择"房东"、朋友和老师时却有个基本条件,那就是对方必须是反纳粹或非纳粹分子。她的朋友和老师——著名原子光谱学家 F·帕邢和优秀实验物理学家 W·博特,都是如此。这年,她又结识了拉贝。

每次到拉贝家中,拉贝都会同她谈论中国,讲述日军在南京的暴行。这些照片深深刺伤了何泽慧,也使她与拉贝有了更多的交往。她认为拉贝并非如传言中的那么怕事,她亲眼看到过拉贝正在整理中的日记。①

---

① 载《金陵晚报》1997 年 3 月 23 日第 3 版。

四　生活在纳粹阴影下

拉贝被盖世太保释放后，成了一名尴尬人物。西门子公司没有安排与拉贝能力相符的职位。

他们一家住在西门子海外机构驻柏林办事处的公寓里，他与道拉在一楼有一个房间，另外还有一间合用的餐厅。

拉贝返回德国后在柏林的住地

经历了长期的分离，饱受了炮火与死亡的威胁，一家人重新团聚在柏林，大家都很知足庆幸，但是并不欢快。日子过得愈加艰难，尤其是道拉，在南京以及回国的豪华轮船上，她已习惯了每日夜晚的锦衣美食。

与在中国受人尊敬的地位相比,他们似乎一下从社会上层跌落到了社会底层。在德国,他们反倒像异乡人。他们被周围的人看成是从一个原始国家回来的,因此,也是野蛮落后的。小乌尔茜甚至想在这些人面前好好炫耀一番,告诉他们,她的外公有多么了不起。但她最终甚至都没敢讲几句中国话,没敢向他们显示一下她的中文水平。过了一段时间,拉贝从一个犹太服装商手中买了套公寓,那个犹太人在拉贝付钱时含着热泪拥抱了他,因为这样他就能带着家人马上逃到英国去。在到达英国之后,他给拉贝写了一封信表示感谢。然而这是一件很危险的事,在"反犹"浪潮甚嚣尘上的当口,拉贝的行为一旦被当局得知,必受牵连无疑。

拉贝是冒着风险帮了这名犹太人很大的忙。

后来拉贝从这套公寓里又搬到克桑特纳街,这座房子在1943年11月被炸弹炸毁。拉贝和道拉又住到了西门子城的女儿家。

在这段时间里,拉贝的外孙女小乌尔茜给了他很大安慰。小姑娘出生于1931年5月,是拉贝的第一个长外孙女,也是唯一一个独养长达五年的外孙女。1936年他才有了第二个外孙女。他的孙子们出生于1944年到1952年。因此,已上小学的小姑娘乌尔茜能与外公做思想交流。她常常在放学后陪伴外公,而外公也乐意带着她出去散步。

乌尔茜·莱茵哈特回忆说:"我和外公散步的时候,经常想:拉贝是一个很优秀很杰出的人,他看到世上那么多的事,拯救帮助了那么多的人——我想有1.2万人,但是没有人认识和知道他。但是一个小孩子能说什么呢?他们会认为我在摆阔骗人。

"因为战争,那几年没有燃料,学校常常停课。外祖母道拉就对我说:'去把你的祖父叫回家。或许他需要你。'所以我就会去西门子大楼找祖父。他的房间在一楼。他总是把我作为女儿来介绍给他的同事们。我不想要这种幽默,但我也不纠正他。"

用幽默面对生活中的磨难,用乐观面对生活中的困境,是拉贝的生活准则。

1944 年 7 月 21 日,乌尔茜和拉贝正站在窗前,这时广播里传来希特勒遭暗杀的消息。这就是被称为"女武神"的暗杀希特勒计划。

希特勒的专制残暴和倒行逆施在德国统治集团内部也引起了反抗。

第三帝国统治集团内部,有一批陆军军官同纳粹党长期不和。他们虽然拥护希特勒的侵略战争,但不赞成纳粹党的"反犹"行径,看不惯盖世太保和党卫队的横行霸道,尤其不满和厌恶希特勒在军事上的急躁和冒进。因而逐渐形成了一个反希特勒的密谋集团。

施道芬堡上校是该密谋集团的核心人物之一。1944 年,随着德军在各个战场上的节节败退,密谋集团害怕希特勒愚蠢地、一意孤行地同盟国军队硬打下去,将德国引向毁灭,便制定了"女武神"计划,决意除掉希特勒,随后发动政变,成立新政府,结束战争,拯救德国。

1944 年 7 月 20 日,施道芬堡把藏有定时炸弹的公文包带入腊斯登堡大本营军事会议室。公文包被放在距希特勒脚边只有 1.8 米处,但后来被人移动到会议桌底外侧,中间隔了一块厚厚的橡木底座。这使得希特勒逃脱厄运,只受了轻伤。

第二天凌晨一点,希特勒向全国广播讲话,让人们知道他还活着,并公布:"人人有义务逮捕反叛者,若遇抵抗,当场格杀勿论!"政变被镇压了下去。

认真听完广播,拉贝表情平静,他只是喃喃自语说:"难以想象,怎么会发生呢?"这是不能自由言谈的年代,拉贝不愿在年幼的外孙女面前流露出什么,但他内心的震动是强烈的。希特勒身边的人采用如此超出了他想象的勇敢行动,他对他们的行为深感钦佩。

作为一个基督徒,他虽然对希特勒纳粹党的残暴行径深感不满,但采用如此激烈的行为是超出他的想像的。

《圣经》上说:"人人都应该服从国家的权力机构,因为权力的存在是上帝所准许的;当政者的权力是上帝带来的。所以,抗拒当政者就是抗拒上帝的命令。"[①]

拉贝信奉基督教,他虽然不是个经常去做礼拜的人,但基督教是他生命中内在的驱动力。在南京他相信自己清楚地经历了"上帝会保佑你"这一过程。1947年,他作为南京大屠杀的见证人,拒绝去日本东京法庭作证,审判日本战犯。因为"上帝说这是复仇"。同样,对于希特勒,他认为一切应由上帝来审判。

拉贝作为一家之主,在那动乱的战争状况下,一直起着主心骨的作用,在许多关键时刻有效地保护了自己的家人。

当1945年来临之际,盟军压境,战火烧到了德国本土。

柏林似乎在重演1937年南京的悲剧。经历过中国首都南京失守的过程,拉贝明白柏林将面临什么!

位于瓦泰河畔的兰茨本,许多住房已成为撤空房。这意味着这里将成为战场。拉贝的外孙女乌尔茜·莱茵哈特被困在撤空房中。一路上,拉贝冒着枪林弹雨,把她从撤空房中接回柏林。

这时的柏林将成为交战的主战场,炮火与飞机的轰炸声交织在一起。这与南京沦陷前多么相似。拉贝决定,把女儿一家送出柏林,避开战火。1月21日,他将女儿格莱特和两个外孙女一起,早早护送到了威斯特法伦。他的女婿在这儿有亲戚,这里是远离柏林的安全地带。

---

① 见《新约全书·罗马书》,第13章,第1节。

既然德国已保不住了，那就将它毁掉！3 月 19 日，希特勒竟然疯狂地下达了一道命令：用"焦土政策"将德国变成"月球似的荒漠"，不给盟军留下任何东西。只是后来由于盟军的凌厉攻势，德国人民才幸免于难。

4 月 16 日，苏联红军攻打柏林的战役开始了。奥得河畔飞机呼啸，炮火连天，火海中的柏林已陷入了四面楚歌。

4 月 25 日，苏联红军已完成对柏林的合围，随后突入柏林市区，开始了激烈的巷战。

4 月 30 日下午，希特勒自杀身亡。

5 月 2 日，苏联红军攻克柏林，两天后，德国境内的德军全部投降。

5 月 7 日，德国宣布无条件投降。

5 月 13 日，战争的危险已过，拉贝把女儿一家又安全接回柏林。

拉贝还救过他女婿的侄女。她当时 18 岁，被作为反空战者关在动物园的地下暗堡中。其他的女孩都被杀了，拉贝帮助她和她的朋友秘密逃亡，走了 20 公里到拉贝家，并将其藏了起来，免遭了蹂躏。

拉贝的女婿，也就是乌尔茜·莱茵哈特的父亲，因早年患帕金森综合症，被视为"没有价值的生命"，纳粹总想把他置于死地。全赖拉贝保护了他，几次把他从纳粹手里救出来。

当时德国纳粹对共产党人和犹太人的大屠杀十分普遍，乌尔茜常常忧心忡忡地问外公："我们会由于这个大屠杀而死吗？"自杀在当时很普遍，甚至会发生全家自杀的事。拉贝回答说："不，我救了你，你必须活下去。"

拉贝以他一贯的热心肠帮助别人。他有许多朋友，他幽默热情、积极外向的个性，给人的感觉是好像他永远不会处于绝境，这使他在极端的情况下拥有了领导者的超凡魅力。他耐心倾听别人的意见，就社会

准则、处世经验为别人出主意,他一直是一个受欢迎的人,一直被人们
所需要。

五　艰难的非纳粹化历程

战争终于结束了。对于拉贝来说,似乎可以松口气了,一场恶梦终
于结束了。他的处境曾经危如累卵,他无从得知哪一次敲门是盖世太
保光临。他保持消极态度,在外人面前闭口不谈思想,长期克制自己,
不让一言一行失慎而暴露自己的态度。

然而历史似乎总是同拉贝开玩笑。

对于如何处置德国,盟国也是各怀心思。但有一点盟军是一致的,
即首先摧毁肃清德国纳粹主义和军国主义。

1945 年 7 月底,战胜国首脑在柏林西南小镇波茨坦的会议上,基
本上确定了对德政策的大致轮廓,一致同意集中力量实施"四 D 政
策",①即非军事化、非纳粹化、分散化和非卡特尔化。

拉贝没有想到,他这名受纳粹迫害的反纳粹分子,仍会因为他的纳
粹党员身份问题而经受漫长的甄别,接受种种磨人的审查。

非纳粹化的原则在盟国参谋长联席会议第 1067 号指令中第一次
详细公布,其中第 6 条的原文如下:

> 所有参加纳粹党的活动而不是挂名党员,所有纳粹主义

---

① "四 D"是指 4 个英文字的首字母均为 D。这四个英文字母分别为 demilitari-
sation, denazification, decentralization, decartelization。

或军国主义的积极支持者以及所有其他对盟国目的抱有敌意
者,都要撤销公职,都不得在半官办及私人企业或组织中担任
很重要职务……凡有下列行为者均不得视为挂名参与纳粹党
的活动,而应认为是纳粹主义或军国主义的积极支持者:
(1)在党内及其附属组织内,或在宣传军国主义的组织内担
任过地方到国家一级的职务,或以别种形式积极参与过这方
面的活动;(2)受权或肯定参与过纳粹的任何罪行、种族迫害
或歧视行为;(3)曾经公开宣称笃信纳粹主义、种族主义或军
国主义;(4)自愿向纳粹党或纳粹官员和领导人提供巨大的
道义上或物质上的支持,或在政治上进行过任何形式的帮助。
对以上各类人,不准因为行政方面的需要、方便或权宜之计,
留在上列各类职业范围内。①

　　盟国远征军最高司令部决定把纳粹分子驱逐出工业、商业、农业和
金融业,驱逐出政府部门和教育、新闻事业等行业,并把这些人分为三
类,即"必须下令逮捕""必须撤职""是否撤职尚须斟酌"。

　　从1945年5月到1946年9月之间,在英占区有15.6万人被撤职,
还有8.6万人被拒绝到具有禁止性质的部门工作。

　　为了解决鉴定纳粹党员的问题,盟国设计出一种个人问题登记表
(Fragebogen),表中提出的问题最多时达133项。由于负责此类工作
的盟国官员不停调动,外加会讲德语并熟悉德国情况的又为数很少。
在这种情况下、挑拨是非、飞短流长和耍弄阴谋就极为盛行。盟军真正

---

　　①　[英]鲍尔弗:《四国对德国和奥地利的管制》,上海译文出版社1980年版,第
276—277页。

要公正地区别庞大的纳粹队伍中各种具体情况就显得力不从心。

按理说，拉贝的情形是比较清楚的。他在接受审查时说明，他属于挂名的党员类别，他一直生活在中国，因为1934年在中国南京成立了一所德国学校，为得到国家拨款，必须加入德国国家社会党。尤其是为了让他的朋友劳顿施拉格能回家休假，他临时接任了国家社会党地方小组长的职位，但他不久因每天工作14小时以上就辞去了此职。而且他在回国后，因揭露日军在南京的暴行而受到纳粹迫害。

而这时，一名从中国青岛回来的德国人告发了拉贝。他说，以拉贝的聪明才智和他的地位，他本应该能看穿希特勒的犯罪意图。拉贝在答复中写道："我的家门对客人随时都是敞开的。您为何不来告诉我呢？"

因为此人的指责，拉贝的非纳粹化问题变得复杂起来。尤其因为他担任过党小组长一职，恰好符合盟国非纳粹化原则中的一条，即担任过地方一级的职务。拉贝因为担任过代理南京地方党小组长一职，非纳粹化手续办得极为艰难，他没完没了地接受审查，心情极为郁闷。他的日记中记述了他的一段情绪低潮：

> 昨天，我要求非纳粹化的申请遭到了拒绝。尽管我在担任南京安全区国际委员会主席期间挽救了25万中国人的生命，我的申请仍然遭到了拒绝，理由就是我代理过德国国家社会党南京地方小组长……像我这样才智的人本可以不加入国家社会党的。我向位于夏洛腾堡的占领区委员会，即上一级法院提出上诉。若是不让我在西门子舒克特厂继续工作，我真不知道我们靠什么生活、继续奋斗——我实在是太累了。非纳粹化委员会审查委员指责我与蒋介石的顾问结交颇深，而蒋介石却杀他的中国同胞。照此说来，我该说什么呢？！

要是我在中国听到了纳粹的种种残暴行为的话,我是绝对不会成为国家社会党员的。要是我作为德国人所表现的态度与当时在南京的其他外国人的观念相抵触的话,在南京的英国人、美国人、丹麦人等等绝不会选举我担任南京安全区国际委员会主席! 在南京我是成千上万人的"活菩萨",而在这儿我是"社会遗弃者",是"贱民"。这倒是能让人摆脱思乡之苦!! 是啊——是啊——明天是"耶稣受难节"。

噢——有件事我还未写下来:公司全权代表布莱德尔与经理宾格尔博士已死在凯琴多夫的俄罗斯拘留营中。

1946 年 5 月 16 日:

自 5 月 3 日起,我不被允许再在西门子办公室正式上班。英国在德国政府工业区的中校 Ewan Ch. 科登先生在一封信中不允许我保留以前的职位。虽然我想科登先生指的是我在英国军政府中的职位,但西门子工厂领导不想将事件复杂化。所以,自 1946 年 5 月 31 日起,我从住在西门子城附近的一位经理(耶克尔先生,他对我很好)那里将工作拿回家做,这样暂时还未受到失业等的困苦。

现在我正在全力以赴,准备到占领区第一上诉法院出庭。何时开庭我还不知道。这几天我将提交申请——需要写、打的东西我已基本完成。

这一段时间,克莱茵·米歇尔(奥托之子)在一周岁生日这天接受了洗礼。5 月 13 日——奥托的生日——女儿格莱特与乌尔苜和顾德润一起从威斯特法伦再次到了这儿——回去因有田伯烈①的书《战争意味着什么》②,也就不成问题了——是由"仙鹤行动"遣送队送回。真是谢天谢地,他们三个又到这里来了——虽然有点感冒——但其他方面还算凑合。

1946 年 6 月,我终于被位于夏洛腾堡的英占区非纳粹委员会(区局,威茨莱奔街 3 号)宣布为"非纳粹化"了。判决书上写道:"尽管您曾经当过南京地方党小组代理组长,尽管您返回德国后未退出国家社会党,本委员会仍然决定:鉴于您在中国卓有成效的人道主义工作等等同意您的上诉。"至此,一直折磨着我的精神枷锁也随之卸掉。西门子舒克特厂的许多朋友和经理都向我表示祝贺,公司亦给我几天假,让我从劳累与烦恼中恢复过来。妻子今天带我们家的几座木神像中的一座到克莱伯斯博士那儿去了,他多次给我们送食品,但有一爱好——特别钟爱神像。一条中国地毯、Kong 赠送的桥工艺品,我们都给了特普佛夫人,换了 3 公担③土豆——现在总算有一次不缺食物。

1946 年盟军审讯拉贝时,有两位朋友帮助了拉贝,证明他在中国拯救了无数中国难民的生命。

拉贝的外孙女莱茵哈特夫人当时 15 岁,也被西门子公司接去听审。审查时的寒气让 15 岁的莱茵哈特脸色苍白。她勇敢地作为证人

---

① Timberley 是英国《曼彻斯特卫报》驻华记者。——译注
② 中译名为"外人目睹中之日军暴行"。——译注
③ 1 公担约为 50 公斤。——译注

证明了 1938 年德国盖世太保逮捕过拉贝。严峻的现实让她对自己的前途也感到渺茫,她不知道自己是否会随时被关进去。

虽然拉贝最终被宣布为"非纳粹化",但莱茵哈特夫人对于外公拉贝"非纳粹化"的结论是不满的,她认为法院的措辞是缺乏公正的。

1946 年 6 月 3 日,英占区非纳粹化委员会
判决的 H·D·拉贝案件

概　要

拉贝是名翻译,目前暂受聘于西门子公司临时帮忙。他在中国生活了很长时间,并于 1934 年在中国加入德国国家社会党,当时他是不得已而为之。因为在南京创立了一所德国学校,为得到帝国的支持与援助,只有走这条路。1935 年,拉贝临时代理南京地方党小组长。这位德国人在中国不知道国家社会党的危害性目标与犯罪行为,对此有证人陈述证实。日本攻入南京时,成立了安全区,拉贝应美国人与英国人之邀担任了安全区主席。很可能就是他担任此职,才使安全区免遭日本人轰炸。1938 年,拉贝返回德国,返回德国的路上他作为名誉客人搭乘英国炮艇"蜜蜂"号到上海。回到德国,拉贝做了多场日本人非人道恐怖侵略行为的报告,因此遭到盖世太保逮捕,并禁止他继续从事这方面的活动。在第二次世界大战期间,拉贝负责照管生活在国外的西门子雇员事务。

证人阿尔弗莱德·豪普和阿尔博特·阿姆布鲁斯特两人与拉贝一起在中国呆过,不是国家社会党党员,现有两人代替

宣誓的担保证实上述内容完整,尤其是 1934 年在中国,无法认清国家社会党的帝国主义目的。

鉴于以上情况,并且占领区委员会亦重视上诉人指出的对人性与社会的态度,以多票赞同他的非纳粹化申请。

占领区委员会主席

Jahnke(签名)

莱茵哈特夫人认为,法院宣布非纳粹化判决,是性命攸关的。法院的说辞是至关重要的,但他们却是极为吝啬的。他们说"由于您的人道态度,决定对您实施非纳粹化"。就是这样来判定一个曾舍生忘死、从事营救工作的人!因为"博爱态度"这个词绝不能恰如其分地表达出在个人生命处于危险情况下,还在拯救他人生命的行为。

拉贝虽然最终得到了非纳粹的证明,但他之前在西门子被解雇的职位却没有恢复。拉贝对此在日记中表示了遗憾:"英国人给我一封写给西门子舒克特厂的信,信中讲他们并不反对我重新回西门子工作。西门子代理人也不反对,但至今未起什么作用。西门子舒克特厂没有空位子给我,我仍是无业。"

德国非纳粹化历史学家克雷门斯沃伦哈尔斯博士认为:"西门子当时解雇纳粹党员,是受到监控的。在日记中,我看到他半合法地供职于西门子,他虽然被解雇,但他在家里工作,然后交给办公室。当时,所有公司都处在进退两难的境地:一方面要服从军管机构的命令,另一方面又抱怨失去很多专家。在这种矛盾中间,他们在拉贝身上找到一条折衷的方法:他不属于公司,不是办公室的正式工作人员,但他为公司工作,并且看上去他也靠收入生活。"

六 凄惨而又不乏关怀的晚年

战争终于闹哄哄地结束了。人们潮水般流向柏林,急于在征服者到达前回家照看自己的财产。1945 年 5 月 13 日,拉贝把女儿一家接回了柏林。柏林城内一片死寂,到处是冒着青烟的断墙残壁,瓦砾废墟下,死尸触目皆是。家家户户都挂着白旗,人们在窗棂后面暗中觑望。

苏联红军首先攻进了柏林,所到之处,财物被搜刮一空。拉贝家中的财产也被充了公,这使拉贝变得一贫如洗。

首都柏林作为盟国取得对德战争胜利的标志,由英、美、法、苏四大国共同占领和管辖。

菜茵啥特夫人为此庆幸地说:"我们一家之所以能生存下来,是因为住在柏林的英国人占领部分,而不是苏军占领区。"因为苏占区的各项政策比起西方国家来,要严厉得多。

战争和政治使拉贝贫病交加。他的财产被充公,同时还要忍受着高血压、糖尿病和无药治疗的痛苦。他不得在西门子工作,每天要在英国军队会议上像罪犯一样"出场",在非纳粹化的会议上为自己申辩。

另外,他还忍受着家庭的痛苦,他的女婿被猩红热病折磨着。全家九口人的生活重担都压在他身上。

他仍断断续续地为西门子公司工作。他被允许把经济信函拿回家译成英文,但微薄的报酬难以维持一家人的生计。

他一而再、再而三地廉价卖掉因藏在地下室而幸存的财产,大部分是中国画和中国工艺品。然后费很大劲换来食物、燃料和肥皂。

拉贝一家所在的英占区,拥有全德国 30％的人口、75％的贮煤量和钢产量,但缺少粮食。英占区的粮食缺乏是最为突出的,而苏占区有粮食但工业不足。

1945年的一天,拉贝听说苏占区的嘎滕费尔特有粮食。他带着他的女婿一起去寻找,期望得到一些谷物。随后他被俄国人抓住,在弧光灯前被审讯了三天三夜。他坚持道:"我是约翰·拉贝,我要面见朱可夫元帅。"他们把他带到朱可夫元帅面前,他对朱可夫元帅说:"德国人已厌倦了纳粹主义,如果你们的军队表现好的话,他们会跟你们结为联盟。"结果他被释放了。

然后,他又被英国人抓去折磨了一整天,最后给了他一个工作许可证。但这个工作许可证对拉贝来说没多大用处,因为西门子公司一直没有给他一个长期职位。

战争是非常可怕的,而战后的日子又非常令人沮丧。战败的德国满目疮痍,破烂不堪。无数座工厂、铁路、桥梁被炸毁,生产陷于瘫痪。许多城市被夷为平地,首都柏林几乎成为一片废墟。残垣断壁,缺衣少食,数百万难民无家可归,临时搭起的窝棚难以抵御冬季的严寒,妇女们排长队等着领取少得可怜的配给品。为了求生,人们不得不四处奔波,饥饿和绝望笼罩着全国。

从拉贝这段时间的日记中,可以看出他全家凄惨的状况:

> 维利又工作了,是劳动局安排的,打扫卫生的粗重活,不知他能撑多久。(他患过帕金森综合症,当时无药治疗。)
>
> 根据军政府的规定,我必须持我的基本生活保险单到施潘道区①的城市商业银行登记,申报我基本生活保险单的余

---

① 柏林西北部的一个区——译注

额,总共 1027.19 镑(5000 镑的余额)。保险单是我多年来的积蓄,放在女儿格莱特那儿。这里我将银行单据附上,我想,这笔钱已经没有了!

上个星期天,我和妻子道拉·拉贝到过克桑特纳街(拉贝被炸弹炸毁的住房),我家的地下室门已被撬坏,我的打字机、收音机,还有很多很多东西都被偷走……

现在道拉只剩 44 公斤重! 我们都是面黄肌瘦! 夏天快要结束——冬天将会怎样? 我们到哪里才能找到生火材料、食物和工作? 我眼下正翻译田伯烈的《战争意味着什么》,但现在还不会有收入。或许,我应当弄一个更好的食品供应卡……所有像我们这样的德国人都有了。

我们的食品少得可怜——大家都打了伤寒免疫针,因为这种病正在西门子舒克特厂蔓延。原先我们住在克桑特纳街时,放在地下室的东西被我们的德国同胞偷去很多。寄放在赛勒博士家和克桑特纳街的家具,只要是还在的,现在都搬到了我们家的地下室……

天气进入冬季,西门子舒克特厂没有暖气,我们家只有厨房暖和,电和煤气实现配给,但愿我们能身体健康,度过冬天! 实际上所有德国人都与我们一样生活困苦!(约翰·拉贝似乎又到西门子舒克特厂上班了。)

1946 年 4 月 18 日是耶稣受难节，我们的心情跟耶稣受难差不多。我们一而再、再而三地忍饥挨饿，我未写太多其他情况，因此不再做什么记录。我们吃了橡树果实磨成面做成的粥，算是对本身已是极为不足的营养作些补充，这些橡树果是妻子秋天悄悄地收集起来的。现在橡树果吃光了，我们整天吃的是味道与菠菜差不多的荨麻。

菜茵哈特夫人回忆这段日子说：

　　我和妈妈丰收之后在野外收集了很多谷物。晚上我们锯树，我们锯了一棵橡树、三棵松树。我们用雪橇把它们一部分一部分地运回家。每棵树我们都要运几次。你最高兴的就是没有人在你运树的时候偷你的树。警察会来没收锯子，所以我们不得不小心一点。
　　我和我妹妹还采蘑菇、野草等能吃的东西。在这种状况下，也能享受生活。我和妹妹能找到很多乐趣，忘掉很多烦恼。

　　痛苦、饥饿和女婿的疾病给拉贝带来了成倍的沮丧。他是家中唯一的主心骨，但他的疾病和处境使他对自己没有信心，他为儿子奥托因为参军未完成学业而烦恼，他为女儿由于丈夫的病总是闷闷不乐而失落，他害怕他的家庭会在他死后无依无靠。
　　拉贝从未如此沮丧过，苦难一遍遍地折磨着他的神经，企图将他打趴在地。
　　菜茵哈特夫人回忆说："拉贝是个慈祥的外祖父，同时又是一个伟大的普通人。在我还很小的时候，亲戚们中就有这样的说法：约翰一来,就带来了阳光。"在这段艰难的日子里,拉贝正拼尽他最后的力量,竭尽全力保护他所爱的人。

莱茵哈特认为:"从中国人的传统习惯意义上来讲,他是个家庭观念很强的人,他总是想:我该怎样支持、帮助家庭成员。他对我父亲有很强的责任感,我父亲家没有给他很多,但拉贝在纳粹搜捕期间多次救过我父亲。我常想,如果在战斗中,他不会是一个好的士兵。但他在南京所做的,是一个人对非人性行为的呐喊,是很简单的做人准则,是他对人的不可侵犯性深刻理解的本能反应。"

1946年7月,东京远东国际军事法庭审判侵华日军南京大屠杀案中的日本战犯,希望拉贝以南京安全区国际委员会主席的身份对日军在南京的暴行出庭作证。

拉贝拒绝了。他说,他对基督教教义的理解是:"上帝说,我即复仇。""爱你的敌人,如果光爱你的朋友,那么有何价值?"

莱茵哈特夫人回忆说:"我曾经就宗教问题与外公进行过一次很重要的谈话。他说,我遵守基督教的教义,它是一种信仰,对我来说十分重要。每个人都必须有一种信仰,否则人就会变成动物了。"

1949年,拉贝在给他子孙的信中写道:"摩西说:'我知道人的罪恶会大到没有人能对此做出评判的地步。'了解事物是为了避免犯同样的错误。"他要求孩子们不要忘记战争和暴行,因为只有记住这些罪行才能避免犯新的错误。他明确告诫人们不要互相仇恨和复仇。他说:"对暴行可以宽恕,但不可以忘却。"拉贝说,战争的罪行必须受到正义的惩罚,但这种判决应该由这个国家的人民来宣布。这就是对他拒绝出庭为审判日军战犯作证,但又花大量心血整理留下一份记载日军暴行日记的解释。二者之间并不矛盾。

《圣经》上说:"要爱你们的仇敌,为那逼迫你们的祷告。"①

在南京,人们把他当活菩萨一样崇拜。对于基督徒来说,这种亚洲人的崇拜触及宗教范畴。宗教总有相通之处。

1948 年 6 月始,第一次"柏林危机"爆发,又给战后的德国人民和拉贝一家带来前所未有的困苦。

英、美、法三国为遏止苏联,在柏林西占区实行"货币改革",用新发行的德国马克取代一文不值的帝国马克,取消数百种必需品的定量和物价控制。

苏联奋起反击,对西方国家进入柏林的通道实行交通管制,从而引发了战后第一次"柏林危机"。危机的最大受害者首推德国人民。危机长达 11 个月,持续至次年 5 月终止。为确保柏林西部经济和政治的运转及百姓生活,西方国家开通了 3 条各 30 公里宽的空中走廊,空运了近 200 万吨各种生活物资,出动飞机 19.5 万架次。空运最多一天 7000吨,柏林机场曾创下一天降落 1400 架次的纪录。西方国家为此耗资2.5 亿美元。② 通过这些数字,能想像"柏林危机"带来的物资匮乏。

在这种状况下,金钱在社会生活中已不起作用,日益为物物交换所取代。取代货币的是以货易货,补偿交易。

每个德国人所唯一关心的似乎是能够说一声:"我活过来了。"

拉贝因为营养不良而患了皮肤病,悲伤和压力更是摧垮了他的身体。在他一生中,情绪从未有过如此地沮丧。在南京,拉贝是一个传奇人物,而在德国,拉贝成了一个垂死的人。

在这种困境中,一个食品包裹单仿佛从天而降,给拉贝全家带来了

---

① 《新约全书·马太福音》,第 5 章,第 44 节。
② 冯梁、佘建民:《德国——一个正在松绑的巨人》,南京大学出版社 2000 年版,第 16 页。

希望的曙光。

1948年初,拉贝的遭遇传到了南京。当年国际委员会的几位美国人——金陵大学的史密斯教授、贝德士博士、美国长老会的米尔斯牧师、鼓楼医院的德利谟医生等,在南京得知拉贝的遭遇,十分同情,除在经济上援助外,曾设法使其返华居住,终未成功。

获知拉贝的艰难处境后,1948年初,南京市参议会10名参议员即向市参议会一届四次会议递交提案,建议成立救助德侨拉贝的劝募委员会。提案很快获得批准,并立即与市政府共同组成了救助拉贝劝募委员会,向银行、钱业、大商店及地方慈善机关和当年受救济保护的市民募捐。[①] 消息传开,在全市引起了极大反响。中国有句古话,叫作"滴水之恩当涌泉相报",更何况拉贝对成千上万有救命之恩,那是任何金钱物质都无法相抵的如山恩情啊! 当年受拉贝庇护免遭凌辱的妇女、枪口下得以生还的男子、得到米粥救济免遭饿毙的老人,得知拉贝的境况,无不一洒同情之泪,他们尽管自己也食不果腹、衣不暖身,还是尽所能纷纷解囊相助。不几日便募得1亿元,经国民政府批准,按市价购买美金2000元,辗转汇至德国援助拉贝。

2000元美金不是个小数目,但由于德国战后状况恶劣,尤其是柏林,饿殍遍地,口粮分配不足,任何可供食用之物均加以限制,有钱也买不到食物。南京市长沈怡在1948年3月得悉此讯后,以最迅速的方法,在瑞士购买4大包食品寄交拉贝,以表示南京市民对他昔日义举的感谢。并向他发出邀请,表示给他提供养老金、住房,让他全家陪伴他到中国安度晚年。拉贝接信后,禁不住老泪纵横,仰天嘘唏。不难想象出他的激动心情。在差不多10年之后,他得知南京的人们并没有忘记

---

① 见南京市档案馆馆藏民国南京市参议会档案。

他！他谢绝了中国政府的好意。尽管极其渴望回到中国,但他还是愿意在德国度过余生。

6月18日,沈怡接到了拉贝的复函,信中说,包裹已运抵法兰克福,只等法兰克福与柏林之间包裹许可证发下,就可收到。他在信中说:

> 我们只有收集野果为孩子们加汤,而我们大人都靠干面包与汤度日,最近连面包亦难以得到了,至于马铃薯,也与我们早已绝缘了。我作为一家之长,处于此种艰难之境,您一定能想象到,获得食物包裹对于本人具有何等重大意义![1]

望眼欲穿的包裹终于领回家了。全家人围着拉贝,孩子们激动得满脸通红,拉贝用颤抖的手拆开包裹,一样样地拿出来:奶粉、香肠、茶叶、咖啡、牛肉、奶油、果酱……

在孩子们的欢呼声中,拉贝将食物分给了他们,每个孩子都得到了一份食物。孩子们抱着他们的食品罐敲击着,吹呼雀跃。拉贝和道拉望着这一切,热泪盈满了双眼。

当晚,拉贝给南京市长沈怡又写了一封信,告诉他包裹已收到,全家"均感无限快慰",欣慰感激之情溢于字里行间。拉贝说,南京人民的友好支援使他重新树立起生活的信心。

6月22日,沈怡接信后,认为拉贝当年对全市市民的恩惠很深,如今年近古稀,全家不得一饱,决定从6月份起,按月寄赠食物一包,以表达南京市民对拉贝由衷的感谢与同情。

---

[1] 见南京市档案馆馆藏档案。

从 1948 年 6 月起,直至 1949 年 4 月国民政府撤离南京,拉贝每月都收到一个救命的食品包裹。正是这些食品,帮助拉贝一家度过最为艰难的"柏林危机"。拉贝本人因缺乏营养所患皮肤病也得以康复。

1997 年 9 月 10 日,莱茵哈特夫人在南京市档案馆亲眼目睹了以上这些珍贵史料。她一下激动得眼眶发红:"我去取过这些包裹,大概是 4 到 6 个,或者是 10 个,我不能记得更准确,但我取过,我记得。这在当时,是很宝贵的,这使生活的艰辛大大减轻了。当时有人收到这种包裹是要受邻居嫉妒的。不过,对拉贝来说他得到的,是远比这些物质更重要的东西,是精神上的。通过这一举动,说明还有人把他当作道义高尚的人,中国人民没有忘记他,这使他很感动,他的皮肤病也在那时好了。"

"中国人邀请他到中国定居,据我所知,是提供给他全家的。他拒绝了。他说,这是中国人伟大慷慨的表现,但是他太老了,如果有能力工作,可以重新建立新的生活,他是一定要回去的。他想回中国的思乡之情很浓。"

莱茵哈特夫人说,在拉贝的最后岁月中,她经常陪伴拉贝。他们讨论各种各样的问题,拉贝总是给予她许多指点。

她会把对生活和德国历史的理解讲给外公听:

"外公,现在我明白了,每隔六七年,你的脑袋便会刷新一遍,你就会变成另外一个新的人。"

"哦,不是。你总是同一个人,只不过有了些新的想法。"

她还与拉贝讨论历史,告诉外公在学校所学的东西,拉贝就会让她给他看作业上的修改之处,他说:"你的老师做得很棒。"

这种交流的方式让双方都需要,都觉得很有必要。

1949 年还是一个饥饿年。

1949 年 11 月 23 日,是拉贝人生中的最后一个生日,他在公司过了一个很愉快的生日。他给他的儿子写了一封信:

亲爱的埃尔塞,亲爱的奥托(儿子,医学博士奥托·拉贝):

　　衷心感谢你们 11 月 14 日的来信和你们给我 67 岁生日的祝贺以及几本《读者文摘》。这次生日在公司里进行了非常热烈的庆贺。

　　40 多名祝寿者事先打了招呼,其中有 20 人已及时退掉了中午在食堂的午饭,指望着在我这儿有吃有喝(滑头鬼),我便招待他们喝咖啡、吃蛋糕,其他人不得不遗憾地未吃上什么就又抬腿走路,因为我这贫困的一家,每人也要尝上点这个蛋糕到底是什么滋味。公司全体员工公认我为德中所做出的功绩,给我送的确有车轮那么大的果盘,里面装着各种果实,有香蕉、枣子、无花果、橙子、苹果、梨和核桃,直到今天我们一家还在吃呢! 非常好吃的葡栅架水果,收到这样的礼物,我确实非常高兴。

1949 年 12 月 25 日,是拉贝人生中最后一个圣诞节,他写道:

　　……最近一段时间我工作非常懈怠,这是因为我得接受一项工作量非常大的任务,但完成得很好——这项任务就是准备我们部门在西门子的圣诞节丰盛大庆祝活动。庆祝活动在一个约能容纳 100 人的会堂进行,只为 25 个经过筛选的客人(我也是其中之一)进行装饰。这项任务我干得非常开心,但确实很累。

从这两封信中，我们确信，拉贝晚年因为中国人的帮助，精神状态很好，自信和幽默又重新回到了他身上。

晚上，拉贝坐在他的靠椅里，邻居家的五个小男孩围坐在他的脚边，听他讲故事。孩子们仰望着拉贝，天真无邪的眼睛中，充满了渴求与好奇，拉贝就把爱与善的真谛，注入到这些单纯的心灵中。

没有一点预兆，1950年1月5日，他倒在西门子公司的办公室里。他的同事们把拉贝从西门子带回家。这天的午夜时分，他去世了，死于中风。

拉贝在德国柏林的墓地

附章　永远的回声

一　半个世纪的迷雾

拉贝走了，走得悄无声息。

半个世纪以来，他似乎被人们遗忘了。他的名字鲜有人提起，即使是研究南京大屠杀史的历史学家，也只知有其人而不知其详情。甚至连德国的历史学家也不知道拉贝留有记录日军暴行的日记。

第二次世界大战后，由于南京大屠杀是大战期间日军暴行中最突出的事件，远东国际军事法庭认定其案有 30 万人遇害，因此，它成为学者专门研究的历史事件。

20 世纪 60 至 70 年代，国内外一批专家学者开始从学术的角度研究南京大屠杀史，收集了许多难得的资料和照片。

但日本朝野对发动侵略战争历史的隐瞒、歪曲，乃至篡改，从来没有停止过。

70 年代，日本的一些右翼学者开始写文章否定南京大屠杀。80 年代，日本文部省在审定中小学历史教科书时，把"侵略"中国篡改为"进入"中国,以达到否定侵略、否认南京大屠杀事件的目的。九十年代,日本有人开始从法律上否认南京大屠杀,从东史郎到夏淑琴案的败诉,到美化日本刽子手东条英机的电影《自尊》问世,日本右翼人士一次次不顾史实,不顾中国人民的感情,不顾国际舆论的谴责,一意孤行,否认血写的历史。

日本"教科书事件"引发了对南京大屠杀问题的论争,南京地区的史学工作者开始了对南京大屠杀事件全面、深入的研究,收集了一批珍贵的资料,出版了许多研究成果。这些资料包括当年中外记者现场的新闻报道,留在南京的一些外籍人士的书信、日记和影像资料,当年留在南京亲身经历、亲眼目睹日军暴行后逃出南京的军民们的日记、纪实作品等;远东国际军事法庭和中国南京审判战犯军事法庭形成的一批审判档案资料,幸存者的证词、证言等。

在广泛收集史料的基础上,南京地区的专家、学者对收集到的资料进行整理研究,编辑出版了一些史料集和学术专著。

翻开《南京大屠杀史料》《南京大屠杀档案》《南京大屠杀资料汇编》等书,在安全区国际委员会形成的文件中,主席拉贝的签名不断见到,但史料中有关他的活动记载却往往只有零星几笔,甚至还不如其他安全区国际委员会成员,如美国人、金陵大学教授李格斯,美籍金陵女子文理学院教授魏特琳等人的记载生动详细。这三本书汇集了中国第二历史档案馆、南京市档案馆、吉林省档案馆、南京图书馆等收藏有关南京大屠杀史料的全部精华,还收进了众多目击者、幸存者包括当年安全区国际委员会的成员及著名记者田伯烈、都亭等中外人士的日记、回忆录、新闻报道等档案资料,可以说是当时研究南京大屠杀史的必备资料。

半个多世纪以来,人们对拉贝事迹的认识仅局限于一个最基本的史实:当金陵古城陷入黑色恐怖大海之中时,有一座 3.85 平方公里的绿色小岛,那就是德国商人约翰·拉贝领导的国际安全区。拉贝率领着十几名西方人,牧羊人般驱赶、阻挡着 5 万名日本豺狼的袭击,救助了 20 多万羔羊般的中国难民。

第二次世界大战结束后,东京国际军事法庭对日军甲级战犯进行了审判。安全区国际委员会成员、南京红十字会主席马吉牧师,金陵大学贝德士教授、史密斯教授,鼓楼医院威尔逊医生等都出庭作证。而作为安全区国际委员会主席的拉贝却没有出庭作证。这就更使拉贝身上蒙上了一层神秘的面纱。

对这段基本史实有所了解的也仅局限于研究南京大屠杀史实的有关人员,更不用说普通老百姓了。人们对拉贝知之甚少的原因有两个:一是拉贝作为主席,当时主要跟日军上层,即日本大使馆,美、英、德等大使馆交涉,行动不为一般人所知,而其他西方人则从事具体事务,与难民有大量直接的接触、交往,因而人们了解其他西方人反而比对拉贝详尽;二是拉贝日记及其有关资料一直没有公开,而其他安全区国际委员会成员的文献、日记或其他资料都相继公诸于世。

1991 年,马吉牧师摄制的日军暴行纪录片在美国被重新发现;安全区国际委员会副总干事费奇的日记和书信也在同年被发现;1995 年 10 月,金陵女子文理学院代理院长魏特琳的日记被发现;同年 2 月,鼓楼医院威尔逊医生的日记在日本被找到;九十年代初在美国耶鲁大学神学院图书馆发现了贝德士文献中有关南京大屠杀的资料。一些有识之士更是对拉贝是否留有有关资料充满了疑问。

实际上,拉贝记有关于日军暴行的日记,在中国国内早有披露。

笔者在市档案馆所藏一份 1948 年民国南京市参议会的档案中,发现了有关的线索。这段简讯称,拉贝生活陷入困境,他在南京大屠杀期间任安全区主席,对南京市民贡献很大,拟成立拉贝募捐委员会对他进行资助。其中提到,陷城之际,拉贝在其原住宅院内收容了附近的很多居民,供给衣食,极尽爱护。十多年后,广州路小粉桥一带的居民仍念念不忘拉贝的恩情。拉贝于1938年2月底离开南京,而这些居民仍留居院内,直到1938年6月间才陆续散去。

这段几十字的文字引起了笔者极大的兴趣。之后,逐步在有关档案中发现了蛛丝马迹。在战前市政府档案中发现了安全区国际筹备委员会与市长马超俊、卫戍司令长官唐生智的来往文件,国际筹委会的报告表明,拉贝当时并不是南京安全区的发起人,而是后来被推选为主席的。在战后市政府、市参议会等档案全宗中,又分别发现了有关拉贝回国后因公布日军暴行日记、发表演讲,遭纳粹迫害的情况,以及市参议会成立拉贝募捐委员会的有关文件、拉贝得到南京市民资助后给南京市长沈怡的两封回信。记得笔者当时兴奋得心"咚咚"直跳。我知道,对于南京大屠杀史的研究,这是一段有价值的史实。档案中对拉贝的中文译音也各不相同,有"拉比""雷伯""锐比""艾拉培"等多种称谓。回头再来考察公开出版的国际安全区档案,拉贝的人生轨迹逐渐清晰起来。

南京市档案馆档案中有关拉贝的生平,是拉贝当年的助理员韩湘琳所提供。韩跟随拉贝多年,南京大屠杀期间,他在安全区国际委员会任粮食委员会主任。据当年在拉贝住宅中避难的丁永庆老人讲,韩湘琳每天都跟随拉贝到宁海路5号国际委员会总部去上班。1948年,在南京市参议会档案的记载中,韩湘琳提供的有关拉贝的情况基本上是正确的,有出入的一是拉贝的出生年月,相差两年,这可能是记忆有误;二是拉贝日记的下落,及拉贝被纳粹囚禁的时间。档案记载拉贝日记被没收,人则被囚,直到盟军进驻柏林才获释放。1948年距1938年6

月拉贝遭纳粹逮捕,时间上相隔了 10 年,空间上相距千山万水,加上战争期间通信不便,双方失去联系,得到的消息都是朋友间辗转相传,因而有了出入。

档案中提及拉贝记有日记,因为韩湘琳在南京大屠杀期间一直跟随拉贝,对这一点十分清楚。至于拉贝日记的下落以及拉贝是否留有其他文字资料,这一直是一个谜。

1988 年 12 月,笔者在《南京史志》上发表了题为《南京沦陷期间一位德国友人拉比》的文章,介绍了拉贝的生平,第一次提到,拉贝记有关于日军暴行的日记。1995 年是抗日战争胜利 50 周年,笔者又补充新发现的有关史料,在《上海档案》第三期上发表了《南京大屠杀中的庇护神》一文;此后,又将其缩为 4500 字,以《一个可敬的德国人与南京的生死缘》为题在 1995 年 6 月 22 日的《扬子晚报》上作了转载。文中较为详尽地介绍了拉贝的生平及记有日军暴行的日记等事迹。《扬子晚报》的发行量高达 100 余万份,《上海档案》也在美国《读者文摘》上备有摘要和索引。

6 月 22 日《扬子晚报》上介绍拉贝的文章发表一个多月后,8 月初,一位美籍华裔女作家张纯如准备写一本关于南京大屠杀的书,来到南京搜集资料。显然她从发行量非常高的《扬子晚报》上得知拉贝信息,之所以这样断言,是因为之后在她出版的书中,她引用了笔者文章中的一段话:"当年受拉贝庇护免遭凌辱的妇女、枪口下得以生还的男子、得到米粥救济免遭饿毙的老人,得知拉贝的境况,尽管自己也食不果腹、衣不暖身,还是尽自己所能,纷纷解囊相助。"这段话并不是档案中的原文,而是笔者所加的文学语言,实际上,当年真正募捐的是一些机构,处于战乱中的人们大都无暇顾及别人,而我之所以这样写,或许是出于一种粉饰心理吧。

张纯如写信给德国《汉堡晚报》，请求寻找拉贝先生或其家属的下落，询问拉贝是否留有南京大屠杀有关资料。信转到拉贝的儿子奥托·拉贝手中，当时他已 82 岁高龄，不愿与外界多接触，便转由其外甥女莱茵哈特夫人处理。莱茵哈特夫人寄给了张纯如一份拉贝给希特勒的报告。由美籍华裔人士组成的"纽约纪念南京大屠杀受难同胞联合会"得知后，通过女作家与莱茵哈特夫人取得了联系，这才得知拉贝日记的存在，并保存在拉贝家属手中，便希望能将日记公布于世。但拉贝先生在日记中注明，只供近亲好友阅读，其家属也不想公开日记。联合会会长邵子平即用德文给莱茵哈特夫人写信，说明了日记的历史意义，并肯定了拉贝先生当时保护了一大批中国人的可敬行为，希望能把日记公布于世。

莱茵哈特夫人说，她外祖父去世前曾提出，将日记送给她保存。但她当时正参加一项考试，又怀有身孕，觉得读这些日记太可怕，因此没敢要。拉贝于是将日记留给了儿子奥托保存。

莱茵哈特夫人说："几十年来我都希望着这些日记根本不曾存在……我既不曾喜欢过它们，也没有读过，而它们就那样成年累月地放在书架上。我想，纳粹或者俄国人可能会枪毙我们，因为它们在政治上是爆炸性的。"莱茵哈特夫人第一次从舅妈手中借来日记准备阅读，她费了一番努力，才拿出勇气翻开日记。这些内容使她感到极度恐怖和义愤，其中许多细节令她毛骨悚然。她对《人民日报》的一位记者说："在读日记之前，我对大屠杀也不甚了解。但当我读到日军把大活人点上汽油燃烧，集体在大街上强奸、残害中国妇女时，你知道我是什么感觉吗？我感到他们的暴行比希特勒有过之而无不及。希特勒的军队只用毒气消灭犹太人，而日军却是面对面地施暴。这真是绝无仅有的暴行。"她说，他们家人曾想过把它们烧掉，害怕拿出日记招惹麻烦。莱茵哈特夫人的顾虑之一，是日记里那些关于希特勒以及他在南京时以地方组织负责人身份向希特勒求助的文字。她写道："纳粹党员的身份必须要说明清楚，那(些日记)声明忠于希特勒和 1937—1938 年德国外交政策的文字。虽然这在当时是普遍的习惯，但后人们读起来却是痛苦的。"甚至当一家美国的出版商想取得日记的出版权，声称会引起公众兴趣时，她仍是顾虑重重。莱茵哈特说："作为他的后代，从公正、真实的角度讲，我不能把它抽掉，但对我来说，又十分难堪，因为这是世界可以伤害我们家族的一点，而且这个阴影很长时间就徘徊在我们身后。那时，他与其他很多人一样，相信希特勒可以把我们民族重新振作起来，重新强大起来。这种观点我在我朋友的父母那里也听说过，他们在一定程度上认为：作为真正的德国人就应该加入纳粹党，当时很多年轻人也这样认为，他们被兴奋地卷入战争牺牲了。当然，在德国，在我们身边也有反纳粹的人，但拉贝不是。如果您看了日记，看他给希特勒的报告就知道了，那是个虔诚、服从的声明。"

东京远东国际军事法庭审判日本战犯期间，曾收到一部匿名日记，作者是德国人，内容也是记述南京大屠杀期间的日军暴行。德国南德意志电视台女记者蒂娜·门德尔松在对德国的调查表明，日记是克勒格尔的，他也是一名纳粹党员。克勒格尔为什么要匿名？他的顾虑大概就是纳粹的阴影。

邵子平会长等的力劝使莱茵啥特夫人深受感动。她说服舅父，经过全家人的讨论，最后一致同意把日记公诸于世。她说："我想 1997 年正是南京大屠杀 60 周年，中国人民一定非常关心这件事。我想，如果外祖父在世，他一定也会将日记公诸于世的。我有责任替外祖父去完成这件事情，而且我感到要对历史负责。这是一份历史文献，不能让它封存在书橱里。再说，外祖父的其他后人都年事已高，我是唯一能完成这件事的人。11 月我终于说服舅舅将日记借给我。至于是否发表，我一开始考虑到这对中日关系可能是一枚'炸弹'。但出于历史责任感，我还是接受了'纽约纪念南京大屠杀受难同胞联合会'的邀请，去纽约公布日记。"

曾经担任过德国驻华大使(1976—1980)的埃尔文·维克特(Erwin Wickert)先生是战后德国著名的外交家和作家、评论家、拉贝生前的私人朋友、德文版《拉贝日记》的出版人，一个传奇人物。维克特认为："拉贝日记经过了一段曲折的道路才得以重见天日，其过程极其富有教益。"维克特写道："关于南京大屠杀的日记对于拉贝的后人而言是种负担。其原因在于他在日记中明确表达了他对希特勒和国家社会主义的信奉，有时甚至是以赞美的方式。当拉贝的儿子奥托·拉贝把自己父亲写给希特勒的信交给莱茵哈特夫人时，她给我打电话说，她担心她寄给我的这份棘手文件如果被公开，将成为她外祖父生平中的污点，因此她有些犹豫是否应将其转交出来。我颇花费了一些功夫来消除她的顾虑。她在柏林的家里将那些日记复印了数份——这是一项值得称赞的、辛苦的工作。1996 年 12 月初，她将南京日记两份完整复印件其中的一份寄给了耶鲁神学院邵子平博士，他希望将其翻译成英文；另一份则寄给了我。自诩为拉贝日记发现者的张纯如那时显然没有得到。不过莱茵哈特女士同意让她从耶鲁大学得到一份复印件。"这可由 1997年 1 月 9 日耶鲁大学给莱茵哈特的一封信证明，信中写道："我们正在为张纯如女士复印完整的一份，但这是根据您 12 月 3 日给她的信所做的，您在那封信中指出她应该获得一份完整的复印件。"[①]

邵子平担心日本右翼分子会闯进莱茵哈特夫人家，毁掉日记或是

① 原文载 2005 年 9 月 *StuDeo* 杂志。

用重金买走原件,就很快将莱茵哈特夫人及其丈夫用飞机送到纽约。

1996年12月12日下午,美国纽约曼哈顿岛洲际大饭店内,云集了各国记者和学术界人士。2时整,在59年前南京城沦陷的同一时刻,记者招待会开始,莱茵哈特夫人向各国记者展示了她外祖父当时所记的2117页战时日记,会场挤得满满的,无数电视摄像机和照相机镜头对准了莱茵哈特夫人面前展开的日记原件和拉贝先生的照片。

新闻镜头的阵阵闪光终于划破了历史的迷雾,长达2100多页的日记,记载了南京大屠杀的500多个惨案。日记的公布立即在全世界引起了轰动。

经历了漫长的半个多世纪,人们才得以走近拉贝。

二 凯旋而归

一夜之间,拉贝犹如凯旋的英雄,从历史迷雾中向世人走来。

拉贝日记的公布,犹如一石激起千层浪。中、日、美、英、德有关国家的媒体都做了广泛报道。美国媒体和学术界认为,拉贝日记的发现是有关第二次世界大战史、中国抗战史和南京大屠杀史中的一件大事。拉贝日记的公布是对日本右翼势力所谓"南京大屠杀是中国人编造的"谬论的最有力反驳。

许多历史学家认为,该日记是南京大屠杀确实发生过的更具结论性的证据,同时,这是一份从纳粹党员的角度写出的东西,更令人感到意味深长,因为一位纳粹缺乏编造南京暴行的动机。拉贝的记述不仅印证了美国人日记中关于这场大屠杀的记录的真实性,而且也印证了中国许多现存的关于南京大屠杀的资料。

美国《大中华》杂志主编史咏描绘说:"美国 12 月 12 日的记者招待会主要是面对西方主流媒体,它就像在平静的水里扔了一个大炸弹。一个德国人,成为了一个中国的辛德勒,美国社会刚刚知道这样一个惨案,我指的是大多数美国人。"

美国哈佛大学的中国史教授威廉·柯比对《纽约时报》说:"这是一份扣人心弦、令人压抑的纪实资料,细致地运用了大量的细节和冲突描述,它以一种非常重要的方式使人们将重新审视南京的暴行,通过它,人们能够了解每一天的事情,给早已广为人知的南京暴行增加 100 到 200 个故事。"

耶鲁大学神学院图书馆馆长马撒·斯马利说,该图书馆收藏有 9 个牧师有关日本侵略军在中国犯下暴行的图片、日记和报告。她本人对拉贝先生的人道主义精神表示崇高的敬意。

纽约哥伦比亚大学日本历史学教授卡罗尔·格拉克说,她读了拉贝的 500 页日记,日记中逐日详细记录了他所目睹的日军犯下的残暴罪行。她指出,日本政府抵赖日军当年在南京犯下的罪行,拉贝日记公诸于众,是为历史作见证。

美、中人民友好协会会长西德尼·格拉克在拉贝日记公布后对驻纽约的日本记者提出质问。学术界一些专家举行研讨会,对如何防止日本军国主义复活进行了研讨。纽约《侨报》把拉贝日记的发现列为 1996 年纽约华人社区十大新闻之一。

日本的历史学家也声明了拉贝日记的重要性。他们认为,由于拉贝是日本战时盟军德国的纳粹党人,当时任纳粹党南京地区小组副组长,因此,他的这份报告更具史料价值。

日本宇都宫大学中国近代史教授笠原十九司在《朝日新闻》上声明,这份报告是现已发现的当时在现场的德国人的第一份报告。它不仅具有史料价值,而且向希特勒提交报告本身也很耐人寻味。像拉贝那种身份的人,敢于向日本盟国的最高领导人报告此事本身,就证明了南京大屠杀确有其事。①

日本千叶大学日本现代史教授秦郁彦说,这个报告是战时日本友好国家德国的人士对当时情况的客观叙述,比起当时对日本很反感的美国牧师的证言具有更高的史料价值。

1938年里宾特洛普就任德国外长后,加速了日、德结盟。在这种情况下,拉贝敢于向希特勒提交这样的报告,其勇气是惊人的。②

他的日记由纽约纪念南京大屠杀受难同胞会制成三套影印件,存放在美国耶鲁大学神学院图书馆、中国侵华日军南京大屠杀遇难同胞纪念馆、卢沟桥中国抗日战争纪念馆。

在拉贝的第二故乡中国,人们的热情如火山般喷涌而出,献给这位和平勇士。

纽约公布拉贝日记数小时后,中国的《人民日报》登载了记者何洪泽从纽约发回的专电。

从12月14日到28日,《人民日报》对拉贝日记及拉贝生平事迹共做了6篇连续报道,在全国引起极大反响。《嘹望》新闻周刊、《光明日报》等各大报刊杂志都在第一时间相继做了报道。《南京日报》更是以大篇幅对这位与南京有生死情缘的"市长"做了连续报道。

中央电视台、江苏电视台、南京电视台、中国教育电视台等电视媒体都制做了专题节目。

新闻媒体的积极介入,使拉贝成了一个家喻户晓的人物。拉贝奋

---

① 《人民日报》1996年12月14日第6版。
② 同上。

力救护中国人的义举得到了中国人由衷的敬佩。提议为拉贝设立纪念馆，为拉贝塑像，授予拉贝亲属荣誉市民，命名拉贝小学等各种建议，反映了拉贝在人们心中的分量。

经过半个多世纪的沉寂，历史的回音壁终于发出公正的回响。人们渴望走近这位和平勇士，有关人士为此进行不懈地努力。江苏人民出版社决定想方设法购买日记的出版版权，至少是中文版权，尽快组织出版。此举得到了江苏省委的高度重视，指示要尽快去德国购买版权，具体采取政府支持、民间形式处理。

江苏人民出版社通过前驻德大使、中国友好协会会长、江苏外事顾问王殊与外交部及驻德大使馆联系，取得了外交部和驻德大使馆的支持。

1997年1月14日，江苏人民出版社又与莱茵哈特夫人进行了电话联系。莱茵哈特夫人在电话中说，她将应邀前来南京，但版权问题，要同日记的继承人——她舅舅商量，并向律师咨询。

2月5日，莱茵哈特夫人打来电话告知，由于其他原因，德国斯图加特"德意志出版机构公司"已抢先从日记的继承人、莱茵哈特夫人的舅舅那里买下了《拉贝日记》的国际版权，德国政府也已规定日记的原件只能存放在德国国家档案馆。

2月6日，江苏人民出版社与德意志出版机构公司取得了联系，提出按国际惯例购买中文版权。德方提出了15万美金的高报价，并邀请江苏人民出版社前往德国谈判。

4月初，由江苏省新闻出版局组成的谈判小组赴德国。经过3天艰苦谈判，双方终于就价格问题达成了协议，中方还取得了独家国际中文版权，包括向台湾、香港等地区，以及向华语国家和地区的版权转让权等权利。

随后，江苏人民出版社组织南京大学、东南大学的 7 位德文教师，夜以继日，仅用了 4 个月的时间，就把几十万字的拉贝日记翻译完稿，于 1997 年 8 月正式出版。

我国以天干地支纪年由来已久，60 年循环一次。诞生于南京的拉贝战时日记，在德国封存了 60 年，终于又回到了它的起始地，以世界首版在南京出版。

《拉贝日记》出版了，拉贝这位被湮没半个多世纪的英雄凯旋归来，人们看到了一个血肉丰满的真实拉贝。欢呼声中，世人不禁又为他的纳粹身份而迷茫、叹息。莱茵哈特夫人认为，拉贝是个有幽默感的人，他喜欢含蓄地用汉堡话开玩笑。他的仁爱和爱国主义精神是他性格上最本质的特点。在这一点上，他始终如一。拉贝日记证明了这一点。

但是正因为如此，他又引起了一系列的麻烦。莱茵哈特夫人说："南京大屠杀期间，他使他的公司进退两难，因为他决定留在南京。在柏林，他使他的公司陷于困境，因为他谴责了纳粹盟国的战争罪行。战后他本人处境艰难，因为他 1937 年一度替一个朋友代理纳粹党小组负责人。现在他使世人陷于迷茫境地，因为他曾是个纳粹分子。全世界争抢着《拉贝日记》，使我左右为难，他会对此捧腹大笑吗？"

或许，这就是为坚持正义、人道、仁爱必须付出的代价。拥有无数阅历的拉贝知道这一天终会来到，相信他会平静面对一切。

拉贝的亲属鉴于拉贝与南京的不解之缘，决定将其墓碑捐赠给侵华日军南京大屠杀遇难同胞纪念馆。4 月 5 日是中国人传统的清明节，是人们纪念逝去英魂、寄托哀思的节日。

1997 年的清明节，人们迎来了南京人民的老朋友——约翰·拉贝先生的英魂。

莱茵哈特夫人向中国方面表示："外祖父拉贝从 1909 年至 1938

年在中国工作，生活近 30 年之久，其中 1931 年至 1938 年在南京，我们家也有两代人在中国出生，如果能把外祖父的墓碑送给中国方面，也是很好的纪念。"1 月 29 日，中国驻德国使馆柏林办事处代为接收了墓碑。

尽管柏林与南京之间万里迢迢，但拉贝先生的墓碑在运送过程中一路绿灯，万里畅通，顺利通过南京海关，平安运抵侵华日军南京大屠杀遇难同胞纪念馆。中国国际航空公司表示，愿免费将墓碑从柏林运至北京，再转运至上海。南京海关得知后表示，不仅免收一切费用，而且要求将其运至南京海关启封、验关。中国外运南京公司客运服务分公司自愿义务承担繁杂的报关手续，并专程协助纪念馆人员去上海海关办理转关手续。上海海关和东方航空公司了解其中缘由后，也免去了装运、仓储等各项费用。

拉贝的墓碑为大理石材料，高 91 厘米、宽 50 厘米、重 175 公斤，上方刻有一个在西方国家其他墓碑上罕见的阴阳无极八卦图，表达了拉贝对中国难以忘怀的感情，八卦图的下方，是拉贝的德文名 JOHN H. D.RABE。

莱茵哈特夫人说，把拉贝的墓碑迁到南京，这是她的个人行为，但相信也是外祖父拉贝先生的心愿。拉贝对中国人民的友情从没有忘却，当年拉贝回国后一家生活陷入困境，本人又得了高血压、皮肤病，是南京人民筹集了钱和药寄给他。夫人相信外祖父一定愿意长眠在爱他的中国人身边。

至此，拉贝在离别南京 60 年后，终于"魂归故里"。

在侵华日军南京大屠杀遇难同胞纪念馆内，专门开辟了一个拉贝史料馆。史料馆中，挂着拉贝的大幅画像。朴素的拉贝墓碑前，鲜花不断。无数的中国人来到墓碑前，向他致意，呼喊着他的名字"拉贝！"

"拉贝!"

清澈的阳光下,拉贝脸上挂着永恒的善良笑容,凝视着络绎不绝的来宾,似乎在回应着人们崇敬的呼唤。

三　南京故居

60年的时光,能让沧海变桑田。

半个多世纪以来,当年的小粉桥1号,曾被几十万难民膜拜的"活菩萨"拉贝的故居,默默地伫立于中山路与广州路交汇口,经受着风雨岁月的冲刷,静静地注视着繁华闹市的车水马龙,世事变迁。没有人来理会,也无人知晓它曾经有过的惊心动魄。然而,一旦拂去半个多世纪的尘埃,它就像一颗珍珠,重新放射出引人注目的光彩。

《拉贝日记》公诸于世后,全国掀起了一股"拉贝热"。1997年3月,中央电视台《焦点访谈》的记者来南京,追踪拉贝当年的足迹。笔者在接受记者采访时,向他们建议,应拍摄一些拉贝当年生活、活动的场所。

宁海路5号,这座国民政府前外交部长张群的公馆,是当年安全区总部。战后曾是美国驻华大使马歇尔公馆,80年代成为文物保护单位。60年过去了,建筑依然清幽华丽,保存完好,里面住着南京军区原政委傅奎清将军。

那么,拉贝的西门子公司办事处和他的住宅又在何处呢?记者表示,拉贝在南京的故居是他们迫切需要了解的,但他们在北京通过南京市委宣传部了解到,有关专家认为,史料记载拉贝曾租住的南京广州路小陶园10号应当位于广州路与上海路交界处,由于旧城改造,已不复存在。

1997年的拉贝故居

　　南京市档案馆馆藏档案和拉贝日记中对拉贝住宅有一些零星记载。

　　12月17日,拉贝不在家,有15个左右的日本兵闯入他的住宅,有几个攀墙而入,刺刀出鞘,气势汹汹,抢走了拉贝助理员身上的钱币和几种文件。事后,拉贝开具失单,向日军永井少佐抗议,永井被迫写了一幅布告,贴在拉贝的大门上,禁止日本军擅自闯入。但只要拉贝一出去,日本兵即溜进来为非作歹。一天下午6时,拉贝出门归来,见有两个日本兵闯入,其中一个正准备强奸一个大姑娘,拉贝大声斥责,两个日本兵才越墙而去。

　　12月19日下午6时许,6个日本兵又攀越拉贝的住宅花园围墙,拉贝用手电筒照射一个日本兵,此兵举着手枪,作射击状,后觉伤害一个德国人后果不会太妙,于是悻悻地收起枪,要拉贝打开大门让他们出去,拉贝断然拒绝开门,叫他们从哪里爬进来,就从那儿滚出去。

从这些资料中可以看出,拉贝当年的住宅是一座有围墙的小楼。

笔者在市档案馆一份1948年的档案中发现了有关线索。当时拉贝生活陷入困境,南京市参议会发起募捐活动,为拉贝寄钱寄物。其中提到,陷城之际,拉贝在其原住宅院内收容了附近的很多居民,供给衣食,极尽爱护。十多年后,广州路小粉桥一带的居民仍念念不忘拉贝的恩情。拉贝于1938年2月底离开南京,而这些居民仍留居院内,直到1938年6月间才陆续散去。

据此线索,我判断小陶园10号的位置应在广州路小粉桥附近。笔者就读于南京大学历史系,大学南园女生宿舍八舍旁边就有"小陶园"的地名。而与小陶园校园围墙一墙之隔的,就是一条叫做"小粉桥"的巷子。笔者住在八舍四楼整整四年,无数次从窗口眺望远处,校园围墙外的小粉桥若隐若现。冥冥之中,那里曾经发生过的惊心动魄,那幢小楼,那段不能遗忘的历史,似乎在翘首期盼着能诏告天下,澄清事实,还它以应有的评价。大约1986前后,笔者在档案中看到"小粉桥"字样的档案后,就曾来小陶园查找过几次,附近居民告之,这里只到小陶园5号,6号以后就没有了。当时失望而归,但一直记挂在心,相信自己的判断是对的。

3月21日下午,笔者和《焦点访谈》记者李卫兵一起,满怀希望,来到南京大学小陶园。门牌号码不对,再次寻访无果。李卫兵建议,是否找一下专家问问?我摇头,心想,专家可论资排辈,但是史实不会论资排辈,若按掌握的史实,我就是专家。我说:"不用,如果专家知晓,以当前拉贝的白热化程度,早就通过媒体披露了。只有寻访当地的老人,如果我的推断正确,一定会有知情人。"

我开始一遍遍向南园中的居民介绍:"这是中央电视台《焦点访谈》栏目的记者,我们正在做一档有关南京大屠杀的节目。请问附近有老人说起过日本人怎么杀人的吗?"无数次询问后,终于有人提到了一位住在小粉桥的老人王世清,说听他讲过日本人怎么杀人。

87岁的王世清老人精神矍铄,头脑清楚。我问他:"老人家,请问您知道日本人在南京大屠杀时,西门子公司的一名德国人吗?"他反问:"是西门子公司的艾拉培?"我兴奋地说:"对,对,就是艾拉培!"我向记者解释,档案中就有翻译成艾拉培的。我们兴奋地交换眼色,对老人说:"老人家,您知道他住的房子在哪里吗?"老人连说"知道!知道!"他脚步利索地把我们领到小粉桥1号。老人生于斯,长于斯,一辈子定居小粉桥。南京沦陷时他27岁。他清楚地记得拉贝就住在这座宅院内,院子四周的围墙还是当年模样。院子大门口有西门子公司牌子,当时贴有布告,禁止日本兵骚扰。但老人没有在拉贝家中避过难,也不能确认房子在南京解放后是否改建过。

我心中难免疑惑:为什么美国人留下的史料中,一直称拉贝居住在广州路小陶园10号呢?这还有待考证解惑。

这幢楼房当下是南京大学教工宿舍。南京大学日语系主任张国仁就住在二楼,他只知这楼以前是德国人所住,但不知德国人就是拉贝。

我提议走访住在小粉桥的南京成人教育学院严永泉院长。严院长是我的前辈同乡,他夫人是我的初中数学教师,我在南大经常去拜访老师夫妇。严永泉院长1956年来到南京大学,他说,此楼未曾动过,南京大学还有几幢风格结构与此相同的小洋楼,至今仍在。严院长说,你们可问问楼下开杂货铺的老板，他与附近居民熟悉，也许还会有知晓情况的老人。

根据杂货铺老板的介绍，我们找到了时年 81 岁的丁永庆老人。老人当年居住在广州路 10 号-1，与拉贝住宅近在咫尺。日军大屠杀时，拉贝的厨师让他躲进小粉桥 1 号避难，他说楼房还是原样。

丁永庆老人回忆道："那年我 21 岁，在同仁街学做鞋子刚满师，鬼子打过来前先是轰炸，电线杆上都挂的人胳膊人腿。那时艾拉培（拉贝）的厨师姓曹，天津人，我们叫他曹爷，经常到我们旁边的牛肉摊

当年拉贝保护和救助的丁永庆老人

买牛肉，我就跟他熟了，聊起来。他说：'你怎么不跑？'南京那时有钱人都跑了。我说：'我没地方跑。'曹爷就说：'你要待不下去就来找我，我们艾拉培先生人挺好的，那里是安全区。'后来我就住进去了。去时院子里已经有很多人，没有地方住，先在厨房里将就了三四天。艾拉培让人带我们到汉中门芦席场拉芦席搭了棚子，一个棚子住四五个。院子里本来花花草草漂亮得很，难民一住，全给踩得不见了。后来天冷，艾拉培一个棚子一个棚子看，跟姓韩的翻译说，给他们弄点稻草，铺厚一点。"

丁永庆老人对拉贝充满了感激之情。他回忆道："艾拉培是个大个子，待人很好。他在院子内搭有芦席棚，让周围的居民居住，供吃供穿。我在这里住了近一年。"这与档案记载也是吻合的。

天色已晚，但《焦点访谈》的镜头已初步记录下了小楼的前世今生。之后，如滚动的雪球，我又陆续寻找到了一大批当年在拉贝家避过难的难民。

拉贝日记中提到的裁缝与皮匠，他们的儿子，也就是当年的小裁缝与小皮匠，也仍然生活在小粉桥。

时年 72 岁的吴克政，他的父亲就是拉贝日记中提到过的鞋匠。1937 年 9 月，日军开始对南京狂轰滥炸，拉贝从北戴河绕道赶回南京。他的雇员们在院子里挖了一个防空洞。拉贝认识和不认识的居民都来这里躲避日军的空袭，其中就有这位鞋匠。和平时期，鞋匠常为修鞋的价格和拉贝讨价还价。而拉贝在侵华日军南京大屠杀期间的义举让他深受感动，他主动为拉贝做了一双漂亮的靴子，只收了很便宜的费用。

吴克政老人还澄清了一个一直困扰人们的疑团。

1934 年，拉贝在南京建了一所德国小学，他任董事长。为解决经费不足的问题，他无奈按德国大使馆要求加入了纳粹党。此举也为拉贝在南京大屠杀期间对付日本人、掩护中国军民起了作用，但也因此让他在战后吃尽了苦头。这所德语学校当时在拉贝家院子的后排平房中，拉贝回国后，这所学校也就不复存在。

孙有明，时年 74 岁。他和他父亲都是裁缝，当年拉贝先生的西装都请他们制做。据莱茵哈特夫人说，拉贝回国后，一直都穿着在中国定做的西装。他说他们整个家族 70 多人，全部躲藏在拉贝家。天冷下起了鹅毛大雪，拉贝让人拖来芦席，每人发一张，在院子里搭起了芦席棚。拉贝院子里有一面很大的德国纳粹党旗，腾空撑起，很多人钻在下面，日本人的飞机不敢轰炸。

沧海桑田，岁月流逝。后来我们了解到，广州路 10 号是面对大马路的门牌号，因为种种原因取消了，而保留了小粉桥 1 号边门的号码。

当年的难民"小裁缝"

我在南京市房产部门查到了小粉桥1号的房产资料。资料显示，1932年夏天，拉贝同金陵大学农学院院长谢金声签订了一份协议，根据这份协议，谢金声按照拉贝的要求，建了一座集办公和居住于一体的小洋楼出租给拉贝。解放后，这座楼房的产权就归到了南京大学名下。值得庆幸的是，这座小楼仍未被岁月的尘土掩埋，据楼内居民说，几个月前，有关部门已对此楼测量多次，列为拆迁对象。

1997年3月28日，中央电视台《焦点访谈》向全国人民介绍了这座具有历史意义的建筑。同一天，笔者在《扬子晚报》刊登了题为《追踪南京辛德勒的足迹》的长篇通讯，报道了拉贝的生平事迹及对住宅考证确认的消息。同时，呼吁留下这座象征和平、见证历史的建筑。

4月1日，江苏人民出版社的蔡玉华社长等人前往德国购买《拉贝日记》的中文版权。他们把3月28日的《扬子晚报》带给拉贝的外孙女莱茵哈特夫人，看了报刊上刊登的小粉桥1号房子照片，她说，那就是她记忆中的家。她是外祖父的掌上明珠。1937年南京沦陷前,她到南京住了几个月。当时她年仅6岁,但小粉桥1号的住房给她留下了很深的印象。

作者黄慧英1997年与莱茵哈特夫妇

1997年中秋节前夕,莱茵哈特夫人从遥远的法兰克福来到了金陵古城。站在这幢楼房前,她的心情无比激动,这里不仅是她外公的家,还留有她难以忘却的童年情怀。莱茵哈特夫人一家三代生活在中国,她母亲出生在北京,她自己出生在沈阳,在北京度过了6年童年生活。她的第一母语是中文。她曾三次到南京和外祖父拉贝先生团聚。

她已记不清是哪一年第一次来南京,只记得是某年的圣诞节前夕。慈祥的外公拉贝视她为掌上明珠,为了让她过好圣诞节,外公亲自动手装饰圣诞树、画圣诞卡。她就快活地指挥外公干这干那,命令外公这里必须用蓝色,那里一定要用红色,外公一一遵命。

莱茵哈特夫人对于第二次来南京的记忆就更深刻了,有一天她在外公的花园里看到一只猫带着两只可爱的小猫。这时外面冲来一只狗，咬死了小猫，她在旁边睁大眼睛，既害怕又伤心，第一次感受到了残忍，幸亏狗没有伤害她。60年后她再来南京时，该市有关部门特地向她赠送了一幅小猫双面绣，以慰她的童年情怀。

1937年夏，她第三次来南京，拉贝为她过了6岁生日。6月25日，外公最后一次给她拍下了一张照片。她和母亲就要回国了，她们是那样地恋恋不舍，仿佛不是回国，而是离开自己的家园。

夫人说，看看拉贝先生的故居，是他们此行的心愿之一。拉贝先生临终前，还深深怀念着南京，回忆这座他居住过多年的房屋。夫人能清楚地记得楼内当年的布局，客厅、厨房、卧室的位置，她都能一一道来，6岁的她常常爬上外公楼顶的小阁楼，极目远眺，观赏故城景色，一直能看到中山陵的蓝瓦灰墙。①

二楼当年拉贝的卧室，及顶楼的小阁楼，住着南京大学外语系教授张国仁一家，张教授在南京大学和前来给德语专业学生做报告的夫人相遇了。新旧主人的手握在了一起，张教授向莱茵哈特夫人表达了对拉贝先生的无限敬意，拿出新版的《拉贝日记》请莱茵哈特夫人题词，夫人在扉页上用德文写道："我非常高兴地与拉贝故居现在的主人在南京相遇。拉贝是我最尊敬的外祖父。"

1997年9月中秋节前夕，当和平使者莱茵哈特夫人和丈夫再次踏上了60年来让他们一家魂牵梦萦的土地，中国人民把对拉贝的崇敬爱戴之情，延续到了拉贝的亲人身上。夫人所到之处，无不受到热情洋溢的欢迎。

她说："我只是一个小人物，承受不了中国人民给我的厚爱，我只能

---

① 当时南京被定为首都不久，高楼很少。——作者注

以约翰·拉贝的名义接受下来,慢慢地适应这沉睡了60年的爱。"

正如夫人所言,中、德两国人民间,当年拉贝先生播下的友谊种子已发芽生根,开花结出了丰硕的果实,为拉贝与南京的生死情缘,又续上了浓墨重彩的一笔。

说起中国,莱茵哈特夫人充满深情,她说:"我和母亲都出生在中国,对中国有着深厚的感情,以至后来回德国时不觉得是回国,而像离开自己的家园一样。"当她接受《扬子晚报》采访,被记者问及对《拉贝日记》的看法时,夫人一脸凝重,她说:"如果可以,我将永远不再翻开这本日记,因为日记所记述的一切太残酷。我无法想象日军会惨无人道地对一些孕妇加以残害,我觉得南京大屠杀最大的受害者就是妇女,这是绝无仅有的暴行!所以,我为我的外祖父骄傲自豪,他挽救的是人的生命,我对我的孩子也说过,你们曾外祖父很伟大。有人把拉贝比作'中国的辛德勒',但曾有一位朋友说过,无论从时间上还是业绩上,辛德勒都无法与拉贝相比,拉贝更出色更伟大。"①

有人尖锐地问夫人,拉贝在大屠杀时保护南京市民是出于英雄心理还是人天性中的正义,莱茵哈特夫人明确地回答说:"拉贝先生不是个高傲的人,他不是英雄,他也不想做英雄,他只是个有爱心的人道主义者,他所做的一切是出于他的正义和爱心。"夫人的脸因激动而有些微红,"外祖父一直在写他的日记,我目睹着他的日记变厚变多,也看着他整理日记。但谁都不知道为什么要写,他从不对人说原因。我阅读了日记中最重要的部分,我觉得他写纯粹是出于人道主义的角度,他要见证一段历史。"②

----

① 周晓红、王子明、顾燕:《扬子晚报》1997年9月12日第5版。
② 周晓红、王子明、顾燕:《扬子晚报》1997年9月12日第5版。

记者问夫人是否今后会去日本，夫人爽朗一笑："为什么不会？我60年前离开中国时也未想到我还会再来，只要日本人民需要我去做历史的见证人，我会毫不犹豫去日本。"在结束采访前，莱茵哈特夫人说："以前不少德国人不能理解外祖父，我希望通过我的努力让德国人了解他，正确地评价他。"①

南京市长王宏民在会见她时，代表520万南京人民对拉贝先生60年前的义举表示感谢。他们说，60年前，时任德国西门子公司驻南京代表约翰·拉贝出于正义感和同情心，在南京大屠杀期间挺身而出，担任南京安全区国际委员会主席，保护了20多万市民免遭日军迫害，并在日记中以无可辩驳的事实揭露了日军暴行。拉贝先生将永远为南京人民所铭记。

南京市政府为了感谢莱茵哈特夫人的义举，以市长的名义精心制作了一个很大的感谢状，感谢词说："为了坚持人类的公理和正义，您将约翰·拉贝先生的日记（复印件）及其墓碑赠给侵华日军南京大屠杀遇难同胞纪念馆。特颁此状，以表谢忱！"

夫人对市长说："我只是一块滚动的小小石块，带动了成片石块的滚动。"

在南京大屠杀遇难同胞纪念馆，莱茵哈特夫人和当年受拉贝保护的难民见面了，李秀英来了，夏淑琴来了，丁永庆、吴克政、孙有明、李世珍都来了。相机镜头留下了这令人难忘的一幕。60年的感恩，60年的追忆，在这一瞬间得到了释放。这几名见证人都是最普通的老百姓。侵华日军南京大屠杀期间，他们有的得到过拉贝救助，有的在拉贝住宅广州路小粉桥1号避过难，他们都与拉贝先生有过交往。

---

① 周晓红、王子明、顾燕：《扬子晚报》1997年9月12日第5版。

面对救命恩人的后代,李秀英和夏淑琴只说了一句:"拉贝救了我。"就哽咽地抱着莱茵哈特夫人,再也说不出话来。

　　丁永庆老人说,小粉桥1号内有600多难民从没断过粮、挨过饿。他们每人每天能领到一碗米。当时天气冷潮气大时,拉贝听说蚕豆能去湿气,便想办法弄些蚕豆给他们吃,以增加营养和热量。

　　60年过去了,这几位当年的难民仍居住在南京小粉桥。如今,他们又用朴素的语言向莱茵哈特夫人表达了对拉贝的衷心感激。

　　在南京,莱茵哈特夫人为"约翰·拉贝资料展"揭了幕。莱茵啥特夫人一再说,拉贝当年毅然地站在处于危险之中的中华民族一边,就是要"回报"这个30年如一日"善待"他的民族。

　　莱茵哈特夫人还专程前来南京市档案馆,寻访拉贝先生的英勇业绩和人生轨迹。我负责接待夫人,向夫人展示介绍了当年由拉贝签名成立的南京安全区的英文报告、1947年南京市政府寻找拉贝的英文来往信件,以及拉贝收到钱物后的感谢信。

　　夫人看到这些记载拉贝当年活动的珍贵原始档案,一下子激动得脸庞微红,双眼湿润,她几次语言哽咽,说不出话来,仿佛又回到了她们一家在德国不堪回首的一幕。

　　莱茵哈特夫人还回到了她儿时生活过的北京。中国人民对外友好协会会长齐怀远、中德友好协会会长王殊亲切会见了她。著名核物理学家何泽慧向记者回忆了50多年前她与拉贝先生的交往。她说,她当时在柏林的西门子公司工作,得以结识已经回国的拉贝。拉贝经常邀请她到家里做客,她因此亲眼看到过拉贝正在整理中的日记。当有人误传拉贝的日记中没有照片时,她曾说:"这怎么可能呢? 我亲眼看到了他附的图片。我当时虽然没有照相机,更没有摄像机,但我是科学家,科学家不说假话。"83岁高龄的何老亲自赶到友协与莱茵哈特夫人见面,用德语亲切地交谈。她说:"我是第一个看到拉贝日记原作的中国人,那时候你还是个几岁的孩子。拉贝能写出来,拉贝后人能冒着危险保存下来,真非易事,我对你们表示钦佩。"

还有难以计数的普通中国人都对莱茵哈特夫人充满了敬佩。在北京的老舍茶馆,当主人知道她就是莱茵哈特夫人时,特地送给她一个铜茶壶作留念。在离开南京前的那个晚上,她到夫子庙晚晴楼就餐,在场的顾客得知她的身份后纷纷走来,向她敬酒,与她合影。一位银行职工还立即买来两盒月饼,送给她及陪她来华的丈夫。这位职工还动情地说:"我特别敬重拉贝,也特别敬重您,现在正是中国的中秋节,送你们两盒月饼以表达心意。"沈阳的一对新婚夫妇在摄影留念时,认出了莱茵哈特夫人,他们激动地向夫人表达了中国人的敬意,拉着她合影留念。

中国的 10 余位专家学者还与莱茵哈特夫人举行了座谈。中国史学会副会长张椿年说,座谈的目的之一就是"要向拉贝、向莱茵哈特夫人表示我们史学界的敬意"。①

是的,这是中国人民的敬意! 对于一个反对战争、拯救过中国人生命的异国人,中国人民是永志不忘的!

四　纪念感恩

经中央电视台《焦点访谈》与《扬子晚报》报道,拉贝故居在全国及南京引起极大反响,一时,媒体争相采访报道,各路人士与我联系,各种

---

① 刘华新:《人民日报》1997 年 9 月 17 日第 6 版。

呼声不绝于耳,希望合作拍摄电影、电视剧等等,更有人联系了德国有关方面,要捐款为拉贝建纪念馆。但有关部门却特别紧张。一天,我接到文物部门一位负责人的电话,警告我不得再把有关信息捅到媒体,影响政府的决策。他们声称南京市委正在开常委会,谁捅谁负责。我不知道发生了什么,后来才得知,1997年3月笔者考证确认拉贝故居前,市政府已决定将拉贝故居所在的小粉桥开辟成一条宽大的马路,包括拉贝故居在内的一侧房屋将全部拆除。一时,拉贝故居变得十分敏感,有人一直在动点子打算悄悄拆除这一房屋,因为它似乎妨碍了城市规划。

1997年8月,拉贝的外孙女莱茵哈特夫人应邀来南京,在市委小礼堂召开的新闻发布会上,市长讲了话,高度赞颂了拉贝当年的义举。莱茵哈特夫人也讲了话,最后她请求市长说:"市长先生,听说我外公的故居还在(江苏人民出版社去德国购买拉贝日记中文版权时,给她看过扬子晚报上的笔者文章,及刊登的小粉桥1号照片),我非常想去看看。"(因为她跟接待她的有关部门提出时,没有得到同意。)市长说:"外办的同志在吗?你们处理一下。"当场外办有人答复市长并翻译告诉莱茵哈特夫人,小粉桥1号是危房,进去不安全。当晚,躲开新闻记者后,有工作人员带夫人去了小粉桥,让她站在马路上,从外面看了一下院子和房屋外观。

当拉贝日记公布引发的一阵热潮过去后,似乎这个小小建筑的命运不再有人关注。南京的所有媒体自然一律噤声,没有一家媒体敢报道有关拉贝故居的消息。一些有识之士包括媒体记者一直都在争取,通过外地的媒体如《中国青年报》等,发文章呼吁保留这座建筑。

终于,南京市委、市政府决定暂停对这条道路的扩建,修改市政建设规划,将这条新辟道路改道。1999年1月11日,南京有关人士向新闻界公布了这一消息。拉贝故居成为了江苏省和南京市文物保护单位。虽说拉贝故居被列为了文物保护单位，但它的产权在南京大学，因而还是处于无人过问的状态，日益破败。

又是几年过去了，拉贝故居在风雨中飘摇，院内垃圾成堆，成为算命先生的的隐秘基地。媒体忍不住发言，《现代快报》以胆大著称，它隶属新华社，不受南京市制约，多次将小粉桥一号重新拉回到人们的视线。几次有媒体采访笔者，询问对拉贝故居现状的看法。一个城市的文明和它的历史是分不开的，无视历史是非常可悲的！拉贝旧居绝非一个小小的房屋，它的人文价值、历史价值、爱国主义教育价值，是无法用金钱来计算的。直到 2003 年，终于出现了转机，德国前总统约翰内斯·劳来到南京大学访问，得知了拉贝的事迹和拉贝故居的存在。约翰内斯·劳回国后，便积极推动故居的修缮和改建计划的启动。2005 年 12 月 6 日，南京大学与德国驻上海总领事馆、西门子公司签订协议，资金由德方捐赠，南大负责故居的修缮、纪念馆的建设和管理工作，在故居原址建立"南京大学拉贝与国际安全区纪念馆""南京大学拉贝国际和平与冲突化解研究交流中心"。

在纪念南京大屠杀 30 万遇难同胞的令人揪心的警报声中，修缮纪念馆的工作启动了。负责建馆的汤道銮馆长聘请我作为顾问，我将自己十多年来收集的资料照片无偿交了出来，并帮助提供线索，进行影印档案资料搜集等工作。

故居考证确认差不多十年之后，2006 年 10 月 31 日上午，修缮一新的约翰·拉贝故居重新回到了人们的视野，正式对外开放。拉贝的孙子托马斯·拉贝教授在揭幕典礼上发表了演讲，他说："任何时候，为了和平，我们都将不畏艰辛！"他指出，我们衷心希望"纪念馆""研究交流中心"能够为 1937 年南京历史事件和解作出贡献，同时也能推动人们思考，如何才能及时避免冲突、保持世界和平。托马斯是《拉贝日记》保管人，也是海德堡大学医学教授。

拉贝纪念馆照片

　　前来拉贝纪念馆参观的人群络绎不绝。11 月 22 日，是西方传统的感恩节。1937 年感恩节这天，正是南京国际安全区成立、拉贝出任安全区国际委员会主席的日子。11 月 23 日，是约翰·拉贝的生日。2012 年的感恩节，南京市有关领导专程来到小粉桥 1 号拉贝故居，在拉贝铜像前伫立凭吊，走进小楼参观展览，盛赞拉贝及所有南京安全区国际委员会成员"给世界以和平、给人类以慈悲"的人道主义精神，并在留言簿上写下"感恩"二字以示铭记，表达南京人民的感恩之情，永远铭记他们的人道主义善举。领导得知拉贝墓园重修的事由经过后，批示"以感恩情怀修葺好拉贝墓"，南京市政府随即展开相关工作。

　　在南京，拉贝的事迹一直被广泛传颂。而在他的祖国德国，因为约翰·拉贝的纳粹党身份，他救助难民的英雄事迹长期不为人知。拉贝自 1950 年去世后，被下葬在柏林西郊的威廉纪念教堂墓园。时至

1996 年年底,因租期已过,陵园管理处打算将拉贝墓清除。拉贝的亲属便决定将拉贝墓地上的黑色花岗岩墓碑拆下,随后捐赠给侵华日军南京大屠杀遇难同胞纪念馆,供人缅怀。从此,威廉纪念教堂墓园内的拉贝墓地再也无碑可认。拉贝的墓地就只剩下一小块用水泥条圈起的青草地,没有墓碑,没有雕像。在其出生地汉堡和居住地柏林,拉贝的遗迹已渐渐消失。

2005 年,中国留德学者获悉墓地尚未拆除的消息后,通过各种渠道积极向中、德双方反映,建议重修。由于拉贝当时的纳粹背景,柏林市政府拒绝历史学家的建议,不批准其为名人墓地,而南京市方面又几次更换市长,事情就此拖延了下来。为了让更多的人记住他,许多中国在德留学生长年为修葺拉贝墓奔走,中国驻德大使馆也在汉堡港的拉贝故居前钉上了纪念铭牌。经中国驻德使馆与南京市联系,南京市政府大力支持,为该项目特批了 105 万人民币的专项资金,用于墓碑制做、运输、40 年墓地租用等。墓园修建工作于 2013 年 11 月完成。德国柏林的拉贝墓地在荒废 17 年之后,终于修葺一新。2013 年 12 月 11 日上午 10 点,南京市政府友好代表团一行在德国柏林举办了隆重的墓园落成仪式。

别具一格的正方体墓碑由中国著名雕塑艺术家、南京大学美术研究院院长吴为山教授设计,从中国专程运送至德国,墓碑分黑白两部分,黑色正面刻有拉贝先生及其夫人的生卒日期,正面中间嵌着拉贝先生的头像。南京市副市长胡万进先生介绍,黑色寓意着对死者的敬仰和哀思,白色表达了对生者的祈祷与对和平的渴望。南京不仅为拉贝重新修葺墓地,而且一次性付清了 40 年的管理费用。

2014 年 2 月,中国以立法形式宣布,每年的 12 月 13 日为法定国家公祭日,举国纪念南京大屠杀死难者,让后人敬畏生命,珍视和平。也

南京人民修建的柏林拉贝墓园

正告日本当局，历史是无法否认的。

2014 年 3 月，中国国家主席习近平访问德国，在当地时间 28 日在德国科尔伯基金会发表演讲，诉说中德友谊之诚。他说，德国人说，山和山不相遇，人和人要相逢。中国人民同德国人民有着悠久交往的历史和深厚友谊。此时此刻，我不由得想起了一位中国人民爱戴的德国友人，他就是拉贝。70 多年前，日本军国主义侵入中国南京市，制造了屠杀 30 多万中国军民的惨绝人寰的血案。在那个危急关头，拉贝联络了其他十几位在华外国人士，设立了"南京安全区"，为 20 多万中国人提供了栖身之所。拉贝在日记中详细记录了大屠杀内情，成为研究这段历史的重要证据。2006 年，中、德共同建立的拉贝纪念馆在南京开放。去年底，由南京市建造的拉贝墓园修复工程落成。中国人民纪念拉贝,是因为他对生命有大爱,对和平有追求。习主席用德国前总理勃兰特的名言"谁忘记历史,谁就会在灵魂上生病"来诠释和平发展道路,用"万物并育而不相害,道并行而不相悖"来强调中国呼唤和平安宁的国际环境,永不称霸。

2014年12月13日上午7时,当国旗为侵华日军南京大屠杀遇难同胞降下,一份对于国家和世界未来的新期待也从此刻升起。这是最高规格的国家公祭,中国人期待通过国家公祭传达一份热爱和平的心声,让战争所涉及的所有国家和人民反思警醒,让人类永久远离人寰悲剧。

习主席在国家公祭日的重要讲话中称,忘记历史就意味着背叛,否认罪责就意味着重犯。"疑今者,察之古;不知来者,视之往。"习近平说,近代以后的100多年时间里,中国人民无数次经历了战争磨难,更加懂得和平的珍贵。和平而不是战争,合作而不是对抗,才是人类社会进步的永恒主题。在回顾历史之后,习近平紧接着提到的是感动、感恩,其中包括"同胞守望相助,相互支持",更包括"德国的约翰·拉贝、丹麦的贝恩哈尔·辛德贝格、美国的约翰·马吉"等众多国际友人的无畏义举,以及远东国际军事法庭的正义审判等。

2015年,中国人民抗日战争胜利70周年之际,拉贝的孙子托马斯·拉贝受邀来到中国,9月3日登临天安门城楼观看盛大阅兵式。他表示,这份无上荣耀归功于他的祖父——"中国辛德勒"约翰·拉贝。阅兵前一天,习近平主席在人民大会堂向包括托马斯·拉贝在内的30名抗战老战士、抗战将领、帮助和支持中国抗战的国际友人或其遗属代表授予"中国人民抗日战争胜利70周年"纪念章。托马斯说:"这对我来说是一份巨大的荣誉,一份'间接'的荣誉——因为荣誉其实属于我的祖父约翰·拉贝先生。这是对拉贝事迹的重要认可。""对祖父来说,中国是另一个家。"

习近平主席阅兵时有言:"中国将坚定不移走和平发展道路,并且希望世界各国共同走和平发展道路,让和平的阳光永远普照人类生活的星球"。

在拉贝故居原址建立的"拉贝与国际安全区纪念馆""拉贝国际和平与冲突化解研究交流中心"正在实践着"和平"这一永恒的主题。

今天,面对拉贝故居,我们仿佛仍能听到拉贝先生爽朗的笑声,沉重的叹息;看到他挥舞手臂的愤怒表情,窗口彻夜不灭的灯光,伏案奋笔疾书的侧影……

后 记

距 2002 年《拉贝传》第一版出版已经十多年了。

实际上,对于拉贝的研究,断断续续有几十年时间了。1983 年,我从南京大学历史系毕业,被分配到南京市档案馆工作。在馆藏民国历史档案中,我发现了有关拉贝生平的点滴记载。我知道,关于拉贝,甚至对于专门研究南京大屠杀史的历史学家来说也是一个谜。我自此开始了对拉贝生平的研究。后来逐步在战前市政府档案中发现了安全区国际筹备委员会与市长马超俊、卫戍司令长官唐生智的来往文件;在战后市政府、市参议会等档案全宗中,又分别发现了有关拉贝回国后因公布日军暴行日记、发表演讲,遭纳粹迫害的情况,以及市参议会成立拉贝募捐委员会的有关文件、拉贝得到南京市民资助后给南京市长沈怡的信件。记得我当时兴奋得心咚咚直跳,我知道,对于南京大屠杀史的研究,这是一段有价值的史实。档案中对拉贝的中文译音也各不相同,有"拉比""雷伯""锐比""艾拉培"等多种称谓。回头再来考察公开出版的国际安全区档案,拉贝的人生轨迹逐渐清晰起来。

1988 年,我发表了有关拉贝的第一篇文章,披露他记有关于日军暴行的日记。此后一直注意收集关于拉贝的点滴资料,相继发表了系列文章。1995 年是抗日战争胜利纪念年,6 月在发行量高达一百万份的《扬子晚报》上整版转载了有关文章,介绍拉贝的生平事迹与抗暴日记。1996 年底,拉贝日记在纽约公布,在全世界引起了极大轰动。1997 年 3 月,我考证确认了拉贝故居,找到一大批在拉贝住宅中避过难的难民。

有了许多新资料,我由此萌生了为拉贝先生作传的念头。1999 年 5 月,我与南京市文联签约,开始了《拉贝传》的写作,于是有了呈现在广大读者面前的这部书稿。2002 年《拉贝传》出版后,分别获得紫金山文学奖、江苏省哲学社会科学奖等奖项。德国、美国、英国电视台分别采访,制作了有关拉贝的电视纪录片。《拉贝传》也翻译有德文、英文版本。

在此,再次感谢拉贝先生的外孙女莱茵啥特夫人,她为作传提供了极大的帮助。自 1997 年在南京相识后,与夫人一直有书信往近,她不厌其烦地回答我的种种询问,因我的请求代去德国联邦档案馆查阅资料,求证拉贝是否有过退党之举等问题。当我收到一箱分门别类整理得井井有条的德文与英文原始档案时,内心的感激之情无以言表。

2006 年,母校南京大学拟建拉贝纪念馆,本人协助提供线索,将多年收集的资料照片无偿提供,了却了将拉贝故居永久保存的多年心愿。在此也要感谢纪念馆多年的辛勤努力,挖掘收集了许多新的资料照片。这次《拉贝传》再版,纪念馆杨善友主任友情提供了拉贝的许多照片,在此表示衷心的感谢!

最后,我衷心地感谢母校南京大学出版社杨金荣主任与编辑给予的大力扶持与信任。

由于本人才疏学浅,对于南京大屠杀史及东西方文化历史的研究还很不够,必然影响到对拉贝人物的发掘刻画,有疏漏不足之处,敬请专家学者批评指正。

黄慧英

2017 年 3 月 10 日